云南省哲学社会科学创新团队成果文库

历史时期滇池流域人地关系及生态环境演变研究

A Study of Man-land Relationship and Environment Evolution of Dianchi Lake Basin in Historical Periods

陆韧 马琦 唐国莉 著

社会科学文献出版社
SOCIAL SCIENCES ACADEMIC PRESS(CHINA)

《云南省哲学社会科学创新团队成果文库》编委会

主　任　张瑞才
副主任　江　克　余炳武　戴世平　宋月华
委　员　李　春　阮凤平　陈　勇　王志勇
　　　　蒋亚兵　吴绍斌　卜金荣
主　编　张瑞才
编　辑　卢　桦　金丽霞　袁卫华

《云南省哲学社会科学创新团队成果文库》编辑说明

《云南省哲学社会科学创新团队成果文库》是云南省哲学社会科学创新团队建设中的一个重要项目。编辑出版《云南省哲学社会科学创新团队成果文库》是落实中央、省委关于加强中国特色新型智库建设意见，充分发挥哲学社会科学优秀成果的示范引领作用，为推进哲学社会科学学科体系、学术观点和科研方法创新，为繁荣发展哲学社会科学服务。

云南省哲学社会科学创新团队2011年开始立项建设，在整合研究力量和出人才、出成果方面成效显著，产生了一批有学术分量的基础理论研究和应用研究成果，2016年云南省社会科学界联合会决定组织编辑出版《云南省哲学社会科学创新团队成果文库》。

《云南省哲学社会科学创新团队成果文库》从2016年开始编辑出版，拟用5年时间集中推出100本云南省哲学社会科学创新团队研究成果。云南省社科联高度重视此项工作，专门成立了评审委员会，遵循科学、公平、公正、公开的原则，对申报的项目进行了资格审查、初评、终评的遴选工作，按照"坚持正确导向，充分体现马克思主义的立场、观点、方法；具有原创性、开拓性、前沿性，对推动经济社会发展和学科建设意义重大；符合学术规范，学风严谨、文风朴实"的标准，遴选出一批创新团队的优秀成果，根据"统一标识、统一封面、统一版式、统一标准"的总体要求，组织出版，以达到整理、总结、展示、交流，推动学术研究，促进云南社会科学学术建设与繁荣发展的目的。

编委会
2017年6月

目 录

导 论 ··· 001

第一章 滇池水体的自然变迁 ·· 024
第一节 古地质时代的滇池变迁 ······································ 025
第二节 历史时期滇池水体的自然变迁 ····························· 031

第二章 选择与适应：滇池区域早期人类活动 ················· 038
第一节 滇池附近的早期人类活动 ··································· 038
第二节 滇池周围的新石器时代"贝丘遗址" ····················· 042
第三节 滇池贝丘遗址的分布 ··· 047

第三章 滇池与古滇部落及滇国 ···································· 054
第一节 庄蹻入滇之"滇" ··· 055
第二节 滇国之盛与滇国之中心 ······································ 062
第三节 滇国时代滇池流域的开发 ··································· 072

第四章 郡县制下的滇池区域开发 ································· 083
第一节 汉晋郡县制体系下的滇池开发重心区 ···················· 084
第二节 滇池流域的人口构成变化与生产发展 ···················· 088

第五章 滇池流域开发重心的转移 ································· 094
第一节 唐宋时期滇池水域的变迁 ··································· 095
第二节 南诏筑拓东城与滇池北岸平原的初步开发 ·············· 098
第三节 唐拓东城文物古迹与滇池的人地关系 ···················· 105

第四节　大理时期的善阐城与滇池北岸平原水利起步 …………… 109

第六章　元代的滇池水利及其影响 …………………………………… 113
　　第一节　元初滇池水域扩大的拟测 …………………………… 113
　　第二节　元代滇池水利工程 …………………………………… 119

第七章　明代滇池控制性水利工程与水环境变化 …………………… 136
　　第一节　明代滇池"海口河"的深挖与疏浚 ………………… 136
　　第二节　盘龙江分水河渠控制性工程——"南坝闸" ……… 146
　　第三节　西湖与龙院村"横山水洞"灌溉工程 ……………… 156
　　第四节　松华坝加筑与松华闸修建 …………………………… 163
　　第五节　金汁河灌溉体系的发展 ……………………………… 168
　　第六节　银汁河灌溉区的形成 ………………………………… 170
　　第七节　明代移民与滇池北部平原地区的开发 ……………… 176

第八章　清代滇池流域的水系与水利 ………………………………… 185
　　第一节　清代滇池流域的水灾与河道疏浚 …………………… 185
　　第二节　盘龙江、金汁河的水系与水利 ……………………… 190
　　第三节　银汁河、海源河的水系与水利 ……………………… 196
　　第四节　宝象河、马料河的水系与水利 ……………………… 205
　　第四节　滇池盆地的水陆变迁 ………………………………… 212

第九章　清代滇池流域东南部的人地关系 …………………………… 218
　　第一节　清代滇池东南岸的人口及分布 ……………………… 218
　　第二节　清代滇池东南岸的土地垦殖 ………………………… 227
　　第三节　清代滇池东南岸的聚落发展与人地关系 …………… 243
　　第四节　清代滇池东南岸的土地利用 ………………………… 262

结　　语 ………………………………………………………………… 271

参考文献 ………………………………………………………………… 278

后　　记 ………………………………………………………………… 283

导　论

一　研究缘起

本书是在国家社科基金资助项目"历史时期滇池流域人地关系及生态环境演变研究"的结项成果基础上修改而成的。滇池流域人地关系地域系统研究是人地关系研究的一个重要组成部分，更是历史时期云贵高原众多湖盆地区由经济开发、人口压力增大向生态压力转化，甚至生态恶化演进的典型。当代著名的地理学家吴传钧院士提出了现代地理学应重点研究"人地关系地域系统"，这是协调人口增长、资源供求、环境保护之间关系，达到各地区社会经济持续发展的重大命题。而历史时期滇池地区人地关系地域系统研究则是历史学，特别是历史地理学、人口史、生态史综合研究责无旁贷的重大课题。

以滇池流域为地域单元进行人地关系地域系统研究，有重要的现实意义和示范作用。自20世纪90年代以来，滇池流域的城市化进程加快，特别是2008年后昆明市环滇池"一湖四片"和呈贡新城的开发发展战略提出，滇池逐渐成为昆明市的内湖。本书依据2015年统计探讨滇池流域的基本情况，滇池流域面积2920平方公里，常住人口406.86万人，滇池流域面积占云南省面积的1.3%，人口占全省的11.2%，创造了云南省25%的社会财富，人口密度达393人/平方公里，高于同时期的洞庭湖流域（373人/平方公里）和鄱阳湖流域（389人/平方公里）；滇池流域有云南省政治经济文化中心昆明市；滇池流域仅有耕地面积50.91万亩，其中60%以上是旱地，农业人口人均耕地不足半亩，有限的土地资源严重制约着其发展；滇池流域经济开发、人口压力向生态压力甚至生态恶化的演变是历史的累积效应。[①]

[①] 云南网，www.yunnan.cn，2016年8月18日，《滇池治理十三五规划》。

滇池地区人类活动具有典型特点，历史时期滇池流域的开发及其变迁是农业时代条件下的变迁。但是，滇池最大的变迁发生在晚近30年，从新石器时代晚期（约前1000年）至20世纪80年代，滇池流域用3000年的时间，完成了全面的、高度的农业化过程；从90年代开始，大约只需30年将全面完成城市化过程，滇池环湖地区的农业生态将不复存在。也就是说即便今天具备了卫星遥感、GPS和科学的土地利用等先进的研究手段和方法，也不可能重现滇池地区农业时代的景观。文献记载的不详和城镇化进程带来不可逆转的景观变迁，就使我们今天对滇池流域人力干预下的农业开发过程研究束手无策、无所作为了吗？元明清时期人力干预下农业开发的"沧海桑田"，如今的高楼林立，其变迁令人叹愕，也让研究备感艰难。

历史时期滇池流域的民族与人口构成、农业生产方式、土地利用、开发重点区域和社会都发生了深刻的变迁。最早活动于这一地区的是世居民族，然而今天滇池流域人口中95%以上是汉族，这是从明代以降持续600余年的移民运动及其移民人口发展的结果；滇池地区的农业生态从游牧与"耕田邑聚"相结合生产方式向坝区（湖盆地区）精耕细作和山区半山区大面积旱作农业相结合演变；土地利用从点状零散农业垦殖和聚落分布向全流域全面开发，乃至向与水争田和向山要地演进；开发重点从滇池东南湖岸向北部湖盆转移，位于滇池北部湖盆的昆明已经成为云贵高原上的特大城市。滇池流域的历史发展是云贵高原众多湖盆地区的典型代表，对其进行人地关系研究是抓住西南地区经济开发—人口压力—人地矛盾—生态压力—生态恶化这一历史演进过程的核心问题进行研究，并可对云贵高原上与滇池流域类似的众多湖盆地区、云南乃至西南的持续发展提供历史借鉴。

二 相关研究综述

1. 关于滇池研究的阶段性特征

滇池流域是云南省政治中心、经济中心、文化中心，人类在滇池流域的生存、开发已超过3000年，在本课题立项的时候，笔者曾据中国科学院南京地理与湖泊研究所资料室编《中国湖泊科学文献目录》[①]进行检索。《中国湖泊科学文献目录》是中国湖泊研究的重要工具书，以分省的方式收录了截至20世纪90年代中期以前近130多年来国内外公开出版物上发表的各类有关自然湖泊、水库等的沉积地貌、地质地震、水文气象、生物生态、水产渔业、农业水利、资源开发、制图新论等研究文献目录5000余条。对云南省湖泊和水库的研究涉及以滇池、洱海为代表的九大高原湖泊和20世纪90年代以前的重要水库研究。据《中国湖泊科学文献目录》统计，20世纪90年代中期以前关于滇池的研究论文共计143篇。在本课题立项时，又以"滇池"为关键词，在"中国知网"进行检索，共发现800余篇关于滇池研究的论文。至本研究结束的2014年底，我们再次以"滇池"为关键词在"中国知网"进行检索，竟达到1200篇。由此可见，从90年代中期以前的约130年间关于滇池的研究仅143篇论文，到10余年后的2008年达到800余篇，再到2014年的1200篇，近20年来对滇池研究论文的增长恰巧与滇池污染加剧及各方重视呈正相关，因此，仅凭滇池研究论文数量的增长和滇池研究成为热点来判断滇池流域人地关系及生态环境变迁研究的深化和达到研究的高度，是难以成立的。因为，2014年底在"中国知网"上关于滇池研究的1200余篇论文中，1150多篇是关于现代滇池污染和治污研究的论文，仅有不到50篇论文是研究历史时期滇池变迁和滇池开发的，所以，学界对本课题涉及的历史时期滇池人地关系及其生态环境变迁的研究，仍然相对较少，并且比较局限。但是，前辈学者对滇池变迁和开发的研究颇有积累，对本课题多有启发，仅在此梳理现代学科体系下各学科滇池的相关研究的阶段性特征。

第一阶段，抗日战争时期，这是现代科学意义上对滇池的研究最重要的起步阶段。主要研究者是抗日战争时期生活在昆明的西南联大地质地理气象学系和西南联大清华大学国情普查所的学者们，他们在1938～1945年对滇池流域集中进行了地理、地质和人口调查，标示了现代科学体系下滇池研究的开端，主要有：

[①] 中国科学院南京地理与湖泊研究所资料室编《中国湖泊科学文献目录》，中国科学院南京地理与湖泊研究所刊印，1993年。

1. (国立西南联合大学)鲍觉民、张景哲:《云南省呈贡县落龙河区土地利用初步调查报告》,《地理学报》1944年1期。

2. 王云亭:《昆明南郊湖滨地理》,《地理学报》,1941。

3. 范金台、孙承烈:《昆明银汁河区的灌溉及土地利用》,《地理学报》,1941。

4. 冯绳武:《滇池西北岸水道考》,《地学集刊》,1943。

5. 冯绳武:《滇池西北岸平原区之人地景》,《地理》1943年第1~2期合刊。

6. (资源委员会)程潞、陈述彭、宋铭奎、黄秉成:《云南滇池区域之土地利用》,《地理学报》1947年2期。

7. 李孝芳《滇池水位之季节变迁》,《西南边疆》,1943年6月,第十七期。

8. 陈述彭:《云南螳螂川流域之地文》,《地理学报》1948年Z1期。

9. 史立常:《滇池之水运与渔业》,《地理》1943年3期。

10. 许德佑、边兆祥:《云南呈贡附近之地质》,《地质评论》1940年第5卷,第5期,第399~413页。

11. 杜修昌:《云南呈贡106农家经济之调查》,《中农月刊》九卷四期,1948年4月。

12. 陈达:《现代中国人口》,天津人民出版社,1981。[1]

13. 戴世光、陈旭光编著《1942—1982年昆明环湖县区人口的变动与发展》,云南大学出版社,1989。

若以流域或地区而言,或许中国在20世纪40年代没有第二个湖泊和地域有如此集中、详尽、多学科的现代科学调查研究,也没有任何湖泊地区保留着如此详尽的农业开发最后状况的记录和研究。从这个角度看,这是滇池流域研究在特殊时代的幸运,可以说40年代西南联大学者的调查研

---

[1] 西南联大清华大学国情普查所1939~1946年以滇池呈贡地区的人口普查和滇池环湖地区户籍调查示范区为中心的研究成果,1947年陈达先生在美国芝加哥大学出席"世界人口大会"的英文主题研究论文,1981年翻译成中文在国内出版。

究反映了历史时期滇池农业时代最高境界和最完整状况。因为新中国成立以后的几十年，除了"文化大革命"中曾经在滇池北岸进行过"围海造田"外，滇池地区农业开发与40年代相比，几乎没有较大规模的农田开发的变化，1949年以后主要是对原有农田灌溉体系的完善和技术的提升。所以，抗日战争时期西南联大学者对滇池地区的地理、生态、水利、土地利用、人口、农业社会经济的调查研究，代表着滇池地区农业开发和人地关系发展的最高阶段的基本情况和达到的境界。依据抗日战争时期西南联大学者的科学调查研究成果，滇池地区最终的农业开发情况以及人地关系就能够基本研究清楚。但遗憾的是这批宝贵的代表着现代自然科学和人文科学对滇池流域研究起步的研究成果，长期被遗忘和封存，致使1949年以来的学者很少利用，也导致滇池流域人地关系和生态环境变迁的研究长期停滞不前，难有突破。

第二阶段，抗日战争以后至20世纪90年代中期以前，与新中国加强和完善自然科学体系的发展进程一致，对滇池的研究主要是在自然科学领域从地理学、湖泊学、地质学、水文气象和生物生态等学科全面展开。这方面的成就集中汇编在中国科学院南京地理与湖泊研究所资料室编《中国湖泊科学文献目录》中，基本反映了90年代中期以前滇池研究的成就和特点，自然科学对滇池的研究占1993年编印的《中国湖泊科学文献目录》[①]中关于滇池143篇论文的绝大多数，近120篇，主要发表在《海洋湖沼通报》《海洋与湖沼》《生态学报》《云南大学学报》（自然科学版）《动物学杂志》《中国地质科学院院报》《地球化学》等刊物上。例如，中国科学院南京地理研究所郑长苏《滇池的成因与演变》[②]、苏守德《滇池的演化阶段》[③]等，从湖泊地质学的角度对滇池成因和演变进行研究；罗建宁《滇池湖盆第四系沉积相、古地磁和孢粉的初步研究》[④]、潘云唐《滇池第四纪沉积物中腹足动物化石演化与环境之关系》[⑤]、王银珠《滇池湖流特

---

① 中国科学院南京地理与湖泊研究所资料室编《中国湖泊科学文献目录》，中国科学院南京地理与湖泊研究所刊印，1993。
② 载江苏省海洋湖沼学会编《海洋湖沼研究文集》，1986，第189~190页。
③ 载《中国科学院南京地理研究所集刊》，1985。
④ 《中国地质科学院院报》1983年第6期。
⑤ 载《中国地质科学院院报成都地质矿产研究所所刊》第5号，地质出版社，1984。

性的初步研究》①、云南气象台黄静珍《滇池湖泊效应及其对社会经济的影响》②、张克映《昆明滇池对其周围地区温度的贡献及其特征》③、罗建宁《昆明盆地盘龙江三角洲平原及滇池湖区第四纪沉积相的研究》④、程致远《云南滇池现代沉积物 ^{210}Pb 法的 CF 模式年龄研究》⑤、夏武平《滇池西岸螺蛳属的亚化石及其演化的探讨》⑥ 为滇池古地质学的研究；普为民《云南高原淡水湖泊的微生物区分调查 I. 滇池水域中的细菌数量及其种群分布》⑦、姜成林《云南滇池、洱海及泸沽湖的放线菌》⑧、邓新晏《昆明滇池轮藻植物的变化》⑨、藏全裕《云南滇池水生植被的观察与分析》⑩、李恒《滇池植被变迁和生态条件的关系》⑪ 等则为滇池水利和渔业研究。除了自然科学的研究论文外，还有大约 10 篇论文属于滇池历史变迁的研究，如永贤《古代滇池区的水利建设》⑫、于希谦、于希贤《滇池地区水利发展简史》⑬、陈培康《云南滇池水体现状与渔业》⑭，等等。总之，这一阶段学界从地质、地理、气象、湖泊学、地球化学、生物、微生物、生态学、水利学以及渔业科学等多学科展开了对滇池的全面研究，反映了 90 年代中期以前滇池尚未被严重污染的滇池全貌和多学科基础研究取得的重要成就，这 143 篇多学科研究的可贵之处在于让后人能够基本认识滇池被严重污染前的基本概貌，也为后来滇池治理研究提供了珍贵的甚至是不可复现的原貌。

第三阶段，1995 年至今，在滇池污染加重的情况下，滇池治污研究成

---

① 《海洋湖沼通报》1986 年第 1 期。
② 《中国气象》1988 年第 4 期。
③ 《地理研究》1986 年第 5 期。
④ 载《中国地质科学院院报成都地质矿产研究所所刊》第 5 号，地质出版社，1984。
⑤ 《地球化学》1990 年第 4 期。
⑥ 《动物学研究》1982 年第 3 期。
⑦ 《云南大学学报》（自然科学）1985 年第 7 期（增刊）。
⑧ 《生态学报》1984 年第 4 期。
⑨ 《云南大学学报》（自然科学）1985 年第 7 期（增刊）。
⑩ 《海洋湖沼通报》1986 年第 2 期。
⑪ 《云南大学学报》（自然科学）1985 年第 7 期（增刊）。
⑫ 《云南日报》1981 年 10 月 23 日。
⑬ 《经济问题探索》1981 年第 2 期。
⑭ 《淡水渔业》1981 年第 6 期。

为这一阶段的研究主流。虽然对滇池的研究不断深化，但是滇池污染也不断加深。在滇池遭受污染的早期，云南的地理、农业和环境学者组成滇池地区生态环境和经济考察课题组，对滇池进行了一次大规模的系统的现状调查，可视为继抗日战争时期西南联大学者调查后的一次最重要的滇池现状调查，并出版《滇池地区生态环境与经济考察文集》[①]，保留了"文革围海造田"后20世纪80年代滇池的基本状况和科学系统的资料。而王苏民、窦鸿身主编的《中国湖泊志》[②]，对滇池情况进行了系统论述。在研究论文方面，据笔者2014年12月15日"中国知网"检索"滇池"关键词，关于滇池研究论文竟达到1200余篇，其中约1150篇为滇池污染和治污研究方面的论文，主要发表在《环境保护》《湖泊科学》《第四纪研究》《长江流域资源与环境》《地球科学研究进展》《矿物岩石地球化学通报》《海洋与湖泊》等刊物上，如杨树华等《滇池流域土地利用结构及其生态评价的初步研究》、郑丙辉等《滇池流域生态环境动态变化研究》、鲁韦坤等《滇池流域景观格局变化研究》《滇池流域环境变迁及环境修复的社会机制研究》、王彦斌《滇池环境保护中的个人态度与行为》等。由于学科差异，在此不一一列举，这些研究以滇池治污和滇池污染对生态环境影响为主，与本课题研究关系不大。而以人文社会科学的方法和视角对滇池历史时期变迁的研究所占比例不大，大约为54篇，人文社会科学对滇池变迁和滇池流域开发研究力度也在逐渐加大，见下文的具体评述。

总之，关于滇池的研究，自然科学领域的研究成果丰硕，学科构成完整，涉及面广泛，虽然基本是对当代滇池的研究，但可为认识历史时期的滇池提供科学依据，特别是抗日战争时期西南联大学者运用现代地理学、地质学、水文学、土地利用等现代科学手段和方法对滇池流域进行了完整的考察和研究，而且记录了滇池流域城市化之前滇池在农业社会时代的状况，这批考察研究成果距今已经60余年，可视为滇池变迁研究最翔实的史料，值得充分重视。

2. 人文社会科学对滇池变迁及经济开发的研究

在现代科学体系下，人文社会科学对滇池的研究较之自然科学对滇池

[①] 云南科技出版社，1988。
[②] 科学出版社，1998。

的研究起步稍晚，研究成果数量有限，但是仍出现了一批具有影响力的历史地理学及其相关学科的滇池变迁研究成果，值得充分重视。与本课题关系密切的有四个方面。

第一，历史地理学对历史时期滇池流域经济开发与滇池水体变化的研究。历史地理学对滇池的研究，肇始于 20 世纪 60 年代方国瑜的《滇池水域的变迁》[1]，可称为最早以历史地理学的方法对滇池水域变迁的研究。该论文对汉晋至明清滇池水域范围变化进行了详细考证，提出了滇池水域变迁具有魏晋、唐宋和元明清等阶段性特征；论文指出的滇池水体变化与滇池流域的农业开发关系密切等重要观点至今仍对滇池变迁研究具有指导意义。方国瑜的《中国西南历史地理考释》[2]，方国瑜、林超民的《云南郡县两千年》[3] 以及谭其骧的《中国历史地图集》[4] 等重要历史地理学论著也对历史时期滇池流域的政区设置、行政区划演变、民族分布、城镇聚落定位进行了全面研究。1981 年昆明志编纂委员会编纂室编《滇池地区历史地理》[5] 一书，篇幅有限，仅 120 页，主要基于文献资料对滇池地区的自然环境变迁、聚落分布、城市选址等相关问题进行了初步探讨。1990 年于希贤发表了《滇池历史地理初步研究》[6] 论文，初步探讨了地质时代滇池的形成，历史时期滇池及周围的环境演变过程等重要问题，对元明时期滇池的古西湖区域和滇池海埂的形成进行了复原研究并绘制了相关地图。在此基础上，于希贤教授结合我国历史时期农业开发对湖泊影响研究，于 2002 年出版了《沧海桑田：历史时期地理环境的渐变与突变》[7] 一书，提出了我国湖泊演变除了人为的农业开发影响外，由于自然环境变迁影响，存在着"渐变与突变"两种方式，滇池变迁中这两种方式都存在，这一重要认识对后来的滇池变迁研究者具有重要启发，该书第五章"历史时期滇池自

---

[1] 《思想战线》1979 年第 1 期。
[2] 中华书局，1987。
[3] 云南广播电视大学印，1980。
[4] 中国地图出版社，1982。
[5] 云南人民出版社，1981。
[6] 《云南地理环境研究》1999 年第 1 期。
[7] 于希贤、于涌：《沧海桑田：历史时期地理环境的渐变与突变》，广东教育出版社，2002。

然环境变迁"讨论了滇池流域的动物、物候变化特点。① 朱惠荣教授在《徐霞客游记校注》② 中认真考察和论证了379年前徐霞客环滇池旅游的记载,指出徐霞客的记载复原了379年前明末的滇池面貌及滇池流域土地利用和社会经济发展状况,是研究滇池流域变迁具有标尺性的文献。杨煜达的《清代云南季风气候与天气灾害研究》③ 从历史地理学气候研究的角度,探讨了云南气候特点以及气候影响下生态环境的演变,对本课题滇池变迁研究颇有启发。2010年刘灵坪完成了《明清以来滇池南缘地区的乡村聚落与人地关系》硕士学位论文,用历史地理学方法对滇池南部的聚落和环境变迁进行了研究,随后发表了《16—20世纪滇池流域的乡村聚落与人地关系——以柴河三角洲为例》④,选取滇池南缘的柴河三角洲进行小尺度的乡村聚落发展研究,是探讨和揭示明清以来滇池流域人地互动关系的典范研究。在本课题进行过程中,孟雅南、唐国莉作为课题组成员,在陆韧教授的指导下,完成了两篇滇池研究硕士学位论文,孟雅南《清代滇池北岸六河区域水利研究》⑤ 和唐国莉《清代滇池东南缘人口、聚落与土地利用研究》⑥,特别是作为课题组成员的唐国莉研究了明清以来滇池东南部移民分布、人口发展和土地利用问题,揭示了明清以来滇池东南部地区的人地关系具有经济开发—人口压力—人地矛盾加剧的特点。胡淑的《人水争地——滇池水域变迁的主要历史动因》⑦ 揭示了滇池水域面积缩小的主要原因是人水争地、围海造田。此外,于希贤《昆明历史文化名城的文脉景观特征》⑧、陈庆江《明代云南政区治所研究》⑨ 等都对滇池流域的城市地理有较深入的研究。

第二,从考古学的角度对滇池流域的早期人类活动、世居民族及滇国

---

① 于希贤、于涌:《沧海桑田:历史时期地理环境的渐变与突变》,广东教育出版社,2002,第6页。
② 云南人民出版社,1985。
③ 杨煜达:《清代云南季风气候与天气灾害研究》,复旦大学出版社,2006,第165页。
④ 《中国历史地理论丛》2012年第1期。
⑤ 硕士学位论文,云南大学,2010。
⑥ 硕士学位论文,云南大学,2010。
⑦ 《昆明师范高等专科学校学报》2007年第2期。
⑧ 《云南社会科学》2000年第4期。
⑨ 民族出版社,2002。

的历史进行研究。滇池流域人类活动很早,至今已经发现了几十处旧石器时代、新石器时代和青铜器时代的考古遗址,时间跨度起于前 3000 年至 3 世纪,这一时期滇池变迁和人地关系情况,在历史文献上记录较少,只能依据考古学的研究成果进行阐释,所以滇池考古是认识早期滇池流域人类活动及其人地关系的最重要的资料和成果。20 世纪 50 年代以来,新中国考古学对滇池流域早期人类活动研究有大的突破,如黄展岳、赵学谦《云南滇池东岸新石器时代遗址调查记》[1]、云南省文物工作队《云南滇池周围新石器时代遗址调查简报》[2]、云南省博物馆文物工作队《云南呈贡天子庙古墓群的清理》[3]、云南省博物馆《晋宁石寨山古墓群发掘报告》[4]、云南省博物馆文物工作队《云南呈贡七步场东汉墓》[5]、云南省文物考古研究所、美国密歇根大学人类学系《云南滇池地区聚落遗址 2008 年调查简报》[6]、胡绍锦《昆明城区南诏文化遗址调查报告》[7] 等,均弥补了文献记载不足,成为研究唐代以前滇池变迁和人地关系演进的最重要资料和成果。在这些考古发现的基础上,形成了一批重要的研究成果,汪宁生《云南考古》[8] 探讨了滇池流域的新石器时代人类活动;张增祺《滇国与滇文化》[9],李昆声主编《云南考古学论集》[10],方国瑜《古滇国》[11],方国瑜《从秦楚争霸看庄蹻开滇》[12],张增祺著《滇文化》[13],杨文顺《从〈西南夷列传〉和考古资料看两汉时期的滇国社会》[14],尹绍亭、尹仑《生态与历史——从滇国青铜器动物图像看"滇人"对动物的认知与利用》[15] 等研究

---

[1]《考古》1959 年第 4 期。
[2]《考古》1961 年第 1 期。
[3]《考古辑刊》第 3 辑。
[4] 文物出版社,1959,第 1 页。
[5]《考古》1982 年第 1 期。
[6]《考古》2012 年第 1 期。
[7]《史与志》2009 年第 2 期。
[8] 云南人民出版社,1980。
[9] 张增祺:《滇国与滇文化》,云南美术出版社,1997。
[10] 云南人民出版社,1998。
[11] 林民超编《方国瑜文集》第一辑,云南教育出版社,2001。
[12] 林民超编《方国瑜文集》第一辑,云南教育出版社,2001。
[13] 文物出版社,2001。
[14]《楚雄师范学院学报》2003 年第 1 期。
[15]《云南民族大学学报》(哲学社会科学版)2011 年第 5 期。

了先秦至西汉时期滇池流域的部族活动与开发。

第三，滇池流域的开发研究，涉及移民、农业开发、城市发展以及生态环境问题等。在滇池流域开发中的移民人口研究方面，方国瑜《汉晋时期在云南的汉族移民》《唐宋时期在云南的汉族移民》[①] 考察了汉晋至唐宋时期进入滇池流域的外来人口情况及世居民族化过程；曹树基《中国人口史·第五卷·清时期》考察了清代滇池流域云南府人口数以及人口超常增长的驱动机制；林超民《汉族移民与云南统一》[②] 讨论了历代云南汉族移民对云南社会历史发展的作用和滇池成为云南政治经济文化中心的原因。陆韧的《变迁与交融——明代云南汉族移民研究》[③] 着力研究和考证了明代滇池地区卫所制度和军事移民的来源、数量及其在滇池周围的屯田分布。近年来滇池研究的另一重要拓展是关注了滇池流域开发与生态环境变迁的研究，如云南大学何明博士学位论文《历史时期滇池流域经济开发与生态变迁》[④]，指出明清以来滇池流域人口增长，促使对滇池出湖河流深挖水利建设，增大湖水的排出量和排出速度，降低水位，扩大耕地面积，打破了生态资源的相对"守衡"格局，使滇池水体面积逐渐缩小，造成生态恶化的趋势。董学荣、吴瑛编著《滇池沧桑——千年环境史的视野》[⑤] 一书共三篇十章，上篇为滇池水环境形成的历史意象，中篇为滇池水环境改造的认知轨迹，下篇为滇池水环境利用与保护的现代图景。讨论千百年来滇池环境变迁的特点和总体趋势，指出人口增长以及农业开发，形成了"人进水退"的趋势，从农业社会的"涸水谋田"到"围海造田"，从内地化到城市化、工业化、现代化影响下滇池污染形成和加重。此外还有太丽琼《清代滇池流域农业垦殖与环境破坏》[⑥]，王瑞红《元明清云南高原水资源利用与生态环境变迁》[⑦]，王振刚、崔志敏《元代云南行政中心重返滇

---

① 林超民编《方国瑜文集》第一辑，云南教育出版社，2001。
② 《云南民族大学学报》2005 年第 3 期。
③ 云南教育出版社，2001。
④ 博士学位论文，云南大学，2001。
⑤ 知识产权出版社，2013。
⑥ 《思茅高等专科学校学报》2006 年第 1 期。
⑦ 《保山学院学报》2014 年第 1 期。

池地区之考察》①，云南大学白龙飞博士学位论文《当代滇池流域生态环境变迁与昆明城市发展研究（1949—2009）》②等，都是以断代的方式，从农业开发和城市发展的角度研究了滇池环境变迁及其恶化的原因和特点，缺乏长时段的整体研究成果。

第四，滇池流域水利研究。早期对滇池区域水利的研究是在历代滇池水利发展史视角下进行的，于希谦、于希贤《滇池地区水利发展简史》③探讨指出考古发现晋宁石寨山有凿用的古井，东汉文齐（约公元 21 年）在益州郡造陂池与灌溉，以及元代赛典赤兴修松华坝和海口河的疏浚等基本状况。云南学者研究最集中的是滇池出湖水系海口河的开挖与疏浚水利工程，特别是元代赛典赤治滇时期的松华坝修筑和海口河疏挖等重要水利工程的研究，如方铁、方慧《中国西南边疆开发史》④等论著，诸锡斌《赛典赤赡思丁与云南水利开发》⑤和吴连才《清代滇池海口治理研究》⑥等关于滇池海口河水利工程的相关论文不下 30 篇，在此不一一列举。总体看，人文社会科学体系下对滇池水利研究过分偏重于滇池出湖水系海口河工程研究，基本忽略了滇池湖盆农业灌溉体系的研究。对滇池湖盆水利灌溉体系的研究，仅有我国著名水利学家郑肇经在其所著中国最早的全国水利史著作《中国水利史》⑦中，在分省区讨论清代以前各省灌溉水利时，"第六章　灌溉"下的"第十七节　云贵灌溉"中撰写了 600 字关于云南明清时期农业灌溉水利情况，而这 600 字的明清云南农业灌溉恰巧讨论的是滇池北岸六河灌溉体系。⑧这说明在全国视角下的早期水利史研究中云南灌溉水利的研究是相当薄弱的，但注意到明清时期滇池农业灌溉水利体系称得上云南灌溉水利的典型代表，在全国水利史上占有一席之地。此后，对滇池流域灌溉水利的研究，在《水利史话：西南的明珠——滇池水

---

① 《文山学院学报》2012 年第 1 期。
② 博士学位论文，云南大学，2012。
③ 《经济问题探索》1981 年第 2 期。
④ 云南人民出版社，1997。
⑤ 《云南农业大学学报》1989 年第 4 期。
⑥ 《学术探索》2014 年第 10 期。
⑦ 郑肇经：《中国水利史》，上海书店，1984。
⑧ 郑肇经：《中国水利史》，上海书店，1984，第 286～287 页。

利》[①]、《中国水利史稿》[②] 和昆明市志办编《昆明市水利志》[③]，以及在《昆明市五华文史资料》《昆明市官渡区文史资料》《昆明市盘龙区文史资料》中常有局部区域水利的资料汇集和短篇研究文章，是以汇集史料为主，记述了昆明市水利事业发展的历史与现状，缺乏系统研究。直到本课题立项后，在课题负责人陆韧指导下，孟雅南 2010 年完成硕士学位论文《清代滇池北岸六河区域水利研究》[④]，用历史地理学方法专题探讨了滇池北岸地区河流分布、变迁和水利灌溉特点。近年以来，对滇池水利建设的研究逐渐向滇池湖盆分区域水利的探讨以及水利与农业开发、昆明城市发展、区域开发等综合问题研究推进，李波《元明清时期滇池水利的修建与昆明城的发展》[⑤]、吴强《半个世纪前滇池流域开发计划》对历史时期的水利、农业和昆明城市发展进行了研究。

虽然在现代自然科学和现代人文社会科学体系下，对滇池研究已经历时百年，成果丰硕，但是，从目前的情况来看，这些论著和论文都还只是从地理学、生态学和历史学等不同学科对滇池流域的水体演变、资源利用、当代人地关系、经济开发、历史人口、城市化等单一要素和问题的分散的研究。迄今为止，还没有一部从整体上对滇池流域人地关系地域系统历史演进的系统论述的专著。特别是缺乏真正把人的活动、人地关系演变作为滇池流域变迁核心要素进行的研究；缺乏对人口与经济同自然资源和环境之间关系的深度考察；缺乏在新的资料和研究成果的基础上借助中国历史地理信息系统（CHGIS）、土地利用、地名分析等历史地理新手段的综合研究。

三 研究内容

本书研究历史时期滇池流域人地关系地域系统。历史时期指新石器时

[①] 上海科学技术出版社，1989。
[②] 水利电力出版社，1979。
[③] 云南人民出版社，1997。
[④] 硕士学位论文，云南大学，2010。
[⑤] 《昆明师范高等专科学校学报》2006 年第 1 期。

代至新中国成立的1949年前。滇池流域,按目前学术界通用的流域区与行政区划相结合的界定,为今昆明市的六区一县,即位于滇池西岸和北岸的昆明市西山区、五华区、盘龙区、官渡区和滇池北部的嵩明县,滇池东岸的呈贡区,滇池南岸的晋宁区,近3500多平方公里的区域。

据地理学家考察,"滇池流域是滇东高原的一个组成部分,位于一级地貌区——滇中湖盆高原的北部。由于构造作用的不均匀,高原面上有相对隆起的山丘,有海拔较低的湖积平原及湖泊,又受到河流切割及地下水的溶蚀侵蚀,所以形成了多种小地貌类型"[1]。"该区以滇池为中心,形成一个独立的环状立体生态系统,按土地类型的分类系统划分,由内向外,从低至高分别由湖面、坝平地、台地丘陵和山地四个层次构成。"[2] 在早期滇池水域辽阔,滇池水域与台地丘陵和山地自然相接,降水的汇集无需河流,直接从丘陵和山地溪流汇集到滇池,因此,滇池地区早期并没有河流存在,滇池地区的入湖河流是随着水位下降,水域面积缩小,湖岸周围的坝子平原和三角洲陆地逐渐发育形成和延伸,丘陵山地降水被约束汇集到狭窄的径流里,形成河流再汇入滇池,因此,从理论上说,滇池流域最早根本没有河流,入湖河道是伴随着滇池湖盆平原的发育、形成和扩大而逐渐形成的。因此,本书特别对前人研究较少的滇池河流问题予以重点关注和研究。

1. 滇池河流与滇池变迁的关系

也就是说今天的滇池较远古的滇池水域发生了巨大的变化,今天滇池河流的面貌就是远古滇池河流的面貌,还是有其发展演变的特殊性?以往学者对此问题缺乏深入思考和研究。比较今天滇池水系图和滇池水域变迁图,可看出今天滇池河流大部分河道均流经滇池北部、东部平原,而远古的滇池这些平原还淹没在滇池之下,滇池流域的地形具有湖面、湖盆坝子、台地和丘陵山地四种地貌立体分布的特征,滇池水是汇集周边降雨积聚而来的。滇池水域在远古时代是相当广大的,滇池直接与台地、丘陵和山地相接,雨水直接汇集到滇池水域,无需河流连通。只有当滇池水域退

---

[1] 陈永森:《滇池流域自然环境及旅游资源》,载《滇池地区生态环境与经济综合考察文集》,云南科技出版社,1988,第12页。
[2] 郭慧光:《滇池地区生态经济考察综合报告》,载《滇池地区生态环境与经济综合考察文集》,云南科技出版社,1988,第1页。

缩后，台地、山区的雨水才需要汇集到相对低洼的地区，然后切割为河道，再汇集于滇池，所以，滇池河流是滇池退缩后的产物，最初滇池周围可能没有河流，或者至少最初的滇池河流是相当短促的，不是今天的滇池河流的景观，那么这些滇池河流是如何发育发展的呢？搞清楚滇池河流的发育形成和发展是解析滇池湖盆平原形成和农田开发的关键。

2. 滇池水位下降和水域退缩能否导致滇池北岸和东岸广大的湖盆平原立即形成

在滇池北岸逐渐成陆的过程中，与农业开发进程中互动关系等重要问题都没有得到细致的研究，历史文献也缺乏这方面的细致记载。不过抗日战争时期西南联大地理学家对滇池湖滨的考察和研究，曾用湖泊理论科学的方法推演了滇池湖盆成陆与水体变化的基本状况。也就是说滇池水位下降和水域退缩后，北岸地区的湖盆平原至少需要经历"幼年时期""少年时期""壮年时期""暮年时期"才形成今天的景观，这个研究虽然没有说明各时期与历史年代的对应关系，但至少告诉我们不可简单地以海口水利工程修建导致水位下降、水域退缩，滇池湖盆平原就马上形成，进而立刻开发成农田，得出这样的简单结论，而是应当根据滇池湖盆平原发展的规律，通过历史文献记载和现代科学推演，探讨元、明、清各代滇池湖盆形成的规律和河流发展的特点。因此，需要考虑滇池水系的复杂性。尽管今天我们将滇池周边的河流都称为入湖河道，但是，这些水系的功能和形成情况是复杂的，昆明当地民众对这些水系有特殊的称谓，值得研究。如有的称为"河"，有的称为"海沟"，有的称为"河渠"，既然称谓不同，可能其功能也大相径庭。王云亭《昆明南郊湖滨地理》专门对滇池特殊的海沟现象进行了研究和总结："海沟是滇池水域退缩过程中滇池湖盆成陆时，退缩中的水域残留的现象，在湖盆成陆的早期，海沟宽阔，水域面积较大；随着湖盆平原的扩大，海沟逐渐萎缩并消失，但某些海沟现象一直残存到今天，如不加辨析的都说成是入湖河流，对滇池湖盆平原的形成将造成巨大的误解。"[①]

---

① 王云亭：《昆明南郊湖滨地理》，《地理学报》，1941。

3. 滇池湖岸成陆的特征及其农田开发

这一问题是解析滇池地区人地关系的重点。今天滇池北部是其流域最大的坝子，其成陆时间各不相同，东部和西部各异，如昆明西部北抵黄土坡，西濒赤鼻山（今普平村、车家壁一带），东抵会垣（今小西门一带），明代为滇池的"西湖"，还是一片水域与湖沼交织的区域①，《徐霞客游记》有清晰的记载。又如滇池北岸地区更北部的地区成陆较早，南部地区成陆较晚，抗日战争时期，著名的地理学家冯绳武考察了滇池西北部地区，1943年发表了《滇池西北岸平原区之人地景》一文，说滇池北部的靠南地区，"草海沿岸区即昆明市区以西草海诸海沟所抵达之地区，约占张家乡全部及土堆大渔二乡各一部，此区地势低洼，南北略近水平，故海沟之水多北流，而河渠之水南流，海沟低于地面，概呈树枝状分布于河渠间，赖人工之疏浚取肥，未至淤塞；河渠则高于地面，为防雨季泛滥，两岸筑堤，堤端每为各村通道，各农村概沿河渠分布，几无例外，乃此区人地关系上之特殊反映。诸河渠入草海处，以其洪水时所挟泥沙较多，恒有发育完善之三角洲，陆面岁有增加，水面逐渐退缩，例如积善村及大河尾诸聚落之历史，距今不过百年，因知百年以前，此带不为沼泽，即属卑隰不堪住居之地，此三角洲及诸海沟附近之'海田'，每值雨季，多遭淹没"②。他推测今昆明南部"积善村及大河尾诸聚落之历史，距今不过百年"，说明滇池湖盆平原有的形成很晚，其农业开发自然更晚，所以必须对湖盆平原地区成陆的时间进行适当的考量，才能通过研究得出更为接近事实的结论，也才能解析清楚人地关系的变动。

4. 滇池入湖河流是滇池主要的水源，更是滇池湖盆平原农业生产的主要灌溉水源

滇池地区具有干湿不均的季节降水变化，也有强烈的年度降水变化，要在滇池地区进行农业生产，必须发展水利，自然要充分利用滇池入湖河流的来水进行分水灌溉河渠的修筑，形成特殊的灌溉体系。今天汇入滇池各河属金沙江水系。海口以上的集水面积为2920平方公里，为普渡河的上

---

① 于希贤：《滇池历史地理初步研究》，《云南地理环境研究》1999年第1期。
② 冯绳武：《滇池西北岸平原区之人地景》，《地理》1943年第1~2期合刊。

源。滇池承受 10 条主要入湖河流的水量补给，其中以盘龙江最大；昆明以上的集水面积为 847 平方公里，占总流域面积的 30% 左右。年平均来水量为 2.4 亿立方米，占湖泊总补给水量的 34%。其余的主要入湖河流有柴河、宝象河、东大河、呈贡大河、西白沙河及梁王河等。海口河是滇池唯一的出湖河流，河口有沙滩分布，形似螳螂，亦称螳螂川；河流坡陡流急，蕴藏了丰富的水力资源。1901 年这里建起了中国第一座水电站，发电量为 6000 千瓦。例如滇池最大的来水河流盘龙江，到清代以后即有"一源十尾"[①] 之说，所谓"一源"即盘龙江主河道的来水，所谓"十尾"则是明代南坝闸修建后，在盘龙江下游形成的多条分水灌溉河渠，而滇池北岸的"六河"共同形成了清代滇池地区最发达的灌溉体系，所以分别研究各条河流与滇池灌溉体系的关系是解答滇池湖盆平原农业开发的重点。

5. 滇池地区人口来源和滇池开发的关系

唐代滇池开发重心由东南部向北岸转移很大程度上归因于外来人口对滇池的开发。元明清时代均有大量的外来人口进入滇池流域，成为滇池地区的开发主力。分别研究不同时期的移民及其移民农业发展、移民定居等问题，是考察滇池流域人地关系和人地矛盾的关键。这个问题可借助移民史、历史地理的聚落研究等方法进行研究。可看出滇池流域经过元明清的开发发展具有的特点：滇池水域的缩小，开垦农田，兴修水利；竭尽水利于农业；城北、城东，由金汁河与银汁河进行灌溉；城西，由海源河灌溉；城南，由盘龙江、金汁河等分支灌溉；滨湖地带，为海沟提水灌溉。用尽地利为耕地，聚落分布呈现聚居性减少土地占用的特征。

四　研究思路

我们认为，滇池变迁过程中的人地关系具有明显的阶段性。从滇池流域人类活动大的方面讲，共有三个阶段：第一阶段是旧石器时代至新石器时代晚期，人类在滇池流域完全依靠采集渔猎活动而生存；第二阶段是新

---

① （清）黄士杰：《云南省城六河图说》，台北成文出版社有限公司，1974 年影印本。

石器时代晚期至唐宋南诏大理国时期，人类在滇池流域依靠自然环境进行选择与适应性的农业和渔猎活动，虽然已经有了一定的水利灌溉，但对滇池水域并未造成人工干预和影响；第三阶段是元代以后800多年的历史中，人类依靠水利工程对滇池水域进行人工干预性的农业开发，表现出"向水要田，与山谋地"的人地关系。前两个阶段人类对滇池的干预和利用都是有限的，对滇池流域的生态环境影响较小，人地矛盾的解决主要靠利用滇池水域自然变迁所提供的土地进行农业生产开发；而自元代以来，则表现为大规模的水利工程对滇池水域进行人工干预，依赖降低滇池水位，在滇池湖岸周边涸出大量土地，扩大可耕地面积进行农业开发；同时在滇池流域发展灌溉体系和约束河渠，进行灌溉农业生产。基于这样的阶段性特征，滇池变迁、农业开发和人地关系，展现出唐宋以前与元明清以来截然不同的境况。

滇池变迁与人地关系的阶段性表明，在滇池流域开发和人地关系演变过程中的前两个阶段，即第一阶段人类在滇池流域完全依靠采集渔猎活动而生存，第二阶段人类在滇池流域依靠自然环境进行选择与适应性的农业和渔猎活动，这些人类活动均未对滇池水体造成人工干预式的变迁。在这两个阶段滇池流域及其水体的变迁，基本上是自然的变迁，人类对滇池的干预和利用都是有限的，对滇池流域的生态环境影响较小，人地矛盾的解决主要靠利用滇池水域自然变迁所提供的土地进行农业生产开发。但第三阶段，即元明清时期，人类对滇池流域的开发和人地关系则表现为大规模的水利工程对滇池水域进行人工干预，依赖降低滇池水位，在滇池湖岸周边涸出大量土地，扩大可耕地面积进行农业开发。人类依靠水利工程对滇池水域进行人工干预性的农业开发，表现为"向水要田，与山谋地"的人地关系；同时在滇池流域发展灌溉体系和约束河渠，进行灌溉农业生产。基于这样的阶段性特征，滇池变迁、农业开发和人地关系展现出唐宋以前与元明清以来截然不同的境况。

五　研究的难点和资料运用说明

滇池作为湖泊生态系统，与其他生态系统一样，具有"集合性、相关性、环境适应性、相对稳定性以及发展变化的性质"①。这种相对稳定性和发展变化性伴随滇池的全部历史，不过，按照滇池的成湖年代看，滇池形成至今有300多万年。而本书研究的历史时期滇池流域环境变迁与人地关系的历史仅5000多年，在滇池的生命长河中是非常短暂的，但是滇池在人类活动的影响和干预下发生的变迁则相当巨大。如前所说滇池从新石器时代晚期（约前1000年）至20世纪80年代，滇池流域用3000年的时间完成了全面的、高度的农业化过程；从20世纪90年代开始，大约需30年将全面完成城市化过程，滇池环湖地区的农业生态将不复存在。

问题是3000年的滇池地区农业开发是什么样的过程？滇池水位从元代以来在人力干预下的变迁如何影响其湖岸地区的平原形成和农业开发？如今我们说滇池有17条或20余条入湖河道，都是在远古时代早已形成的，还是在人力干预滇池水位下降的过程中，伴随着湖岸内缩和湖滨平原的形成而发育形成的呢？入湖河流集中在农耕面积最大的北岸、东岸地带，它们全是入湖河流，还是具有滇池北岸干涸过程中的遗迹特征和人工开挖的灌溉河渠特征？为什么今天已知的20条滇池河流，在元明及其以前的文献中基本没有记载，而在清代文献中集中完整地表现出来了呢？

因而本书研究最大的难点是滇池变迁5000年历史几乎没有一个时代有完整的资料可以利用。如何运用资料，在前人的基础上有所作为，对前人和多学科对滇池的研究和认识成果进行综合性运用，是本项研究成功的关键。

第一，滇池是自然湖泊，在现代科学手段测绘之前，虽然历史上多有对滇池的描述，但基本上是不够精确的，如著名的大观楼长联所谓"五百里滇池奔来眼底"，仅仅是清代著名诗人孙髯翁主观的目测和形象的描述，不能作为确切的滇池水体资料运用。有了现代科学测绘后，对滇池的测量表述才比较精准。但是滇池是不断变迁的水体，在云贵高原的气候条件下，滇池水体每年都有差异；滇池沿湖地区的农业开发也不断影响着滇池的湖岸水体变化。这些都不是我们课题组成员用历史地理的方法能够精确

---

① 于希贤、于涌：《沧海桑田：历史时期地理环境的渐变与突变》，广东教育出版社，2002，第6页。

测绘的，因此，本书对滇池水体和湖盆区域面积、地貌、水系等的基本数据，利用了地理学、湖泊学、水利学、农业科学等自然科学手段测绘得出的数据资料，我们在研究中尽可能地加以注明。还有一些经过长期研究得出的已经成为公共知识的滇池基本情况论述，为撰写的流畅，有部分材料未加引注，特此说明。

第二，对滇池变迁的第一阶段旧石器时代至新石器时代晚期人类在滇池流域完全依靠采集渔猎活动而生存的阶段，是没有文字记录的时期。好在滇池流域是云南人类活动较早和较集中的地区，目前已有几十处新旧石器时代遗址被发现，特别是国内少有的完整的内湖区域的"滇池贝丘遗址"的考古发现，为研究滇池区域早期人类生存、生产和生活方式提供了基础资料，所以，对第一阶段滇池流域新旧石器时代的研究，只能在考古工作者的研究成果基础上，利用相应的考古报告和遗址调查报告等，进行综合性的概括，并将其转化为本课题研究的基础资料。考古材料具有零散和不确定性，运用考古材料对滇池流域早期人类活动进行分析，必须尊重考古专业的发掘报告。但每个考古点的专业考古报告仅仅反映该具体考古地点的情况，对于散落在滇池流域的50余个考古点来说，单一的考古报告很难说明滇池流域的变迁和人类活动特点，在运用考古材料时，很难就某个考古点做出新的解析，而是通过串联起散落在滇池周围的考古点情况，将考古材料反映滇池早期人类活动的共同特点与滇池自然水体变迁有机地结合，通过考古专家的专业解析，运用考古的旧石器时代、新石器时代和青铜时代等时间序列，探讨滇池流域早期人类各个时代活动及其滇池变迁的特点。所以在考古资料运用上，采用尊重考古专家的分析和研究，对他们研究已经形成体系的，可能作为资料大段引用，然后再进行串联考古材料的历史地理学分析。

第三，滇池变迁的第二阶段，即滇池流域开发早期的战国、两汉、魏晋至隋唐时期，滇池流域的人类活动，逐渐进入有文字记录阶段，但是，相关文献记载十分有限。据粗略统计，春秋战国至两汉时期的滇池，在《史记》《汉书》《后汉书》的《西南夷列传》中仅有300~500字的文献记录；魏晋时代，在《三国志》和《华阳国志》等文献中，也不过寥寥数百字；唐宋时期，即云南的南诏大理国时代，是滇池流域开发的重要阶段，有关滇池的记载保存在樊绰《云南志》《旧唐书》《新唐书》和其他碑刻文献中，全部文献材料加起来也不超过5000字。因此仅凭不足1万字的文献记载研究战国至隋唐时期1200年的滇池变迁及其开发，几乎是不可能的。与之相应的是这一阶段，特别是滇池人类作为西南夷的滇人部落、滇国青铜器时代和三国魏晋、隋唐农业开发时代，在1949年后的新中国考古中，取得了多项重大发现，甚至很多成为20世纪50年代、60年代、70年代以及21世纪初等全国十大考古发现，如石寨山遗址、滇国遗址发掘出几万件文物，这些考古发现文物件数远远超过文献记载字数，如1955~1960年云南省考古工作者对晋宁石寨山进行了14次考古，总共出土文物4000余件，海贝数十万枚，仅从文物的数量上就超过了两汉至魏晋期间文字记载的总和，再现了滇池流域两汉至魏晋南北朝时期的基本面貌；除了地下考古外，很多文献没有记载或语焉不详的重要历史建筑依然保留至今，成为今天昆明历史文化名城标志性建筑或名胜古迹，如南诏拓东城的东、西寺塔、官渡古镇等名胜古迹，这类名胜古迹伫立于滇池流域上千年，成为滇池和昆明地区人们耳熟能详的标志性建筑，外地游客必到的旅游著名景点，对这些名胜古迹，无需专业的文博解析，而早已成为旅游知识和公共知识，对这些网络和各类通俗读物连篇累牍，而专业刊物已没有相关专业研究论文对实体尚在的滇池流域开发的标志性的名胜古迹的定点和基本情况叙述的，往往采用目前已经认可的公共知识。因此，在文献资料严重缺乏、考古成就突出和名胜古迹实体尚在的情况下，考古资料和名胜实体在研究中就将其作为资料引用，极大地扩大了本课题的资料来源，较好地解决了文献资料严重不足的问题，通过对考古和名胜古迹的串联式解析，探讨两汉至唐宋时期滇池变迁和滇池地区的人地关系。考古学的研究需要专门知识和技能，而且滇池考古成果大量发表在《考古》《文物研究》等重要学术刊物上，对滇池流域文物古迹的研究准确深入，所以本课题研究时尽可能采用考古研究成果作为基本资料。而今存文物古迹，考古文物工作者的描述更为专业和精准，特别是唐宋时期的东、西寺塔等均已成为今天著名的旅游景点，因其文物实体今存，文字介绍皆为考古文物工作者的研究成果，本课题学者无力进行新的解析，故在研究中借用为相关问题的描述，特此说明。

第四，元明清水利时期，滇池流域开发和水利建设的文献逐渐增多，但是极不平衡。例如人为地进行水利建设干预滇池水体的最重要时期元代，关于赛典赤、张立道开创滇池水利建设的文字记载不过500余字，明代滇池重要的控制性水利建设的资料达5000余字，清代就已经有了关于滇池水利和河流情况的专书，如清雍正时期黄士杰的《云南省城六河图说》，此外还有上万字的滇池水利碑刻记载。但这类文献记载大多是对具体问题的描述，缺乏科学实测性，对滇池流域的农业开发、水利工程、人地关系均缺乏系统性。尽管依据这些资料对这一时期在人力干预下的滇池变迁基本概貌可以梳理清楚，但是，滇池变迁的地理过程和面貌是非常模糊的，前人也基本没有研究。

滇池流域传统农业开发的最后，抑或为最高阶段在清代后期和民国时期，但是文献记载比较清晰的主要为雍正年间黄士杰所撰《云南省城六河图说》，清代中后期和民国时期则无系统记载。幸运的是，抗日战争时期，西南联大在昆明汇集了当时全国最著名的地理学家、人口学家和社会学家，他们带着与世界同步的国际学术水准，在国家危亡的艰难岁月，以不屈不挠的精神，依靠最拮据的经费支持，因地因时，就近选择昆明附近的滇池环湖地区，进行了滇池自然地理、生态环境、农业土地利用、人口、地质和社会经济等研究，大批研究成果纷纷在抗日战争及战后国内国际最重要的学术刊物上发表，如前所列，若以流域或地区而言，或许中国在20世纪40年代没有第二个地区有如此集中、详尽、多学科的现代科学调查研究，没有任何湖泊地区保留着如此清楚的农业开发最后状况的记录和研究。从另一个角度而言，40年代的滇池地区土地利用、人地关系代表着元明清以来人力干预下滇池地区农业开发的最高境界和最完整状况，因为新中国成立以后的几十年，除了"文化大革命"中滇池北岸"围海造田"外，滇池地区几乎没有更大规模的农田开发和水利工程变化，只是对原有农田灌溉体系的完善和技术的提升。所以，抗日战争时期西南联大学者对滇池地区的地理、生态、水利、土地利用、人口、农业社会经济的调查研究，代表着滇池地区农业开发和人地关系发展的最高境界。因此，在本课题研究中，首次利用这批宝贵的资料，将其作为清代后期和民国时期滇池流域基本史料，甚至看作追溯元、明时代滇池变迁的科学拟测资料来使用。依靠抗日战争时期西南联大学者的科学调查研究，滇池地区最终的农业开发情况以及人地关系也是基本清楚的，问题是元明清时代的阶段性特征，特别是滇池北岸、东岸地带的农业开发是水利灌溉体系建设的过程则不清。如何找到有效合理科学的研究途径和方法，将其演进过程展现出来，是本书对滇池水利时代生态环境变迁和人地关系研究的重大挑战性问题。

第五，借助考古、文献和抗战时期的记载，进行相关的实地调查和地名学研究，基本厘清和复原滇池流域人地关系概貌。本课题研究过程中，针对抗日战争时期西南联大学者对滇池地区的地理、生态、水利、土地利用、人口、农业社会经济的调查研究，进行多次实地调查研究，发现20世纪40年代初滇池银汁河灌区土地利用图[①]与2011年昆明银汁河源头地区房地产开发景象图的比较，原银汁河源头地带今为云南农业大学、昆明重机厂和各类楼盘居民小区；原银汁河灌区中部今为昆明卷烟厂、云南财经大学、昆八中、云南大学教工住宅区、贵金属研究所及其各类楼盘和住宅区；原银汁河的下段今为昆明小菜园立交桥、云南大学校区、云南大学东二院学生教师住宅区、园西路电子一条街。仅存清代银汁河下游的水利调节堰塘——莲花池，因清吴三桂宠爱的陈圆圆在吴三桂败亡时跳莲花池自杀而闻名于世，今被特意保留并修复为莲花池公园。今天滇池北岸地区的金汁河、银汁河、海源河、宝象河等灌区已经看不到任何稻作农业的景观。又对重点研究的滇池东岸呈贡区域进行实地考察，据此形成清晰的地理认识。

第六，首次对滇池流域灌溉水利体系的古地图进行了研究，结合现代高分辨率的大比例尺地图，对滇池流域部分区域的聚落、水利网络以及开发进程进行复原研究。

---

① 范金台、孙承烈：《昆明银汁河区的灌溉及土地利用》，《地理学报》，1941。

# 第一章

滇池水体的自然变迁

据推测，滇池形成于300多万年前。[①] 滇池流域的人类活动出现在距今约1万年前，与滇池300多万年的生命体比较起来，滇池流域的人类活动在时间上可谓短暂而微不足道。滇池是一个不停变迁中生命体，它早期的水体十分广大，滇池"古湖盆面积约1000多平方公里，当时最大水深可达100米左右"[②]。但到了有人类活动的考古发现和记载的时代，滇池的水体面积已经大为缩小。滇池有人类活动之前的300多万年间如何变迁，难以细致复原，但可以推断的是，在有人类活动之前，它的变迁都是自然变迁。进入人类历史时代以来，滇池的变迁就形成了两条相互交织、相互影响的变迁线索，一条是滇池依然按照其自然生态系统的条件和自然力量所引发的"渐变"和"突变"发展着，仍然保持着自然变迁的轨迹；第二条是在人类活动和影响下的变迁。滇池的自然变迁与人类活动影响下的变迁相互交织。人类在滇池流域的活动，从适应滇池自然环境，顺应滇池生态系统变化；逐渐发展为利用滇池自然环境，拓展生存空间；随后进入利用滇池湖岸区域有利的农业条件，进行农业活动和发展"耕田邑聚"社会；再到通过干预滇池生态系统，进行开发式农业生产，充分利用水资源和土地资源，形成云南省政治、经济文化中心的区域开发和城市化，由此构成"人""地"关系及其相互作用的变迁内涵。本章对滇池进行人类历

[①] 王苏民、窦鸿身主编《中国湖泊志》，科学出版社，1998，第46页。
[②] 郭慧光：《滇池地区生态经济考察综合报告》，载《滇池地区生态环境与经济考察文集》，云南科技出版社，1988，第1页。

史前的纯自然变迁、人类活动的历史时期滇池自身变迁和人类干预下的水体变迁进行相应梳理。

人类认识自然的历史与具有 300 多万年的滇池生命体相比是微不足道的，更何况 300 多万年的岁月中影响滇池变迁的因素纷繁复杂，本课题组成员根本无法用人文社会科学的方法解析，这是本课题研究的最大难点。但是，人文社会科学的研究方法无法解决的问题，也许在自然科学学界的古地质学、湖泊学、古地理学、湖泊生态学和考古学等学科中已经有部分成果和相应的答案，可供本课题研究利用。所以，对于有文字记载之前甚至有文字记载以后很长时间段内，滇池变迁的历史和基本情况，本课题所做的主要是系统汇集梳理现有的关于滇池研究各相关学科成果和资料，在这些成果的基础上，尽可能地寻找滇池变迁的基本线索和特点，使分散在各学科领域里的滇池研究能够汇集交叉，为我们在现有科学研究基础上更加深入地、整体地、系统地认识滇池变迁，探索新的路径。基于此，本课题的部分研究大量引用了不同学科的研究成果，这既是本课题组成员学科局限的无奈，也是对前人研究的尊重，在此特别说明。

第一节　古地质时代的滇池变迁

古地质时代的滇池变迁是超出历史地理学研究范畴的问题，但是，我们可以利用现有的古地质湖泊研究做一简单概述，了解滇池的早期历史。

有研究认为滇池的形成与两亿年以来的古地质运动密切相关，目前对滇池形成的时代仍有不同的看法。著名环保专家、云南省环境科学研究所（现为云南省环境科学研究院）原所长郭慧光认为"滇池形成至今约有 7000 多万年。古湖盆面积约 1000 多平方公里，据推测，当时最大水深可达 100 米左右"[1]，郭慧光虽然得出滇池形成于 7000 多万年前的结论，但未说明这一结论的依据。

---

[1]　郭慧光：《滇池地区生态经济考察综合报告》，载《滇池地区生态环境与经济考察文集》，云南科技出版社，1988，第 1 页。

云南地理学家陈永森从古地质学的角度对滇池的形成进行了解析,他认为:

> 从地质历史上看,大约在中生代(距今二亿五千万年)以前,整个滇东高原均被海水淹没。进入中生代后,受印支期造山运动的影响,海水退出,成为陆地。侏罗纪晚期(距今约一亿五千万年),燕山运动开始后,滇东地区受到了大面积的断块抬升,断块陷落盆地内积水成湖,即古滇池。此后经历了一段比较长的相对静稳时期,地面被剥蚀夷平为略微南倾的准平原。滇池逐渐消灭,在准平原上仅有古盘龙江蜿蜒曲折地顺着地势流动着。在中新世晚期一直到上新世这一段时期(1200万年左右),又发生了强烈的喜马拉雅造山运动,整个滇东高原又一次经历着间歇性的不等量的抬升。从滇池周围地区来看,西山—大青山与南部的刺桐关上升,就使古盘龙江南流的通路被阻,大量河水也就积聚在相对低洼的湖盆内,滇池再度形成。这时,湖的面积很大,估计约有1000多平方公里,现在的昆明市郊、呈贡、晋宁等以及分水岭内的整个滇池流域均为湖底,深度达百米左右。古盘龙江被阻后,湖水愈来愈多,水位日益升高,在湖蚀力不断增强的情况下,终于在西南部海口附近,沿着次一级断裂发育的小谷地,切开分水岭,从此,湖水有了出路,随着新出路的不断下蚀加深,谷地不断扩大,形成了海口河。海口河出现后,河水沿着安宁盆地向西后折向北,经富民、禄劝等地后注入金沙江,使滇池成为金沙江水系的一个组成部分。
>
> 进入第四世纪以后,滇池周围地区受新构造运动影响,有过大幅度的抬升,地面的抬升和海口河的不断深切开阔,湖水大量排出,湖泊水位逐渐降低,又因周围入湖河流带入的泥沙淤积,湖底不断抬高,湖面也不断缩小。流域周围的山地、丘台地及湖积平原依次出露[①]。

[①] 陈永森:《滇池流域自然环境及旅游资源》,载《滇池地区生态环境与经济综合考察文集》,云南科技出版社,1988,第14~15页。

可见陈永森认为，由于 2 亿年前云贵高原仍然是海水淹没的区域，随着古地质运动，"受印支期造山运动的影响"，海水逐渐退去。又在侏罗纪晚期（距今约一亿五千万年）燕山运动开始后，由于断块陷落盆地内积水成湖，形成了"古滇池"。但古滇池在后来的地质运动中逐渐被剥蚀夷平而消亡，仅剩下蜿蜒的盘龙江。随后在 1200 万年的上新世强烈的喜马拉雅造山运动中，云贵高原抬升，盘龙江被阻断，水流聚积再次形成了湖泊，形成延续至今的滇池。据此滇池形成于约 1200 万年前。尽管陈永森对滇池的形成进行了古地质运动的拟测，但这也只能看作古地质学的滇池形成的一说而已，在没有新的研究成果的情况下，姑且把滇池形成的论述作为拟测加以引用了。

除了古地质学外，湖泊学家也通过对云贵高原地质运动特征，利用湖泊形成的基本理论推断滇池的形成与云贵高原湖泊和滇池的古地质时代面貌，王苏民、窦鸿身主编的《中国湖泊志》说：

> 云贵高原地处西南季风区。西南季风是印度洋季风分支，盛行于南亚和东南亚地区，以印度夏季风最为典型，来源于印度洋的东南信风穿越赤道受科氏力影响转向西南方向，途经热带海洋，携带丰富水汽，成为该区降水的主要来源。因此西南季风的消长成为控制本区湖泊演化的一个重要因素。但与我国其它区域相比，该区湖泊资料的深度和精度均显不足，现仅据已有资料并与印度等邻区对比，得出如下认识。云贵高原地区的湖泊多为断陷湖泊，形成时代较早，大都在上新世末到第四纪初期。如滇池形成于约 3000kaBP 的上新世末期，经长期演化，目前已进入超补偿充填湖泊演化晚期阶段。在（20 ~ 40kaBP）时，高原地区曾一度经历大湖阶段，滇池水面至少是现在的 3 倍。[1]

据此，湖泊学家的研究认为滇池形成于地质时代上新世末期的第四纪初期，距今大约 300 万年，云贵高原受西南季风影响，有丰沛的水汽供应，加之古地质运动，促使了滇池的形成。而在滇池形成的初期，云贵高原

---

[1] 王苏民、窦鸿身主编《中国湖泊志》，科学出版社，1998，第 46 ~ 47 页。

"曾一度经历大湖阶段，滇池水面至少是现在的3倍"，但随着气候变化的影响，在"冰后期湖面较现今为高，但最近滇池研究表明，真正开始进入深湖阶段还是在10kaBP之后"①，可见滇池的深湖阶段在距今1万多年的冰后期。经过了深湖阶段以后，滇池湖底逐渐淤积，水体逐渐变浅。

通过一系列的古地质学和古湖泊学的科学研究，虽然在滇池形成的时间上还没有统一的认识，有形成于7000万年前、形成于1200万年前和300万年前三种看法。但是这些研究比较相对一致地认为，"滇池形成初期盘龙江已开始发育，并强烈地侵蚀，使昆明附近变成低洼的谷地。后来沿着湖的西岸，发生了南北向的西山大断层；随着地壳的不断运动，断层线西边逐渐上升，东边相对下降，经过长期演变而成了积水的洼地，这就是古滇池的雏形"②。滇池至少形成于300多万年前，古滇池面积约1000多平方公里，水深可达100米。

因此关于远古滇池的水域情况，湖泊学家、环境学家、地质学家和历史地理学家的认识基本一致，即远古时代的滇池水体深达100米（地质学家认为距今300万年前），是今天滇池水域面积的2~3倍，滇池水体面积几乎包含了今天的整个滇池盆地，也就是说那时滇池流域几乎都是滇池的淹没范围。于希贤在《滇池地区历史地理》中对上述研究进行的示意图绘制，即图1-1表现的"滇池100米古湖岸线"大约就是远古时代滇池的水域情况。远古时代（即古地质时代）滇池水域约北起今黑龙潭和普吉一带，东至今官渡区大板桥和呈贡区万溪冲，南达晋宁县十里铺，也就是说古滇池的范围几乎包括了晋宁滇池盆地，今天的昆明市大部分都淹没在古滇池的水体之中。

而今天的滇池是历经300多万年变迁的结果。滇池南北长约32公里，东西宽11公里，"面积297平方公里，一般水深3~5米，最大水深约8米。蓄水量为12亿立方米。多年平均水位为1889.66米（海埂水位站）；历年最高水位为1890.91米（1966年10月17日），最低水位为1888.39米（1960年5月20日）。滇池流域范围为3515.5平方公里（滇池地区泛

---

① 王苏民、窦鸿身主编《中国湖泊志》，科学出版社，1998，第47页。
② 王洪道：《中国的湖泊·滇池》，载《中国自然地理知识丛书》，商务印书馆，1995，第50页。

指以滇池流域为主体,包括五华、盘龙、官渡、西山四区,滇池湖面,及呈贡县、晋宁县大部,未包括安宁、富民、嵩明地区)。其中山地、台地、丘陵2645.1平方公里,占地区面积的75.2%(山地1678.6平方公里,台地、丘陵966.5平方公里);湖面291.0平方公里,占地区面积的8.3%;坝平地557.4平方公里,占地区面积的15.9%;水塘、水库22.0平方公里,占地区面积的0.6%"[1],这已经成为公共知识,为民众所认识。但是今天滇池不等于史前时代的滇池,今天的滇池也不是一成不变的,它在自然气候的影响下,始终处于变化之中。

古地质时代的滇池与今天的滇池不可同日而语,它的历史之长、变化之大、演变之剧烈,令人惊叹。但必须指出的是古地质时代滇池的变迁全是自然之力所为,无任何人类活动的影响。

认识滇池古今差异,其流域生态系统变迁更为复杂,难以复原,但滇池水深最能说明问题,比如距今300多万年前,滇池水深约100米,远古时代滇池湖盆面积为1000多平方公里。而今天滇池最大水深8米左右,水体面积仅330平方公里。这说明古滇池水面辽阔,整个今天昆明主城区所在的滇池北部湖盆平原地区和东部沿岸地区均是水域。又因为在古地质时代滇池"处于康滇深大断裂带上多组斜滑断层构成的复式地堑的最洼处,为构造断陷湖。湖盆形成后在新构造运动影响下曾经历次变迁,其中更新世晚期(约3×10^4)滇池为一广袤的浅长湖泊,其面积几乎是现代滇池的3倍。北起松花坝、大普吉,南至晋宁十甲铺,湖水向南流入玉溪盆地,属南盘江水系,全新世盆地整体抬升,使古水系被改造成金沙江支流普渡河源头湖泊"[2]。如今滇池湖盆的北部地区的地下常发现草煤,甚至部分地方的草煤还有自燃现象,这是因为历史上这些地方曾经长期为滇池水域所淹没,滇池水域水草茂盛,逐渐腐烂沉积形成丰富的草煤层。又据地质学研究滇池北部湖盆地区,即"昆明坝子是新构造运动的上升区,因而使河流的侵蚀基面下降,加剧了螳螂川的向源侵蚀,海口河被渐渐切深;加之入湖河流携带的泥沙在湖内沉积使湖底增高,加大了古滇池的出流,使之

---

[1] 郭慧光:《滇池地区生态经济考察综合报告》,载《滇池地区生态环境与经济综合考察文集》,云南科技出版社,1988,第1页。
[2] 王苏民、窦鸿身主编《中国湖泊志》,科学出版社,1998,第368页。

变浅变小而成为今日的滇池"[1]。1980年代中期,湖泊学家曾在滇池湖底进行钻探作业,通过钻探得到滇池湖底的地质资料,试图研究古地质时代滇池变迁的基本情况。

> 据滇池D91-3孔资料,本区(滇池)高湖面一直维持到4kaBP,而印度的Lunkaransar湖则自10.5~3.5kaBP始终维持高湖面,雨量较现今高200mm,在3.5kaBP时开始干化;可见,这种湖面变化是受西南季风进退所控制的。资料表明,这期间滇池湖水最深时段是在6~4kaBP,从4kaBP开始,孢粉显示气候干凉,这点与孙湘君等的研究结果是一致的(1987年)。当时湖面突然下降,持续到2.7kaBP,这一湖面急剧下降时期不仅在沉积柱子中留下了鲜明的痕迹,而且滇池湖周的古文化遗址、螺壳堆积等也证实了这一点。至于湖面下降的幅度,在围湖造田时,抽干湖水发现了距今3.4kaBP的王家屯遗址,足见已低于现今湖面。距今2.7~1.7kaBP,孢粉显示湿度加大,湖面再度扩大。[2]

滇池湖底钻探研究表明,4000年前滇池仍维持着高湖面,因为当时滇池区域的年降水量较今天多200毫米。但大约在距今3500年时,滇池出现了干化,而且湖面变化受西南季风进退控制,这与气象学家孙湘君等的研究结果是一致的。因为距今约4000年前,滇池区域的气候演变为干凉、降水减少,导致滇池"当时湖面突然下降",并持续到距今2700年左右。因而在"文革"时期滇池围湖造田时,"抽干湖水发现了距今3400年的王家屯遗址"在滇池湖底[3],这说明距今3500年前,滇池受干凉气候的影响,湖面较今天还低3米左右。湖泊学家和地质学家20世纪80年代对滇池湖底的钻探研究的重要意义主要体现为以下三个方面。

第一,揭示了滇池史前时代的基本变迁过程,距今10000~4000年,

---

[1] 蒋志龙、姚辉芸、周然朝、何林珊等:《云南滇池地区聚落遗址2008年调查简报》,《考古》2012年第1期;陈超男:《滇池及其流域水平衡和水资源问题的初步探讨》,载《滇池地区生态环境与经济综合考察文集》,云南科技出版社,1988,第19~20页。
[2] 王苏民、窦鸿身主编《中国湖泊志》,科学出版社,1998,第56页。
[3] 王苏民、窦鸿身主编《中国湖泊志》,科学出版社,1998,第56页。

是滇池的高湖面期，距今3500年左右，滇池湖面降低了3米左右，随后又逐渐扩大。

第二，说明早期滇池流域人类活动区域紧贴滇池水域，在滇池湖岸有大量"古文化遗址、螺壳堆积等"，这些遗址大约在3500年前出现。这是因为气候变化、地质运动等因素的影响，滇池出现了干化和浅湖化现象，滇池湖面退缩，形成了大片适宜人类渔猎活动的区域，滇池史前时代的干化期正好为人类活动提供了较为适宜的空间。但是，距今2700~1700年时，滇池区域又处于湿润期，"湖面再度扩大"，这成为人类对滇池的早期记忆和认识。

第三，最为关键的是揭示了滇池湖面变化的最大因素是气候变迁，特别是受西南季风气候的降水量变化影响。因此，滇池始终存在着变化，既有一年内干湿季节影响下的年湖面变化，更有西南季风气候带"暖干""凉湿"气候周期阶段性变迁，时间可达几十年至数百年，因此在气候自然影响下滇池水体湖面会发生3~5米的升降变迁。这一点特别重要，在既往的滇池研究中，均没有学者认真探讨滇池在自然气候变迁影响下的水体湖面变迁情况，大多数学者都将滇池水体看作一成不变的，认为滇池水体变迁基本上是人类活动的影响，却忽略了在长时段的历史中，自然气候影响滇池湖面变迁是最主要的因素，这一规律同样适用于人类活动的3500年以后的历史。

因此，任何对滇池变迁的研究都不能仅从人类活动一个方面去解析，而必须注意到自然变迁与人类活动变迁两个方面互动作用，更重要的是解析滇池在自然变迁中人类活动的干扰影响力问题。

第二节　历史时期滇池水体的自然变迁

滇池在古地质时代的变化令人惊叹。但是，湖泊生态系统与其他生态系统一样，具有相对稳定性，即生态系统可以在一定限度内接受其内部因素及外界环境因素的变化，并通过自我调节的机制来保持它自身状态的相对稳定。[①] 相对稳定的生态系统并不等于完全静止不变，其可能在多种因

---

① 方国瑜：《滇池水域的变迁》，《思想战线》1979年第1期。

素的影响下发生不断的变化,"渐变"也许是人类活动干预以前生态系统最普遍的变迁方式。当然,在"渐变"的过程中,如果某些因素对生态系统及其要素的干扰超过一定的生态值,生态系统无法通过自我调节机制来恢复相对平衡及稳定的状态,也可能产生"突变"或出现恶性循环,恶性循环不断持续下去,就会造成生态系统的退化。[1] 因此认识地球演化中生态系统的"渐变"与"突变"都可能存在,是具体分析某些小的生态系统变迁的锁钥。地质时代的滇池,变迁如此巨大,它如何进行不断的"渐变",或者在什么条件下产生过"突变"?现在的研究还难以细致解答。但是,滇池"渐变"与"突变"现象的存在,在分析历史时期滇池变迁时,通过考虑影响滇池水环境最重要的地貌和气候因素,是可能看到有些基本线索的。

湖泊变迁最显著的特征是水位的变化,而水位的变化必然影响湖泊的水域面积变化。导致水体变化的因素较多,但不外乎这几种情况:一是受地貌形势的影响,决定其湖泊来水的基本状况;二是受本区气候的影响,降水的多寡和年均分布情况,直接影响湖泊水位;三是在人工干预条件下,入水口和出水口的改变,成为控制湖泊水位的关键因素。滇池在历史时期,发生过显著的变化,但人工干预因素则较晚,所以,考察上述前两个因素的影响,是非常必要的。

今天滇池的地形地貌特征是:滇池湖面以外是呈弧状分布的冲积湖积平原,平原面积北部、南部较大,东部狭长,平原上有低丘散布其间。滇池西部湖岸靠近山地,无成片的平原,仅有局部小型的冲积扇或沙堤伸入湖中。滇池平原海拔 1900 米左右,平原外围是高低不等的两层丘陵、台地。一层是原来的湖面阶地被河流切割而呈条带状或块状的丘陵,顶部较平坦,相对高度 100~200 米;另一层是散布在湖积平原上的孤立残丘,相对高度 100 米左右。再向外围为分水岭山地,西侧为大青山、罗汉山、玉案山、蛇山等,是以石灰岩为主的山地。东部、北部为梁王山及其分支,南到刺桐关等昆阳与玉溪间的界山。外围山地也可分为两层:最外围的山地,海拔高于 2500 米,比湖面高出约 700 米,最高点为嵩明西部的梁王山

---

[1] 于希谦:《试论先秦关于自然环境保护的认识与实践》,《云南师范大学学报》(自然科学版) 1985 年第 6 期;于希贤、于涌:《沧海桑田:历史时期地理环境的渐变与突变》,广东教育出版社,2002,第 6 页。

主峰，海拔 2825 米，为切割较深的中山；向内山地切割较浅，起伏也较和缓，海拔不足 1500 米，为浅切割的中山山地。滇池地理环境按"土地类型的分类系统划分，由内向外，从低至高分别由湖面、坝平地、台地丘陵和山地四个层次构成，若以滇池湖面积为 1 计算，上述四个层次的面积比例大体为 1∶2∶3∶6，可以形象地说：九山一水二平地。滇池地区是一个以山地、台地、丘陵为主的环境系统"①。因而滇池地形地貌的特殊性决定了它是一个四面环山、较为封闭独立的湖泊环境。②

滇池来水靠降雨在周围山地形成径流和河流来形成其集水区。滇池地区属西南季风气候，"湖区属中亚热带高原季风气候，11 月至翌年 4 月盛行大陆西南季风，天气晴朗干燥，降水稀少；5～10 月受赤道西南季风和热带海洋东南季风影响，雨量充沛"，"年降水量 1036.1mm，其中夏半年降水量占年降水量的 84%～89%。"③ 滇池年内水位一般变幅为 1～2 米，绝对变幅为 2.52 米。湖水水位于每年 11 月后开始下降，至次年 5～6 月降至最低；此后进入雨季，水位上升，最高水位常出现在每年的 8～11 月。④ 由此可见，因气候因素导致的滇池区域降水的变化，成为影响滇池水位的最重要因素。

又如 20 世纪 80 年代滇池湖底钻探研究得出的，古地质时代影响滇池湖面变化的最大因素是气候变迁，特别是受西南季风气候的降雨量变化影响，滇池可能存在年内干湿季的湖面变化，更有西南季风气候带"暖干""凉湿"气候周期影响下的数十年至数百年的湖面 3～5 米高程的变迁周期。历史时期全球气候存在着温暖寒冷的阶段性交替变迁，已经成为共识。历史地理学对中国气候的变化研究取得了系列共识性的认识，通过气候温暖、寒冷交替的阶段性特征来考察区域的降水和生态环境变迁，是一个非常有效的方法。据竺可桢和其他历史地理学者的研究，中国历史时期存在着 4 个温暖期和 4 个寒冷期的交替。

从前 11 世纪至前 8 世纪中叶，相当于西周时期，气温有所下降。全球

---

① 郭慧光：《滇池地区生态经济考察综合报告》，载《滇池地区生态环境与经济考察文集》，云南科技出版社，1988，第 1 页。
② 黎尚豪等：《云南高原湖泊调查》，《海洋与湖泊》1963 年第 5 期。
③ 黎尚豪等：《云南高原湖泊调查》，《海洋与湖泊》1963 年第 5 期。
④ 见 www.03964.com/read/f33，文档资料库《中国的湖泊》，因为滇池今天的基本情况已经成为公共知识，故引用网络资料，特此说明。

气温下降，这是全新世暖湿气候结束后的第一个寒冷时段。自前 8 世纪中叶至前 5 世纪的春秋时代则为第一个温暖期；从前 5 世纪中叶至前 2 世纪中叶的战国至西汉初年，气候有转寒的迹象，形成第二次寒冷期；随后前 2 世纪中叶至公元 2 世纪末的西汉中期至东汉末年，我国东部地区又进入一个温暖期。3 世纪初至 6 世纪中叶的魏晋南北朝时期，发生了第三个寒冷期。7 世纪中叶至 10 世纪，经历隋、唐初、盛唐到唐末五代时期，是第三次温暖期，也是我国历史时期气候温暖最明显的时期。11 世纪至 13 世纪进入第四次寒冷期。随后为元代短暂的气候回暖期。明清则是中国历史上时间最长的一个寒冷期，有"小冰期"之称。

中国历史时期经历的温暖与寒冷期的交替气候的研究是基于中国广大的东部、中部东南季风气候情况的。温暖期与寒冷期气候，除了气温以外，最重要的是降水量的变化，因而在中国东中部东南季风条件下，我国历史时期气候的主要特征为如下几点。

第一，距今 5000～3000 年的黄河流域，较之当今的年平均气温约高出 2℃，冬季温度高出 3℃～5℃，相当于今天长江流域的气温。3000 年前至当今，温度波动明显，周期为 400～800 年，年平均气温振幅为 1℃～2℃。

第二，温暖时期越来越短，温暖程度越来越弱；而寒冷时期则越来越长，强度也逐渐增加。这种变幅呈现出高纬度地带大于低纬度地带，东部地区变幅大于西部地区。

第三，随着气候的冷暖变化，湿润状况也有变化，气候日趋干冷。上述各地区在 5000 年前处于温暖气候时期，环境湿润，雨量较今丰沛，地面河流水域面积较今天为大。5000 年以来气候暖冷交替和干湿旱涝状况的变化也是基本一致的。

第四，水旱灾害频发。有人对中国东部地区近 2000 年来的旱涝记载进行分析，发现长短不同的周期性的干湿交替时期，并有逐渐变干的趋势。最长的湿润期出现在唐代中期，持续了 240 年（811～1050），接着最长的旱期出现在北宋，持续了 220 年（1051～1270）[①]。

[①] 以上对中国气候冷暖变化的简述，参见邹逸麟编《中国历史地理概述》，上海教育出版社，2005，第 13～15 页。

历史时期云南的气候变迁与全球一致，带有明显的冷暖交替特征。从温暖期和寒冷期的阶段性来说，受地球大气环流的影响，其阶段性基本一致。但是，云南与中国东、中部的东南季风气候不是相同的气候系统，云南是典型的西南季风气候。滇池的自然变迁，最主要的影响因素就是西南季风。"西南季风是印度洋季风分支，盛行于南亚和东南亚地区，以印度夏季风最为典型，来源于印度洋的东南信风穿越赤道受科氏力影响转向西南方向，途经热带海洋，携带丰富水汽，成为该区降水的主要来源。因此西南季风的消长成为控制本区湖泊演化的一个重要因素。"[1] 只要西南季风这一重要因素存在，滇池就必定会受其影响。

　　在学术界，研究中国中东部东南季风气候的成果较多，认识也较为清楚，但是既然云南的气候不属于东南季风气候，而是属于西南季风气候，那么对于东南季风气候干湿冷暖关系的一些认识并不适用于西南季风气候，对于解析西南季风气候影响下的滇池，也要考虑这种差异的存在。

　　目前在历史地理学界对历史时期西南季风气候研究不足的情况下，杨煜达的博士学位论文《清代云南（1711—1911年）的季风气候与天气灾害》，尽管没有做到长时段剖析和研究我国西南季风气候，但是比较准确地解析了大约明清中国历史上时间最长的一个寒冷期云南西南季风气候的某些特点，并得出一些具有总括性的结论，可启发我们思考滇池流域西南季风气候下的滇池自然变迁的基本情况。

　　杨煜达认真、系统地对涉及云南的历史气候资料进行了大量收集整理，提出了对历史气候资料系统偏差的检验方法，并在研究实践中成功应用了对系统偏差的纠偏方法，进一步提高了历史气候研究的精度。其论文重建了云南雨季开始期序列并讨论了云南夏季风的变迁，这是利用历史文献讨论西南季风变化的深入系统的研究。同时，论文重建了昆明雨季的强弱序列和昆明冬季平均气温序列，具体分析了清代云南一次严重灾害的天气背景和社会应对。这一创新性的工作拓展了历史气候的研究领域，对未来类似的研究提供了方法上的借鉴。最重要的是他的研究得出了云南西南季风区历史气候的演变有其特殊性的观点，认为西南季风区百年尺度上的

---

[1] 王苏民、窦鸿身主编《中国湖泊志》，科学出版社，1998，第46页。

特点是冷湿—暖干的交替变迁，与我国东部地区的暖湿—干冷交替变迁是有差异的[①]。

杨煜达的研究最重要的是，历史时期云南西南季风气候的气温与降水量的配置同中国中东部广大地区的东南季风气候相比有相当大的差别，即中东部地区的东南季风气候的温暖期与寒冷期在降水上的配置是"温暖湿润—寒冷干旱"的交替，是温湿与冷旱相配置，中东部东南季风气候条件下的温暖期与寒冷期，表现为温暖湿润期并行，寒冷干旱期相伴的特征。因此历史时期中国中东部典型的温暖期基本上是降水充沛，甚至出现水害的湿润期，而寒冷期则为明显的干冷特征。但是，云南西南季风的温暖期与寒冷期则表现为温暖与干旱期并行，寒冷与湿润期相伴。这就导致云南西南季风条件下的降水多寡与中国中东部存在显著差异，例如，唐代是典型的温暖期，中东部地区出现持续了240年（811～1050）历时最长的温暖湿润期；宋代是一个典型的寒冷期，中国中东部地区经历了持续220年（1051～1270）的寒冷干旱期。按照杨煜达的研究来推论，滇池区域则可能相反，在中国中东部地区持续240年（811～1050）的最长湿润期时，滇池地区可能经历了持续时间最长的"暖干期"；在宋代中国中东部地区经历持续220年（1051～1270）的寒冷干旱期时，滇池区域可能是持续的"冷湿期"气候，这一时期西南季风影响下的滇池流域降水充沛，蒸发量减少，甚至延续到元代。

如果这个时间序列的阶段性气候特征的解释是正确的话，那么，在这样的西南季风气候条件下的滇池水位必定受其深刻的影响。前人对滇池水位的研究，在时间序列上已经证明了这一点。例如，王苏民、窦鸿身主编的《中国湖泊志》，说滇池"汉唐时代，湖面萎缩，唐朝中期滇池水位降至最低，比现湖面低3.0m左右"[②]。唐代正是中国中东部东南季风气候区的温暖湿润时期，反映在滇池，则表现为暖干气候影响下的"湖面萎缩"，特别是唐代中国中东部地区持续了240年（811～1050）的最长温暖湿润期时，滇池则呈现出"唐朝中期滇池水位降至最低，比现湖面低3.0m左

[①] 杨煜达：《清代云南季风气候与天气灾害研究》，复旦大学出版社，2006，第176～177页。
[②] 王苏民、窦鸿身主编《中国湖泊志》，科学出版社，1998，第368页。

右"的景象。随后,宋代是中国中东部地区著名的寒冷干旱期时,滇池地区则应该经历持续两百来年的冷湿气候期,降水充沛,因而,当元朝灭大理国进入今滇池地区的鸭赤城(今昆明市)时,"城际滇池,三面皆水,既险且坚"①,于希贤说:"依文献所载,当时滇池东北岸当在此附近,范围比现在大很多。此时滇池水面的海拔高度为1892米左右,比现在水面约高出了5米。"② 这种滇池水位变化是滇池地区在人为干预之前的变化,与中国历史时期温暖期与寒冷期时间段耦合,说明5000年来滇池水位并非一成不变,滇池水体自身在与外界自然气候的互动作用下,发生着阶段性的变迁。尽管现有的研究还无法精细地解析历史时期滇池水位变化与中国气候温暖寒冷期的关系,但是,某些典型气候阶段性与滇池水位变化的关联性则清楚地说明了滇池变迁与自然气候的关系,也许这正是我们解析滇池周边人类活动聚居区地域转移的重要思考线索。

上述这些湖泊学研究成果也得到了实地调查的印证。据滇池周围实地考察,距今二三百万年的第四纪冰川年代以后,冰川形成的海水逐渐退落之时,今昆明西边的安宁和晋宁一带开始露出水面,现在的昆明附近还遗留着当时大陆沉积的板层可以辨认。而且昆明西郊筇竹寺畔发现过三叶虫化石,昆明官渡区发现过恐龙的脚印,安宁八街发掘出恐龙化石,也是有力的见证。滇池大约在很长一段时间逐渐露出水面的地方形成厚层或薄层的不纯灰岩,并夹有薄层的砂岩和页岩层,滇池周围的岩层证明了这一点。随着滇池的陆地继续上升,环抱的群山形成;断层的陷落造成了地堑,地堑积水,成为湖泊。今西山三清阁下的悬崖,依稀可见断层的痕迹。安宁、富民两个小盆地同时形成,那时滇池水面1000多平方公里,水深20~30米,蓄水量百亿立方米③,滇池周围的地质状况反映了地质史前滇池的变迁。

---

① 《元史》卷121《兀良合台传》,中华书局,1976,第2979页。
② 于希贤、于涌:《沧海桑田:历史时期地理环境的渐变与突变》,广东教育出版社,2002,第172页。
③ 昆明市志编纂委员会编《昆明市志长编》卷一《古代之一》,昆明市志编纂委员会编印(内部发行),1984,第19页。

第二章

选择与适应：滇池区域早期人类活动

地理学家已经认识到，人类是地球生态系统的组成部分，在这个系统中，某一部分可能自成一个子系统。湖泊自然的生态就是一个子系统。在地球生态系统中，任何一个子系统的存在和变化，都有赖于内部和外部条件。随着人类社会的发展，人类活动成为生态系统，包括湖泊生态子系统发展变化的影响因素，同时湖泊等子系统也深刻影响着人类社会的发展。

第一节 滇池附近的早期人类活动

在历史地理学的视角下，历史时期指我国有文字记载以来的5000年历史，但是人类的产生和利用自然的历史远远早于5000多年，历史时期的人类是此前人类发展壮大而来的。有了人类活动，自然地理环境必定打上人类活动的烙印，生态环境会因人类活动的影响而发展变化。"在人类作用于自然环境的强度和范围愈来愈大、因而愈来愈强烈地改变着自然结构和社会经济结构的时候，地球表层系统中两大类（组）要素相互作用——'人'和'地'的关系，成了地球表层系统中最值得重视的主要关系。"[①]人对自然环境的作用是由于人类的进步、生产方式的发展从而逐渐加大了对自然环境的影响。人类历史对于自然界来说，如同白驹过隙，相当短

---

① 王大道：《关于地理学的"人-地系统"理论研究》，《地理研究》2002年第2期。

暂。在自然环境漫长的发展历程中，人能够改变环境的时间更加短促，因为，人类最初仅仅在做适应环境的生存努力，其后才有可能利用环境来发展自身，再后来才是改造环境，甚至过度地改造环境形成破坏性的开发使用环境。

滇池流域是滇东高原的一个组成部分，位于一级地貌区——滇中湖盆高原的北部。由于构造作用的不均匀，高原面上有相对隆起的山丘，有海拔较低的湖积平原及湖泊，又受到河流切割及地下水的溶蚀，形成了多种小地貌类型。而且滇池湖面以外是呈弧状分布的冲积湖积平原，平原面积北部、南部较大，东部呈狭长形，有低丘散布其间。西部湖岸靠近山地，无成片的平原，仅有局部小型的冲积扇或沙堤伸入湖中，平原海拔1900米左右。再向外围是高低不等的两层丘陵、台地，一层是原来的湖成阶地被河流切割而呈条带状或块状的丘陵，顶部较平坦，相对高度100~200米；另一层是散布在湖积平原上的孤立残丘，相对高度100米左右。[1] 滇池流域地貌类型统计见表2-1。[2]

表2-1 滇池流域地貌类型统计

单位：平方公里，%

类　　型	山　　地	台地、丘陵	湖积平原	湖　面	总面积
面积	1415	866	478	291	3050
占总面积的百分比	46	28	16	10	100

滇池东部这种既近水又有冲积平原以及可以躲避洪水的山丘复合地貌，为早期人类生存提供可利用的优越条件。在滇池地区，最早的人类可能是龙潭山"昆明人"。在今呈贡区大渔乡邓家庄有一处叫作三悬水的地方，这里有一座山叫龙潭山，龙潭山位于呈贡城以北11公里，西南距今滇池水域湖岸4公里，距昆明主城区20多公里，是一座状若馒头、山顶高于滇池水面约47米的山地。在龙潭山发现了滇池流域最早的人类活动遗迹，1973年，考古工作者在这里进行了大规模的考察和发掘，1975年出土一批

---

[1] 陈永森：《滇池流域自然环境及旅游资源》，载《滇池地区生态环境与经济综合考察文集》，云南科技出版社，1988，第12~13页。
[2] 陈永森：《滇池流域自然环境及旅游资源》，载《滇池地区生态环境与经济综合考察文集》，云南科技出版社，1988，第12页。

旧石器、烧骨等文化遗物，1976年出土一个完整的人颅骨化石。1977年在第一号洞出土晚期智人的两颗牙齿化石，1978年上述发现被命名为"昆明人"。后又从第二、第三号洞发掘出丰富的古人类化石、旧石器，为滇池地区重要的原始社会遗址，被列为云南省重点文物保护单位。① "昆明人"遗迹遗物经碳14测定为生活在3万年前旧石器时代的人类，也是云南昆明滇池区域最早的穴居原始先民，这说明滇池流域在3万年前就有了人类活动。距今3万年前的滇池面貌我们不是很清楚，但早期人类会寻找最有利生存的环境繁衍生息。以下为20世纪40年代西南联大学者考察的结果：

> 滇池范围之今昔——滇池之范围，就沿湖露出之昔日湖相沉积，可知昔大于今，无可讳言。沿岸之湖相沉积，为灰色黏土，高于今之湖面约廿公尺，如西山一带高在廿公尺以上之山洞，前已发现大量湖生动物之遗壳，且分布甚广，若西北郊之大普吉，近尚有人发现湖积层及螺壳，其高约在卅公尺，而市内之螺峰山，自昔即以多螺蛳得名，此外如沿东北河谷经金殿上行数里，（拔湖约五十公尺处）又能隐约见有贝壳遗骸及树叶化石，夹杂于褐灰碳层之下，凡此在在皆可证明远昔湖面之大于今日②。

因此，根据40年代西南联大的学者研究，远古时代滇池的湖岸线普遍在高于今天滇池水面30米的地方，而且3万年前的滇池水域面积几乎是现代滇池的3倍。③ 人类的活动和定居必定在湖岸线以上，所以，龙潭山高出今滇池47米，龙潭山也仍然高出当时滇池水面，但比今天更靠近滇池，非常有利于仍处于粗放渔猎生活状态旧石器时代的"昆明人"进行渔猎活动和生存；龙潭山属于岩溶地貌，不仅山顶高出滇池水面，而且山上溶岩发育，有很多岩溶洞穴可供尚处于穴居状态的"昆明人"居住；再者，龙潭山既近水，又靠山，"昆明人"除了可以捕食滇池丰富的鱼类、螺蛳外，

---

① 胡绍锦：《昆明龙潭山古人类及旧石器之发现与研究概述》，引自昆明市志编纂委员会编《昆明市志长编》卷一《古代之一》，昆明市志编纂委员会编印（内部发行），1984年3月，第33页。baike.baidu.com，"龙潭山昆明人遗址"。
② 王云亭：《昆明南郊湖滨地理》，《地理学报》，1941年。
③ 王苏民、窦鸿身主编《中国湖泊志》，科学出版社，1998，第368页。

还能进行狩猎活动，这使"昆明人"的食物供给多样化，并能够相对稳定，所以今天考古发现"昆明人"遗址中富含古人类、旧石器及哺乳动物化石。

龙潭山"昆明人"考古遗址的发现表明，最早的滇池流域人类活动于今滇池的东部近山地带，主要在高出今滇池水面47米的龙潭山顶活动。滇池流域最早的人类活动是在高于今滇池水面和滇池坝子很多的山地，并不在今天滇池最宽阔的北部坝区，这表明3万年前旧石器时代，滇池水域比今天广阔得多，今天的滇池湖盆平原几乎淹没在滇池水域之下。滇池水域因季风气候的影响，又有雨季与旱季水域面积变化较大的特点，只有常年能够高出水面的山地才是早期滇池流域人类安全的生活区域。因此只有通过古地质学和湖泊学解析地质时代滇池水域基本面貌，才能理解旧石器时代滇池最早的人类为什么选择在山地活动，而不是在今平坝活动。因为那个时代，滇池水位比较高，滇池尚处于云贵高原的"大湖阶段，滇池水面至少是现在的3倍"[1]，滇池水位较今天高出许多，因此，滇池地区旧石器时代的"昆明人"只能在龙潭山这样的高地和山地活动。

龙潭山"昆明人"的后裔如何在滇池区域发展，尚无准确的考古资料可说明。但是到新石器时代，滇池原始人群大为增加，今天所知的滇池附近新石器时代文化遗址有50余处，出土了大量石器，如石斧、石锛、石锥、石刀和带孔蚌刀等，种类繁多，说明当时生产范围扩大，生活内容丰富。此外，还出土了大量破碎陶片，复原的陶器主要为生活用具，如碗、盘、盆、罐、钵等，陶器内壁还发现夹杂着谷壳，说明其时活动于滇池区域的人类已开始驯化和种植水稻。而遗址中出土之网坠、石镞[2]，又说明滇池流域新石器时代的人类也进行捕鱼和狩猎活动。捕鱼、狩猎与开始稻作农业的新石器时代人类，表明滇池流域人类的近水活动与高地活动并行，滇池开始有了人类活动的影响。但这种影响仅仅局限于粗放地适应和被动地利用，仍不足以干预滇池的自然变迁历程。

---

[1] 王苏民、窦鸿身主编《中国湖泊志》，科学出版社，1998，第46页。
[2] 胡绍锦：《昆明龙潭山古人类及旧石器之发现与研究概述》，引自昆明市志编纂委员会编《昆明市志长编》卷一《古代之一》，昆明市志编纂委员会编印（内部发行），1984年3月，第38页。baike.baidu.com，"龙潭山昆明人遗址"。

也就是说，滇池流域在人类活动兴起的很长时间内，滇池水域的自然变迁历程仍然进行着，影响滇池水位变化的主要是气候因素导致的降水变化，人类仅进行着选择较好的地理环境，进行适应环境的生存、生产活动。

第二节　滇池周围的新石器时代"贝丘遗址"

滇池附近的贝丘遗址是中国现在知道的内河与湖泊附近两类典型的贝丘遗址之一，是滇池新石器时代人类活动与湖泊关系的区域典型特征。

贝丘遗址为湖泊早期人类活动，特别是新石器时代人类在海岸、河流和湖泊沿岸生存活动的重要遗存，在全球均有广泛分布，在全球发现的大量贝丘遗址中，滇池的贝丘遗址具有独特性。根据人类学的认识，贝丘遗址（Shell Mound）是古代人类居住遗址的一种，往往以在遗址废物堆中包含或遗存大量的早期人类食剩且抛弃的贝壳为特征。贝丘遗址的年代一般从中石器晚期到新石器时代早期均有，大约为前4000年至前2500年，有的则延续到青铜时代或稍晚，所以在贝丘的文化层中夹杂着贝壳、各种食物的残渣以及石器、陶器等文化遗物，还往往发现房基、窖穴和墓葬等遗迹，由于贝壳中含有钙质，骨角器等往往能保存完好。世界各地的贝丘遗址多广泛地分布于海、湖泊和河流的沿岸。根据贝丘的地理位置和贝壳种类的变化，可以了解早期人类活动的情况并复原当时自然条件和生活环境。[1]

中国沿海发现的贝丘遗址最多的当推辽东半岛、长山群岛、山东半岛等，此外在河北、江苏、福建、台湾、广东和广西的沿海地带也有分布。但在内陆的河流和湖泊沿岸还发现有淡水性贝丘遗址，则数量相对比较少，至今仅发现4处，1处在广西，3处在云南。[2] 在广西的是南宁邕江沿

---

[1] baike.baidu.com，"贝丘遗址"。
[2] 原认为仅两处，即滇池、洱海的贝丘遗址，但2015年12月21日晚6：30云南电视台云南新闻报道在通海又发现了一处旧石器时代至青铜时代的贝丘遗址。

岸的贝丘遗址，是中国内陆河流贝丘遗址的代表。① 作为内陆省份的云南发现贝丘遗址，意义重大，说明早期云南人类活动往往依水而居，靠水吃水。云南的三处贝丘遗址，即滇池东岸的贝丘遗址、洱海银梭岛贝丘遗址以及通海的贝丘遗址②，均为距今 5000 年至公元初年新石器时代和青铜器时代的遗址，与世界其他地区的贝丘遗址处于同一时代，反映了云南湖泊贝丘遗址的发展历史与世界贝丘遗址的共性和同步性。但从贝丘遗址的类型看，至少在中国，至今发现的 3 处湖泊贝丘遗址都在云南，说明云南早期人类活动在利用湖泊资源方面处于领先地位。而云南滇池的贝丘遗址发现的遗迹、遗物最多，最完整，也最具代表性，在某种程度上，正是这些滇池贝丘遗址解析了滇池流域新石器至青铜时代的人类活动，以及与滇池流域的人地关系。

在今滇池周围数百里大量的新石器遗迹，尤其是早期滨湖居住地留下的螺壳堆积层，被当地人称为"螺冢"，表明滇池周围新石器时代的人类能够在湖上捕鱼，湖滨捕禽，采集螺蛳，开始种植谷物以至饲养牲畜，形成了滇池流域新石器时代的全盛景象。特别是滇池流域新石器时代遗址有 50 余处，这些遗址最重要的特征是有大量的螺壳层堆积层相伴，而且这些螺壳层堆积曾清晰地显示了人类食物结构中的重要种类为淡水湖泊的螺类生物，因此基本可以定性为贝丘遗址。滇池流域的新石器时代人类活动遗址的发现和发掘历时近一个世纪，而最重大的发现均在 1949 年后，构成新中国云南考古的最重要成果。由于滇池流域以贝丘遗址为代表的新石器时代人类活动处于有文字记载之前，所以对滇池贝丘遗址的认识只能依赖考古工作者的考古发现、发掘和研究，故本书希望通过对新中国滇池流域贝丘遗址考古工作的梳理来解析新石器时代至青铜时代（前 3000 年至公元初年）的滇池流域人地关系和人类活动区的分布与发展。

自 1949 年后，考古工作者在滇池附近发现了大约 59 处新石器时代遗址。而这些新石器时代遗址全部属于贝丘遗址，即遗址本身或遗址附近有大量的"螺壳堆积"③ 相伴，这是滇池流域新石器时代遗址的最大特点。

---

① baike.baidu.com，"贝丘遗址"。
② 鱼翔：《洱海银梭岛贝丘遗址 大理 5000 年文明史的新证》，《大理日报》2008 年 5 月 15 日。
③ 黄展岳、赵学谦：《云南滇池东岸新石器时代遗址调查记》，《考古》1959 年第 4 期。

滇池流域新石器时代遗址的"螺壳层堆积层"清晰地显示为人类食用后的螺壳堆积的，说明滇池流域新石器时代人类的食物结构中的滇池湖泊的螺类生物是重要的组成。同时这些遗址表现为使用磨制石器、学会制作陶器、懂得驯养和种植、能够纺织是滇池流域新石器时代遗址反映出来的基本特点，20世纪50年代以来滇池周围一系列新石器考古发现均表明了这一特点，在此借助考古资料论述滇池流域人类适应并利用滇池环境生存发展的历史。

1953年8月，由云南省博物馆筹备处、文史馆和昆明市文教局共同组成的"昆明市文物检查组"，在官渡螺峰村内发现了一处遗址。1954年，云南省博物馆筹备处在晋宁发现并试掘了被认为是贝丘遗址典型的石寨山遗址。经过碳14测定，推断其早期文化层距今4269±180年，而晚期文化层距今3120±170年。1958年1月，来自中国科学院考古研究所的黄展岳、赵学谦等专家又在滇池东岸发现了海源寺、石碑村、乌龙铺、石子河、安江、象山、河泊所等遗址（见图2-1）。[①] 黄展岳、赵学谦等在调查基础上绘制了滇池周围新石器时代遗址分布图，并对滇池周围新石器遗址分布的特点进行了分析，其分布地域的特点是"滇池区域的新石器时代遗址大多分布在东岸。西岸层峦迭嶂，是游览胜地。东岸是一片平坝，风景优美，土地肥沃，盛产稻米，古文化遗址也很多。他俩从昆明沿昆玉公路到达晋宁，在这一段40公里长的湖滨地带，约略调查了一下，就发现了新石器时代遗址9处"，即海源寺、官渡、石碑村、乌龙铺、石子河、安江、象山、石寨山和河泊所等。[②] 这些遗址分布地点与滇池有密切关系，其中除象山距滇池较远（4公里）外，其他遗址都临近滇池附近的小山包上，1959年河泊所遗址就典型地在高于周围的山包上。[③] 因为当时滇池水域辽阔，大概只有今天看来高于周围冲积平原的山包才能露出水面，成为那个时代人类赖以生存生活的环境。今天看来高于周围的山包在距今3000年的新石器遗址应当紧挨着滇池水域，这样人类才能够很容易地在滇池水域渔猎或捞取螺类食物。

---

① 黄展岳、赵学谦:《云南滇池东岸新石器时代遗址调查记》,《考古》1959年第4期。
② 黄展岳、赵学谦:《云南滇池东岸新石器时代遗址调查记》,《考古》1959年第4期。
③ 黄展岳、赵学谦:《云南滇池东岸新石器时代遗址调查记》,《考古》1959年第4期。

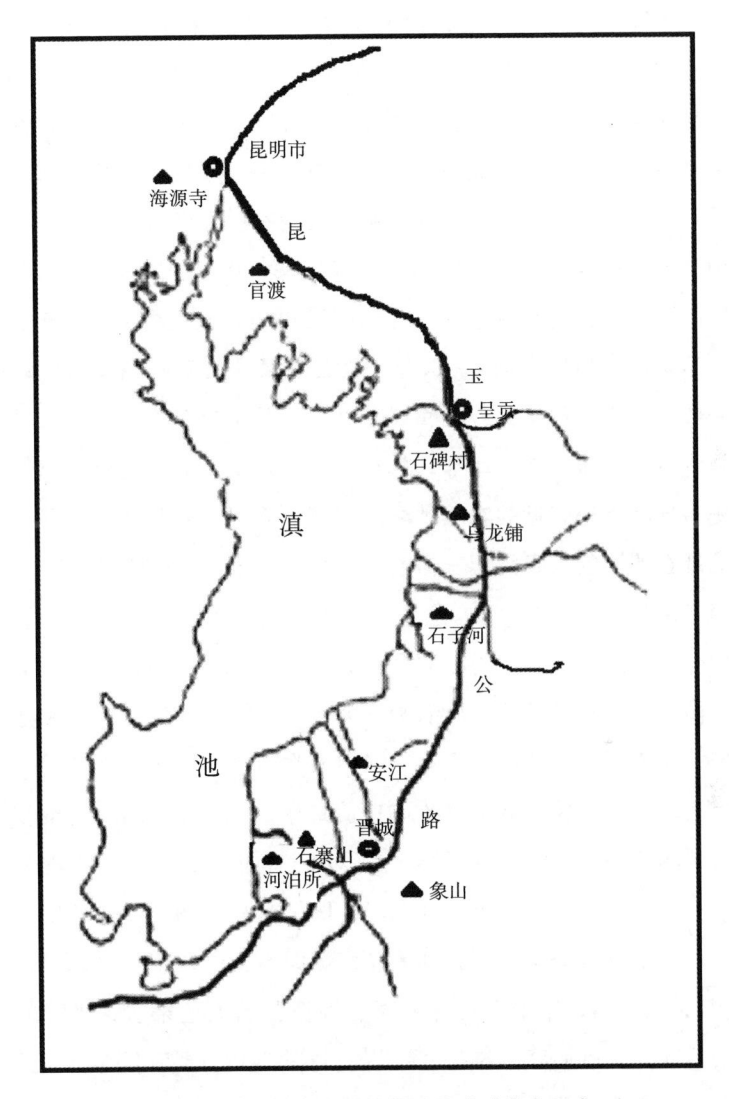

图 2-1 滇池东岸新石器时代遗址分布示意

1958年黄展岳等的滇池新石器时代遗址调查除了指出滇池新石器遗址集中在滇池东岸地带外,还发现滇池新石器遗址有两个典型特征,一是"贝丘遗址"特征,二是手制泥红陶器特征。由于城市化发展和几十年滇池周围的农田建设,今天已经很难复原滇池"贝丘遗址"景观,但是黄展岳等的调查时代,情况则清楚得多。他们描述说滇池新石器遗址几乎都伴有螺壳堆积,"螺壳呈白色,一般长7至8厘米,堆积甚厚,地表之下即是,有的则暴露地面"①。他们在遗址中看到有的堆积如小山，当地群众往往称之为"螺蛳山"、"螺髻山"或"螺蛳堆"。"滇池地区新石器时代遗址多为贝丘遗址，其堆积为螺蛳壳，有的遗址厚达九米（兴旺村）。更为有趣的是，几乎每个螺壳尾部都有一个人工敲击而破的小孔，滇池沿岸居民至今仍有敲出尾部小孔食螺的习俗，可见这是滇池地区原始居民食螺后遗弃的螺壳。"② 以河泊所的螺蛳山为例，该螺蛳山东西长 80 米，南北宽 30 米，高 8 米。有的贝丘遗址是零散的几堆，如石碑村遗址；有的则堆积如一道长堤，如官渡、石子河遗址，长达里许，高出地面 2~3 米，地面下深也在 2~3 米以下。"螺壳层堆积中一般夹杂少量灰土，或纯属螺壳堆积。其中包含着大量的陶片和少数的石器、骨器等。每个螺壳尾部，都有一个敲通的小孔，显然，这是被食用过的痕迹。现在滇池附近的农民挑取螺肉当副食品，仍用此法。不过，我俩所看到的现在滇池的螺壳是作灰褐色的，且较新石器时代的螺壳略小。"③

滇池流域近 60 处的新石器遗址，除了典型的贝丘遗址特征外，还有显著的地域分布特点，即滇池周围的全部贝丘遗址分布在滇池东岸的官渡、呈贡和偏东南的晋宁县晋城镇、河泊所等区域。这种偏于滇池东岸和东南岸的贝丘遗址，正说明新石器时代滇池流域的人类活动主要集中在滇池东部和东南部。因为滇池东岸新石器时代的贝丘遗址中，"从大量的螺壳堆积以及伴随着大量的陶片和少数的一些石器、骨器出土的情况来看，所有的螺壳都在尾部敲破一个小洞，可以说明当时人们捞取螺蛳当食物，而遗址中大量有遗存着的小碗、小盘等陶器，推测也是以盛螺肉为其主要用途（当然也可能盛其它食物）；从陶器内壁中多夹有谷壳、谷穗芒的痕迹来看，当时的人们除从事渔猎活动外，也从事于农业生产"④。这就是新石器时代人类对滇池居住点的选择和对滇池早期地理环境的选择与适应的特点，滇池水产作为主要食物来源的同时，早期农业开始发展起来。

对已知的多分布在滇池东岸和东南岸地区的新石器时代遗址考古发掘并

---

① 黄展岳、赵学谦：《云南滇池东岸新石器时代遗址调查记》，《考古》1959 年第 4 期。
② 阚勇：《试论新石器文化》，载云南省博物馆编印《云南省博物馆建馆三十周年纪念文集》，1981 年 8 月。
③ 黄展岳、赵学谦：《云南滇池东岸新石器时代遗址调查记》，《考古》1959 年第 4 期。
④ 黄展岳、赵学谦：《云南滇池东岸新石器时代遗址调查记》，《考古》1959 年第 4 期。

不充分，20世纪80年代以前只对两处进行了试掘，其他遗址均未能进行全面发掘。对其反映的人类活动历史，只能通过试掘的两处遗址，特别是以石寨山为代表的一大批贝丘遗址来初步确定昆明的"石寨山类型"人类活动的分布和特征。可以比较确定地说，以"石寨山"遗址为代表的滇池新石器时代人类活动已经能够磨制石器，有石斧、锛、锤、铲、锥、镰、刀、纺轮，以及坠、砺石等，典型的是有肩石斧、有段石锛、有肩有段石锛等，它们成为滇池流域新石器遗址区别于云南其他新石器文化的代表性实物。在陶器中，早期以火候较低的泥质红陶盘、碗为典型，晚期则以火候较高的夹砂红陶灰陶器为代表。最为引人注意的是，滇池的这些遗址内均有大量的螺蛳壳堆积，且螺蛳壳尾端均被砸开，这表明这些是原始人取食螺肉后有意堆积起来的，成为中国典型的湖泊贝丘遗址。

综合而论，滇池周围贝丘遗址的分布和地理环境特点是："螺蛳壳堆积成小山，如官渡、河泊所、兴旺村和老街等遗址。面积最大的如老街遗址，约500×130米。堆积得最高的如河泊所遗址，约8米。这种遗址的特点是螺壳堆积较高，而且往往暴露在表面，极引人注目"[1]，最值得注意的是滇池流域的贝丘遗址距离滇池均比较近，最远的也只不过6公里左右[2]，说明了新石器时代活动于滇池流域"贝丘遗址"的人类对滇池存在着很强的依赖性。

第三节　滇池贝丘遗址的分布

20世纪80年代以前的云南考古对滇池新石器时代的贝丘遗址的研究取得了一些成绩，比如说，借助自然科学手段，通过对古稻碳化籽实及古稻痕迹的观察、研究，确定"新石器时代滇池周围的居住（民）也以经营原始农业为生活主要来源，种植的农作物主要是稻，据陶片上的谷壳痕迹来看，其品种也是一种粳稻。当时人们还要在滇池中捕鱼和捞螺作为食物的补充，大量螺壳即是当时人们食后所遗"[3] 的特点，专家调查鉴定了滇池沿岸的贝丘遗

---

[1] 云南省文物工作队：《云南滇池周围新石器时代遗址调查简报》，《考古》1961年第1期。
[2] 云南省文物工作队：《云南滇池周围新石器时代遗址调查简报》，《考古》1961年第1期。
[3] 汪宁生：《云南考古》（增订本），云南人民出版社，1980，第20页。

址、确定了古螺蛳壳的种类及分类地位等。但仍然没有揭示滇池贝丘遗址的文化内涵，也就不能清晰地反映滇池流域新石器时代人类与滇池的互动关系。直到2000年后的滇池考古和研究，才进一步揭示了滇池贝丘遗址的内涵。

2005年在高海公路建设过程中，在昆明西山苏家村天子庙一带发现了一个典型的贝丘遗址，2005年4~6月云南省文物考古研究所、昆明市博物馆由蒋志龙带队，对其进行了发掘，将该遗址称为"昆明西山天子庙贝丘遗址"，为2005年云南省十大考古发现之一。最重要的是该遗址堆积主要为螺蛳壳，最厚处距地表4米左右，其他遗物，可将堆积分为4个文化层，在地层中发现的遗物主要为陶器、石器和铜器，另有少量玉器[①]，可定为新石器时代至青铜时代的典型贝丘遗址。2008年11月10日至12月10日，由云南省文物考古研究所和美国密歇根大学人类学博物馆组成的中美联合考古队在云南滇池东南部地区进行了为期一个月的田野调查。在这次调查中，考古人员在64平方公里的调查区域内发现了43个遗址，其中大部分遗址发现在由数量众多的腹壳类水生生物——螺蛳的残骸堆积而成的小山包上。这一发现对于昆明新石器时代考古研究具有重要意义。2008年调查的重要收获，让我们有可能对滇池流域新石器时代滇池水体环境的基本情况、人类活动的主要区域、人类早期如何利用滇池资源生存、滇池流域哪个区域开发最早有比较清楚的认识。

第一，根据调查推测，滇池水位与今天有差别，现代滇池湖岸的海拔约1886.70米[②]，据推算，滇池流域新石器时期（距今3000年左右）的滇池水位约为1890米，水位比今天高3米多，这样今天已经成陆的大片地区，当时仍然淹没于滇池水域中，但滇池东部和东南部靠山缘的地区已经出现了一定面积的冲积平原。同时在滇池东部和南部的冲积平原尚处于季节性淹没期，滇池每年的夏秋丰水期[③]，冲积平原的很多地方仍然会被淹没，冬春干旱季则能够露出水面。这种因季节变化而盈缩的冲积平原难以为早先的滇池人类提供稳定的居住和生活场所，但是滇池东部和南部的冲

[①] www.yn.xinhuanet.com，《云南考古十大发现专题》。
[②] 顾世祥、陈欣等：《基于水生态修复的滇池运行水位确定》，《水利水电科技进展》2014年第2期。
[③] 李孝芳：《滇池水位的季节性变迁》，《西南边疆》第17期，1943年6月。

积平原并非平坦连片的,在冲积平原上存在着一定数量的小山包,这类山包往往高出当时的滇池水面20~50米,如石寨山就处在当时高出水面较多的山包上,这类山包多为石灰岩或厚砂页岩夹层结构,虽然不便农耕,但利于居住,且靠近滇池,早期人类可以稳定居住于这类山包上,依靠渔猎为生,所以滇池流域的贝丘遗址和新石器时代遗址大部分分布在这类小山包上[1],这是新石器时代滇池流域人类活动遗存的重要特征。

第二,新石器时代遗址主要集中在滇池流域的东岸和东南岸地区。环滇池地区,特别在滇池东部和东南部的今天昆明市呈贡区、晋宁区就发现有重要的新石器时代人类活动的遗址,如昆明大团山遗址、上马村五台山古墓群遗址、呈贡石子河新石器时代遗址(即海晏遗址)、呈贡天子庙古墓群遗址、呈贡石碑村古墓群遗址、晋宁石寨山墓地、晋宁河泊所、小平山、金砂山、左卫山等新石器遗址,基本属于石寨山文化的墓地和遗址,反映的是滇池流域新石器时代人类活动主要集中在滇池的东岸和南岸地区。如果把这些遗址的海拔做一些归纳,它们大都处在距离今天滇池湖岸一段距离稍高的位置上,并非紧靠今天的滇池岸线。例如,呈贡"天子庙古墓群"遗址[2]的位置至少距离今滇池湖岸线3公里稍高处,由此可判断呈贡天子庙区域距今3000年时已经稳定露出滇池水面,但天子庙以西的区域,大概还处于季节性湖沼状态。

同样在滇池东南岸地区,2008年调查"在64平方公里的调查区域内共发现了43个遗址,其中25个属于石寨山文化"[3],遗址也大多分布在高于今湖岸线有一段距离的冲积平原上的小山包上。所以滇池东岸和东南岸地区是新石器时代人类活动最集中的区域,它与今天人口更集中于滇池北岸坝区存在着很大差异,说明那时的滇池东岸、南岸区域更适合当时的人类生存与活动。滇池北岸地区可能由于滇池水位较高还处于滇池湖泊的水体之中,尚不能被当时的人类利用(见图2-2)。[4]

---

[1] 云南省文物考古研究所、美国密歇根大学人类学系:《云南滇池地区聚落遗址2008年调查简报》,《考古》2012年第1期。
[2] 云南省博物馆文物工作队:《云南呈贡天子庙古墓群的清理》,载《考古辑刊》第3辑。
[3] 云南省文物考古研究所、美国密歇根大学人类学系:《云南滇池地区聚落遗址2008年调查简报》,《考古》2012年第1期。
[4] 云南省文物考古研究所、美国密歇根大学人类学系:《云南滇池地区聚落遗址2008年调查简报》,《考古》2012年第1期。

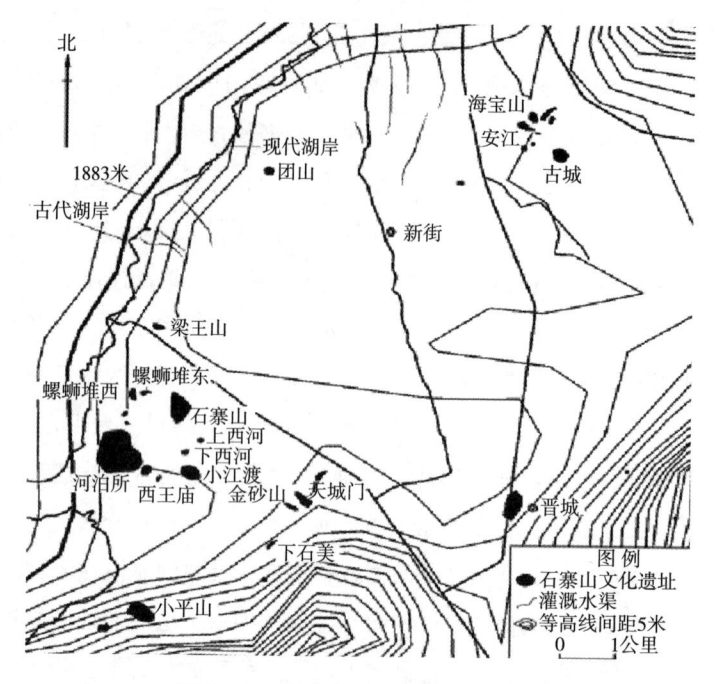

图 2-2　滇池地区石寨山遗址分布

第三，滇池水位的年内波动应当较大，新石器时代遗址多处于滇池东部和东南地区狭小的冲积平原高处或冲积平原上的山包上。"根据地形、地貌的差异，此区域内的 16 个遗址可分为两类：一类位于冲积平原区，以河泊所遗址为代表；一类位于冲积平原中突起的石灰岩小山包的顶部，以石寨山、小平山遗址为代表。"① 现已经知道的滇池流域新石器时代遗址，虽不能说完全反映了当时人类在滇池流域活动的情况，但新石器时代不仅滇池水位可能较之今天更高，而且滇池水位的年内波动可能也较大，这是滇池水位变化的另一大特点。在夏秋之际的丰水期，滇池水位可能淹没冲积平原的很多地方，而新石器时代滇池附近的人类还没有进行水利建设的能力，对于滇池的利用和保障居住环境安全方面，只能被动地趋利避害，因此，大部分遗址分布在冲积平原中部和冲积平原边缘的高出滇池水面 20~50 米的小山包上。

---

① 云南省文物考古研究所、美国密歇根大学人类学系：《云南滇池地区聚落遗址 2008 年调查简报》，《考古》2012 年第 1 期。

第四，新石器时代滇池流域的遗址大多为"贝丘遗址"，其特点是在滇池东南区有"两个遗址面积较大外，大部分遗址面积都比较小，其中有34个遗址面积在2万平方米以下，有3个中型遗址面积为3~5万平方米，有4个超中型遗址面积为7~10万平方米。大部分遗址都发现于由数量众多的腹壳类水生生物——螺蛳的残骸堆积而成的小山包上。螺蛳这类水生生物在滇池中曾经数量惊人，现在几乎绝迹了"①。通过对螺蛳壳堆积的数量和堆积体的体量等来进行研究，基本可以了解贝丘遗址所属时代的社会经济和社会组织状态，能够认识到贝丘遗址时代滇池流域人类是如何利用滇池生存和发展的。滇池东南和东部发现的大量堆积的螺蛳壳的典型特点是螺蛳的尾部均被敲破，螺蛳内的肉应当已被人类食用，这是新石器时代人们挑取螺肉食用的痕迹，在滇池流域这样的螺蛳壳堆积物有很多处，大多厚达数米，说明这些地方人类持续活动的时间较长，可认为是新石器时代滇池流域人类重要定居点。这种情况在滇池东南部晋宁县兴旺村反映尤为突出，兴旺村贝丘遗址的螺蛳壳堆积最厚的地方达9米多，还有晋宁"老街村的螺壳堆积物长达500多米，宽达130多米"②。汪宁生先生在《云南考古》一书中总结说："从1953年起在滇池周围连续进行了几次调查，发现了新石器文化遗址多处，较重要的有官渡、石碑村、乌龙铺、石子村、安江（古城）、团山村、石寨山、河泊所、渠西里、兴旺村、后村、白塔村、白塔山、老街等等，其中官渡、石寨山两处还进行过试掘。这些遗址或分布在小山上，或分布在平地，均距滇池不远。多数遗址特点是存在着螺蛳壳堆积，有的厚达8~9米（如河泊所和渠西里）。"③2005年考古发现滇池西部昆明天子庙的贝丘遗址螺蛳壳堆积层就达4米，说明滇池周围均成为人类活动区，而且"新石器时代滇池周围的居民也以经营原始农业为生活主要来源，种植的农作物主要是稻，据陶片上的谷壳痕迹来看，其品种也是一种粳稻。当时人们还要在滇

---

① 云南省文物考古研究所、美国密歇根大学人类学系：《云南滇池地区聚落遗址2008年调查简报》，《考古》2012年第1期。
② 于希贤、于涌：《沧海桑田：历史时期地理环境的渐变与突变》，广东教育出版社，2002，第169页。
③ 汪宁生：《云南考古》（增订本），云南人民出版社，1980，第19页。

池中捕鱼和捞螺作为食物的补充,大量螺壳堆积即是当时人们食后所遗。螺壳尾部都敲出小洞,这是为了便于取食其中的螺肉,至今滇池附近居民仍用此法食螺"[①]。

方国瑜在《滇池水位变迁》一文中也说:"据可考的历史,古时滇池水面有多大呢?从遗迹来考察,在滇池西南到东南地区,分布着很多螺蛳壳堆,据解放后考古调查,在海口至官渡一带,发现有十四处,这些是新石器时代文化遗址,螺壳堆不是自然形成,而是人为的遗址。遗址里每一个螺蛳壳尾部搞成小孔,是被人挑取螺肉的痕迹(现在还用这个办法取螺肉),并且在螺蛳壳堆中掘出石斧、石锛、石锤、石刀,还有骨制的锥、铲,蚌制的刮、削器,以及多量的泥质红陶、夹砂红陶、夹砂灰陶制成的碗、盘、罐等破片,还发现有烧灶遗迹,可知古代居民住在这些遗址的年代很长,才会有大量螺蛳壳堆积如山,这是现在所知滇池地区最早的文化遗址。这些遗址,当时应在水滨,现在已离湖岸一至五公里,因为滇池水面退缩了。螺蛳壳堆以在晋宁河泊所附近者为最大,长五百公尺、宽一百五十公尺,地面海拔约一八八八公尺,可推测当时滇池水位海拔在一八八八公尺上下。"[②] 这种在滇池流域南部海口到东部的官渡所特有的螺蛳壳堆积不是自然形成的,而是人类活动的遗迹,构成中国最典型的"贝丘遗址",由于螺蛳壳堆积体遗址中发现大量陶片和石斧、石锤、石刀,还有骨制的锥、铲,以及蚌制的刮、削器,可判断为典型的新石器时代遗址,说明滇池流域进入新石器时代后,人类已经在被动选择安全的聚居点和充分利用简易方法获取滇池水产之间进行平衡,滇池提供了大量可食用的水产,滇池流域东南区域的冲积平原又为人类进入早期粗放农业生产提供了条件。由此可见,滇池流域从旧石器时代开始,其东南部和东部地区就是主要的人类活动区。生态系统可以在一定限度内接受其内部因素及外界环境因素的变化,并通过自我调节的机制来保持它自身状态的相对稳定。但是,这种相对稳定不是静止不变的,生态系统本身会在其内外因素的相互作用下不断地发展变化。人类是通过对滇池生态环境、地理环境的选择与

[①] 汪宁生:《云南考古》(增订本),云南人民出版社,1980,第19页。
[②] 方国瑜:《滇池水域的变迁》,《思想战线》1979年第1期。

适应逐渐发展的，典型的"贝丘遗址"类型，说明滇池的水产富庶，冲积平原面积虽然不大，但可能提供最早的农业开发。当然，滇池面貌与今天存在着较大差异，人类对滇池的选择与适应，反映在居住地理环境和重要遗址集中在滇池东南和东部，同时说明这些地方更适合早期人类生存活动，而非今天的滇池北部坝区。

第三章

滇池与古滇部落及滇国

在日常观察中，人们往往注意湖泊生态系统的稳定性，似乎年复一年均无变化。其实不然，湖泊生态系统的稳定性是相对的，湖泊本身每年或者一段时间可以在一定限度内接受来自内部因素或者外部环境因素的变化，通过自身调节机制可以基本保持自身状态的相对稳定。然而湖泊的相对稳定不是静止不变的。当内部或外部环境的影响因素超过湖泊生态系统自身的调节能力时，就可以引起重要的变化。滇池作为湖泊生态系统，它的相对稳定性，使得早期人类活动的集中区域也带有稳定性；同时，滇池作为非静止不变的生态系统，在它缓慢变化的过程中，以其为生活、生存基础的人类同时在发展壮大，活动范围和生产方式、社会结构都会发生变化。

早期人类在滇池繁衍生息，随着历史的发展，进入文字记载的历史时期，"滇"正式出现在历史文献中时，已经到了前130年前后。第一次出现在文献记载中的"滇"，既是自然湖泊——滇池，也是活动于该区域最大的部落或部落联盟——滇人，乃至形成国家以后的"滇国"国名。因为第一次记载这个区域的文献，相距考古发现的旧石器时代"龙潭山昆明人"和新石器时代"贝丘遗址"的人类之间已经有上千年的时间差，也就是说，当外界对滇池这个湖泊及其地理环境，以及有赖于这个湖泊生存的人类开始初步认识时，已经到了西汉武帝时代了，因此，湖泊"滇池"、部落人群"滇人"与社会政治实体"滇国"，几乎同时出现在一个文献中——《史记·西南夷列传》，循着这篇著名的文献以及20世纪滇池流域重大的考古发现，可尝试着对人类利用与开发滇池的历程进行简要复原。

第一节 庄蹻入滇之"滇"

司马迁的《史记》是我们知道的迄今为止最早记载"滇"、"滇人"和"滇国"的文献。《史记·西南夷列传》开篇则言：

> 西南夷君长以什数，夜郎最大。其西靡莫之属以什数，滇最大。自滇以北君长以什数，邛都最大；此皆魋结，耕田，有邑聚。其外西自同师以东，北至楪榆，名为巂、昆明，皆编发，随畜迁徙，毋常处，毋君长，地方可数千里。自巂以东北，君长以什数，徙、筰都最大。自筰以东北，君长以什数，冉駹最大。其俗或土著，或移徙，在蜀之西。自冉駹以东北，君长以什数，白马最大，皆氐类也。此皆巴蜀西南外蛮夷。
>
> 始楚威王时，使将军庄蹻将兵循江上，略巴、蜀、黔中以西。庄蹻者，故楚庄王苗裔也。蹻至滇池，地方三百里，旁平地，肥饶数千里，以兵威定属楚。欲归报，会秦击夺楚巴、黔中郡，道塞不通，因还，以其众王滇，变服，从其俗，以长之。
>
> ……及元狩元年，博望侯张骞使大夏来，言居大夏时见蜀布、邛竹杖，使问所从来，曰"从东南身毒国，可数千里，得蜀贾人市"。或闻邛西可二千里有身毒国。骞因盛言大夏在汉西南，慕中国，患匈奴隔其道，诚通蜀，身毒国道便近，有利无害。于是天子乃令王然于、柏始昌、吕越人等，使间出西夷西，指求身毒国。至滇，滇王尝羌乃留，为求道西十余辈。岁余，皆闭昆明，莫能通身毒国。
>
> 滇王与汉使者言曰："汉孰与我大？"及夜郎侯亦然。以道不通故，各自以为一州主，不知汉广大。使者还，因盛言滇大国，足事亲附。天子注意焉。
>
> ……
>
> 上使王然于以越破及诛南夷兵威风喻滇王入朝。滇王者，其众数万人，其旁东北有劳浸、靡莫，皆同姓相扶，未肯听。劳浸、靡莫数

侵犯使者吏卒。元封二年,天子发巴蜀兵击灭劳浸、靡莫,以兵临滇。滇王始首善,以故弗诛。滇王离难西南夷,举国降,请置吏入朝。于是以为益州郡,赐滇王王印,复长其民。

西南夷君长以百数,独夜郎、滇受王印。滇小邑,最宠焉。①

以上700余字中,记载先秦至西汉滇部落、滇国和滇池情况的仅280余字,但这则最早的关于滇池的文献记载内容,某种程度上也是西汉时期对滇池地区的全部文献抑或中原人士对滇池流域的认识。《史记·西南夷列传》关于滇池地区、滇人、滇池的记载透露出滇池流域非常重要的历史发展信息。司马迁关于滇池地区的记载可分为三部分:第一部分在概述西南夷的同时,着重介绍了滇以及滇池地区在数十个西南夷"君长以十数"的族群部落中的地位和地理范围;第二部分特别记述了战国末年庄蹻入滇及其开发滇池流域的全过程;第三部分解析了汉武帝经营西南夷时对滇国的经营和认识。司马迁对滇池地区的记载构成了我们认识战国至西汉时期滇池流域环境和人类活动及滇池早期开发的最重要的文献资料,但是仅凭区区700字难以真正了解和认识近千年的滇池变迁和人类活动基本情况。所幸1949年以来新中国滇池流域考古研究成果丰硕,历史文献与考古资料的相互印证为我们的研究提供了条件。

司马迁对"滇"的认识是置于地理概念和民族部落概念混合体"西南夷"来进行的,西汉司马迁时代的"西南夷"地理范围在已经纳入统一王朝区域的"巴蜀外西南"广大区域,作为族群部落的"西南夷",在中原人司马迁的中国中心观视角下,基本可分三大区域,也即三种类型的社会结构和生产生活方式。第一"有君长","耕田,有邑聚";第二"随畜迁徙,毋常处,毋君长";第三介于上述两种之间"有君长"而"或土著,或移徙"者。"滇"为第一种,地理区位约在"西南夷"之偏东南部,滇人社会进入"有君长"的部落或部落联盟时代,社会生产方式和滇人特征是"此皆魋结,耕田,有邑聚",为早期的定居农业时代的族群部落。"滇"还是"西南夷"影响较大的族群和地理单元名称的混合体。因为在

---

① 《史记》卷一一六《西南夷列传》,中华书局,1959年顾颉刚等校点本,第2991~2997页。

"耕田，有邑聚"的"西南夷"地域和族群部落中，又可分为三个亚区，一是夜郎亚区，二是"其西靡莫之属，以什数，滇最大"区，三是"自滇以北君长以什数，邛都最大"区。三个亚区中有两个是以"滇"作为定位的坐标和以"滇"作为社会生产方式的典型代表，对其他区域进行比较性描述。所以当时"滇"地理区域和"滇"部落是相当重要的。

从文献记载来看，在司马迁的记叙中，滇的地理区位作为当时认识"西南夷"区域的地理标识点被多次提到，滇人的生活生产方式成为"西南夷"中最具代表性的，而且被作为"西南夷"社会生产发展差异进行划分的标志。此时的"滇"既是湖泊名，又是地域名，还是地域人群部落名。"滇"之名从何而来，众说纷纭，但所指湖泊、地域和人群则是基本清楚的。也许是先作为湖泊名，而后由于依赖湖泊滇池生存的人群被外界所了解，得来"滇人"之称，再后来滇人壮大，建立了政治实体，才有了"滇王国"，而且以"滇"为名的地理区域随着滇国的壮大而扩大。

文献记载中滇池流域与内地联系和开发的关键时期是战国末年的"庄蹻入滇"引发的。虽然最早记载"滇"的是司马迁，但中原内地最早认识"滇"的则是早于司马迁100多年的庄蹻，约在战国末期（前3世纪初期）楚国派遣将军庄蹻率兵至滇池，"始楚威王时，使将军庄蹻将兵循江上，略巴、黔中以西。庄蹻者，故楚庄王苗裔也。蹻至滇池，方三百里，旁平地，肥饶数千里，以兵威定属楚。欲归报，会秦击夺楚巴、黔中郡，道塞不通，因还，以其众王滇，变服，从其俗，以长之"。[1] 据方国瑜先生研究，庄蹻者，楚将也，时值战国楚威王时代（前339～前328）中原内地秦、楚争雄正酣，一北一南两个大诸侯国为了遏制对方，都把目光投向了西南夷地区，秦灭巴、蜀，试图南下东进对付楚国；楚威王为了壮大自己的地盘和遏制秦国，派大将庄蹻"将兵循江上，略巴蜀黔中以西"，到达滇之地。[2] 由此可见，"滇人"对滇池地理环境和生态系统的依赖是其族群名称和地域名称得来的缘由。庄蹻入滇的时代在战国晚期，因为他完成略巴、黔中入滇任务时，正当秦灭楚，故"欲归报，会秦击夺楚巴、黔中

---

[1] 《史记》卷一一六《西南夷列传》，中华书局，1959年顾颉刚等校点本，第2991页。
[2] 方国瑜：《从秦楚争霸看庄蹻赖滇》，载林超民编《方国瑜文集》第一辑，云南教育出版社，2001，第95页。

郡，道塞不通"，不得回楚报功，只能"因还，以其众王滇，变服，从其俗，以长之"，故庄蹻及其部众乃成为滇池地区最早见于文献的外来人口，滇池流域也进入了当地"滇人"与外来人口共同开发和发展的新纪元。

战国晚期（约前279）到达滇的庄蹻，从社会经济较为发达的楚地稻作农业区人的视角看，此时的滇具有很好的开发优势，"蹻至滇池，方三百里，旁平地，肥饶数千里，以兵威定属楚"，他所留居的滇池有"方三百里"的水域，有较为广阔的冲积平原，土地肥沃，物产富饶，"旁平地，肥饶数千里"的"耕田有邑聚"社会状况。对于庄蹻所见的滇池"方三百里"是准确的，但是所谓"旁平地，肥饶数千里"之"平地"仅仅就是滇池湖岸的平地呢，还是指滇人部落联盟或者正发展起来的"滇国"区域呢？

在春秋战国至西汉武帝初期，中原内地对"西南夷"的认识都是很粗疏的，司马迁《西南夷列传》所记载的情况基本上是地域名称与部落或古国名称重叠混用，如"滇"即滇池、滇人、滇国的通称；昆明，也是洱海地区、昆明部族以及所谓"耕田有邑聚"之"其外西自同师以东，北至楪榆，名为嶲、昆明"的地域部族名混称。方国瑜先生在《滇池水域的变迁》文中认为庄蹻入滇所见"'方三百里，旁平地，肥饶数十里'；这时是'耕田有邑聚'的社会，是在原有文化基础发展起来的，所以新石器遗址，应在庄蹻至滇以前相当长的时期。居民以滇池水产供食，后在池旁开辟农田，形成'耕田有邑聚'、'肥饶数十里'的格局"[①]。笔者赞同方国瑜先生对滇人社会的解析，但认为方国瑜先生将《史记·西南夷列传》"蹻至滇池，方三百里，旁平地，肥饶数千里，以兵威定属楚"的"肥饶数千里"改为"肥饶数十里"有所不妥。庄蹻所见以滇池为中心的"旁平地，肥饶数千里"地区，也许包括了云南的滇中湖泊区的广大区域，不仅仅是滇池湖盆地区。因为云南的澄江抚仙湖、江川星云湖地区，不仅地域上与滇池地区相连，而且，考古发现它们同属于青铜时代的滇国范畴。加之，在庄蹻时代对西南夷地理的认识是很难准确地划分滇池流域、抚仙湖流域、星云湖流域等各自湖盆的清晰地域范围的。再者，如果为楚出征略巴、黔中到滇的庄蹻，所发现的如果仅仅是"数十里"滇池湖盆区，而不是"旁平地，肥饶

---

① 方国瑜：《滇池水域的变迁》，《思想战线》1979年第1期。

数千里"的滇部落联盟或滇国区,那么楚的远征就没有多大价值。从楚威王到楚怀王最终发起的庄蹻入滇的军事征战行动,一定是对其目的地有所准备和认识而来的,楚的目的是以滇人为主,占据广大区域,能够形成楚国对抗秦国重要的据点和掣肘秦国的滇人部落联盟和滇国,至少是大于滇池地区的人群或地域,方国瑜先生也说"至于'滇'的区域,当初只会是一个部落的名称,后来部落联盟用此称号","后来以滇部落为主发展部落联盟而区域扩大,应比当初的区域扩大多了"。[①] 所以庄蹻所"威定"之滇必定大于滇池流域,是一个地域广大,土地肥饶,人口众多,社会经济发展到了一定程度,"威定"滇的战略如果能够顺利实施,必定在楚对抗秦中发挥相当大的作用。然而,由于秦灭楚,庄蹻不能够返回楚国报归,于是毅然决然地再度回到滇地,"以其众王滇,变服,从其俗,以长之",既为楚反攻秦,也为能生存发展下去长久计而不惜"变服,从其俗"而"王滇"。

庄蹻"王滇"之"滇"一定不局限于滇池流域地区,但庄蹻居滇并"以其众王滇""以长之"的驻扎地,一定在滇的核心区。这个核心区应该依然在滇池东部、东南部一带,因为这里的考古发现是一个具有很强的人类活动连续性的地区,也是滇池周围发现新石器时代遗址到青铜时代遗址最密集的地区。大约以滇池东部的呈贡县、东南部的晋宁县为滇人活动(或滇部落联盟)的核心区。庄蹻入滇的战国晚期,滇部落正处于石器时代向青铜时代过渡时期,因为在这个区域,滇池东岸、东南岸的海宝山、古城、河泊所、石寨山等具有滇池冲积平原上小山包特征的考古点发现的是滇池新石器时代典型的贝丘遗址[②],人类生活状况主要表现为选择稍高,能够逃避滇池涨水带来水患的小山包居住。这种地理环境和发现的新石器时代至青铜时代滇池流域人类活动遗迹较多的区域在滇池的东岸和东南岸地区,该区域具有"完整螺壳层、螺壳碎片层与灰烬层交替叠压的原生地层堆积,还发现了灰坑、用火遗迹、沟、柱洞、半地穴式房屋等遗迹;出土遗物以陶器为主,另有少量石器、青铜器和铁器"[③],处于新石器向青铜

[①] 方国瑜:《古滇国》,载林超民编《方国瑜文集》第一辑,云南教育出版社,2001,第68页。
[②] 1988年的调查称为"石寨山文化"遗址。
[③] 云南省文物考古研究所、美国密歇根大学人类学系:《云南滇池地区聚落遗址2008年调查简报》,《考古》2012年第1期。

时代过渡时期（见图2-2）①。而出土较多汉代文物的考古遗址，则有从"贝丘"遗址主要所处的冲积平原上小山包向更为广阔的平原区域转移的特征，滇池地区新石器时代遗址与汉文化遗址具有相对重叠性，又有差异性，表现出近水依赖水产生活的采集渔猎向青铜时代农业为主的发展趋势，地域也出现紧靠滇池岸线向深入更广阔的坝区发展的态势。比如，从河泊所紧靠滇池的小山包，向今晋城附近更广阔的平坝区转移的趋势。2008年中美联合调查采集到陶片数量的区域变化也说明了这一点（见表3-1）②。

表3-1 各聚落群采集的陶片统计

聚落群	遗址	石寨山文化 夹稻壳陶片	夹石灰石陶片	夹粗砂陶片	汉文化 陶片与瓦片	总数
古城	海宝山	90	13	4	1	108
	安江	0	8	2	3	13
	古城	49	87	25	5	166
河泊所	河泊所	213	84	11	11	319
	河泊所东北	19	8	0	0	27
	河泊所西北	8	4	0	0	12
	螺蛳堆东	42	7	0	0	49
	螺蛳堆西	4	3	0	0	7
	上西河	0	3	3	11	17
	石寨山	73	6	0	4	83
	小江渡	8	3	1	7	19
	西王庙	21	6	0	0	27
	下西河	4	3	2	18	27
晋城	晋城	4	0	1	22	27
	天城门	0	1	0	2	3
	下石美	1	1	0	12	14
	金砂山	3	1	1	3	8

① 云南省文物考古研究所、美国密歇根大学人类学系：《云南滇池地区聚落遗址2008年调查简报》，《考古》2012年第1期。
② 云南省文物考古研究所、美国密歇根大学人类学系：《云南滇池地区聚落遗址2008年调查简报》，《考古》2012年第1期。

从考古来看，庄蹻入滇时代，处于滇池早期农业发展的重要时期，滇池流域已经从新石器时代的石制农具农业向汉代青铜农具辉煌的时代过渡。"石寨山新石器时期遗址（滇国墓葬是打破新石器时代文化层埋葬的）中，还发现过一种体型较大的扁平形石锄（原定名为'石犁'，不妥），长15厘米，宽5—10厘米不等。石锄通体磨光，刃部呈弧形，柄端有一圆孔，便于系绳捆扎木柄。此类扁平形石锄，不仅与滇文化墓葬中常见的阔叶形铜锄形似，用途也相同，都是用于起土和平整田地的农具。另外呈贡县石碑村、天子庙和东川市普车河等滇文化墓葬中，均发现过一种半月形穿孔的铜爪镰（也有少量器形相同的铁爪镰）；此类小型农具都是把一块半圆形或梯形的铜片打制成弯曲形状，然后用弯曲的下端作器刃，L端开一圆孔，便于穿系绳索（铜爪镰）的形状与滇池区域新石器时代遗址中的半月形穿孔石刀十分相似，用途也相同，都是收割农作物的工具。"[①] 而庄蹻入滇时，滇池区域的社会经济虽不详于记载，但司马迁较多地描述的是与农业相关的自然条件和景观，所谓"蹻至滇池，方三百里，旁平地，肥饶数千里"，其兵威定滇或留居于滇，抑或"变服""以长之"的经济基础和依赖的地理条件，均以农业来考量。

庄蹻时代，滇部落的人类活动仍然在滇池东部、东南部地区，说明滇池流域的人类已经从狭促的滇池近岸冲积平原上零星的小山包地带向更远、更广阔的坝区发展，即从以河泊所为中心，向以晋城为中心转移，滇池的农业开发进入一个崭新的时代，它从新石器时代贝丘遗址所反映的靠近滇池湖岸冲积平原上小山包附近零星的原始农业，向滇池流域更适宜开辟广大农田的坝区发展。方国瑜先生也认为从汉朝初年的记录推测，庄蹻入滇时，滇池区域处于部落联盟时代，"似已开辟相当广大的农田"[②]。具体而言，滇池人类活动和农业开发的核心区是新石器时代贝丘遗址所在区域，即滇池东岸和东南地区，如考古学家张增祺所言："从滇池区域新石器时代和青铜时代共同的生产、生活方式，也可看出两者在文化上的一脉相承关系。大量考古资料证实，滇池区域新石器时代的居民主要依靠滇池

[①] 张增祺：《滇文化》，文物出版社，2001，第23页。
[②] 方国瑜：《古滇国》，载林超民编《方国瑜文集》第一辑，云南教育出版社，2001，第68页。

水域及其附近肥沃的土地,以及适宜于农作物生长和动植物繁殖的气候条件,农牧及渔猎业均较发达。当时村落大多聚集在滇池两岸的台地和伸入水中的半岛上,种植以稻谷为主的农作物。从滇池区域新石器时代遗址中发现的炭化稻谷及许多陶器底部残留稻壳、稻叶痕迹看,稻谷在当地并非罕见之物。除农业外,当时也经营畜牧业和渔猎生产,遗址中发现大量家畜和野生动物骨骼,滇池沿岸又有许多成堆的螺蛳壳(即所谓的贝丘遗址),可见在河湖中捞捕鱼虾、螺蛳,也是当地居民重要的生活来源。"[1]

比较新石器时代石寨山文化分布区与汉代文化遗址分布区也可看出这种发展趋势。这个趋势也说明滇部落联盟的范围远远超出滇池环湖地区,"滇人"部落联盟内大多数人群也发展到了开辟广大农田的阶段,故而庄蹻所见之"旁平地,肥饶数千里",是滇部落联盟区内的情况,反映的是滇池东部、东南部地区滇部落,或滇部落联盟向滇国发展时期的社会经济情况,当然这不仅是滇池环湖区,可能还包括了抚仙湖和星云湖周围的坝区,这个推论被今天云南滇池石寨山青铜文化古墓群和江川李家山青铜文化古墓群的共性所证实。

第二节　滇国之盛与滇国之中心

《史记·西南夷列传》对庄蹻入滇的记载是追述性的,而对滇国的记载则可视为实录性。因为司马迁正是生活在西汉武帝时期,也是滇国的强盛时期,司马迁还是滇国降汉重大历史事件的见证者,更重要的是《史记·西南夷列传》中关于滇国的史实,已部分被20世纪50年代以来云南的一系列重大考古发现所证实,同时也让我们看到两汉时期滇池流域社会经济文化发展的面貌。《史记·西南夷列传》对滇国是伴随汉武帝经营西南夷的进程而展开的。

前2世纪,汉武帝正致力于北逐匈奴的宏大事业,为"断匈奴右臂",张骞奉命出使大月氏,取道西域,到达中亚。这是详见于历史记载的中西交通首次旅行。张骞于元狩元年(前122)回国,并向汉武帝报告"居大夏时见蜀布、邛竹杖,使问所从来,曰'从东南身毒国,可数千里,得蜀

---

[1] 张增祺:《滇文化》,文物出版社,2001,第23页。

贾人市'。或闻邛西可二千里有身毒国"①。张骞出使西域，不仅为汉朝打通了西北一线的对外交通——西域道，而且发现了还有一条从西南地区通往身毒（印度）的古道。这条道路上的交通枢纽就是滇国，于是汉武帝派使者出使西南夷地区，"指求身毒国"②，其中一路使者专程"至滇"寻求由滇国往西至身毒国的道路，从而与滇王有了密切接触，"至滇，滇王尝羌乃留，为求道西十余辈"③，这说明汉武帝经营西南夷的目的是打通蜀身毒道，而道路上最重要的交通枢纽在滇国，即滇池地区，滇国以西的交通道路更为艰难，所以西汉曾经为寻求滇国往西的道路，以滇国为据点，派出探路使臣十几批，即"为求道西十余辈"。在这个过程中，西汉王朝加深了对滇国的认识，而且与滇王建立了友好关系。司马迁风趣地记载西汉使臣在滇时，"滇王与汉使者言曰：'汉孰与我大？'及夜郎侯亦然。以道不通故，各自以为一州主，不知汉广大。使者还，因盛言滇大国，足事亲附。天子注意焉"④。这形象地表现了西汉与滇国的地理隔绝，道路不通，双方相互缺乏了解和认识，通过西汉"指求身毒国"的活动，汉使臣十余批曾到达滇国并与滇国建立友好关系，对滇国的认识逐渐加深，从而引起了汉武帝对滇国的重视，也促使汉武帝将经营西南夷的战略重点调整为征服滇国。"上使王然于以越破及诛南夷兵威风喻滇王入朝。滇王者，其众数万人，其旁东北有劳浸、靡莫，皆同姓相扶，未肯听。劳浸、靡莫数侵犯使者吏卒。"⑤ 汉使者"风喻"劝说滇王降汉，然此时的滇国除了国内有"数万人"之众的西南夷强大王国外，还有劳浸、靡莫等同姓部落相扶持，不愿轻易降汉，因而迫使汉武帝以武力来征服滇国。"元封二年，天子发巴蜀兵击灭劳浸、靡莫，以兵临滇。滇王始首善，以故弗诛。"⑥《史记》记载西汉经营西南夷的战略重点调整为征服滇国的这段历史，清楚地揭示了前109年（西汉武帝元封二年）以滇池流域为中心的滇国已经是社会经济较为发达、雄踞于西南夷的强大王国，滇国拥有数万人之众，有一定的

---

① 《史记》卷一一六《西南夷列传》，中华书局，1959年顾颉刚等校点本，第2995页。
② 《史记》卷一一六《西南夷列传》，中华书局，1959年顾颉刚等校点本，第2996页。
③ 《史记》卷一一六《西南夷列传》，中华书局，1959年顾颉刚等校点本，第2996页。
④ 《史记》卷一一六《西南夷列传》，中华书局，1959年顾颉刚等校点本，第2996页。
⑤ 《史记》卷一一六《西南夷列传》，中华书局，1959年顾颉刚等校点本，第2996页。
⑥ 《史记》卷一一六《西南夷列传》，中华书局，1959年顾颉刚等校点本，第2996页。

经济实力,这引起汉武帝的高度重视。滇国还与周围的同姓部落劳浸、靡莫结为联盟,曾经一度与西汉王朝抗衡,说明滇池流域开发的社会经济已经发展到一定的高度。

西汉元封二年(前109)是滇池流域发展的重要转折时期,西汉王朝对滇国的征服,"滇王离难西南夷,举国降,请置吏入朝。于是以为益州郡,赐滇王王印,复长其民"①,结束了从独立部落到独立王国的发展历史,使滇国从独立于强大的中原王朝之外的西南夷地方王国纳入统一王朝的版图,成为统一多民族国家不可分割的一部分,西汉王朝在以滇国为主的地区设置了"益州郡",开启了"云南郡县两千年"②的新纪元。由于滇国内部的族群部落和社会发展状况与内地差异较大,西汉王朝在设置郡县的同时,又赋权于滇王,使其对滇国疆域和族群部落继续实施管理,"赐滇王王印,复长其民"③,开创了中央王朝赋权于地方民族政权实施间接治理的特殊政区模式,使滇国依然存在下来,并在中央王朝的特殊优渥政策下得到发展,"西南夷君长以百数,独夜郎、滇受王印。滇小邑,最宠焉"④。西汉对滇国特殊政策的实施,在将滇国纳入中央王朝疆域的同时保全了滇国的整体性和社会经济发展的连续性,为滇池流域的发展创造了新的条件。

但是,从滇池流域的文献记载看,司马迁是汉武帝时代的著名史家,他亲身经历了元狩、元封时期(前122~前104)汉武帝对西南夷的经营,所以上述所引当为司马迁对滇国强盛以及最终降于汉之前的社会阶段的实录和第一手史料。这一点非常重要,也就是说在《史记·西南夷列传》追述的战国晚期(约前279)庄蹻入滇到司马迁实录滇国的元狩元年至元封二年(前122~前109)这段时期,中间的跨度至少150年,滇池附近的人类社会经历了从部落联盟发展到政权实体"滇国",从"有君长"的阶级社会初期跨越到了有国有王的时代。何时发生的这样的实质变化?滇国何时建立?司马迁语焉不详,因为他不是为了记载滇国而到西南夷地区了解

---

① 《史记》卷一一六《西南夷列传》,中华书局,1959年顾颉刚等校点本,第2997页。
② 方国瑜、林超民:《云南郡县两千年》,云南广播电视大学,1980年印行。收入《林超民文集》第一卷,云南人民出版社,2008年,第239页。
③ 《史记》卷一一六《西南夷列传》,中华书局,1959年顾颉刚等校点本,第2997页。
④ 《史记》卷一一六《西南夷列传》,中华书局,1959年顾颉刚等校点本,第2997页。

滇国的，而是因为汉代与匈奴之间战争和西汉面临危机，需要"断匈奴右臂"的战略，张骞出使西域而得知西南夷有便捷的道路可通西域。为通西域，汉武帝实施经营西南夷战略，故而作为汉武帝时代的史官司马迁对滇国的认识和了解，带有很大的被动性和偶然性，是因汉武帝派"四道出使"，"指求身毒国。至滇，滇王尝羌乃留，为求道西十余辈"而不得不记载滇国，并认识滇国的。汉武帝派出的使臣来到滇池地区，开始与滇国打交道，有了西汉使臣与滇王之间相互陌生而试探的交谈，被司马迁记载下来："滇王与汉使者言曰：'汉孰与我大？'"当时滇王"以道不通故，各自以为一州主，不知汉广大。使者还，因盛言滇大国，足事亲附。天子注意焉"，滇王对汉的误解引起西汉武帝对滇国的注意，同时汉武帝为了西汉"断匈奴右臂"宏大的战略，开始重新经营西南夷，"天子发巴蜀兵击灭劳浸、靡莫，以兵临滇。滇王始首善，以故弗诛。滇王离难西南夷，举国降，请置吏入朝。于是以为益州郡，赐滇王王印，复长其民"[①]。

所以，司马迁见证了滇国与中原王朝最初的交聘、滇国降汉、设益州郡的完整过程，应当说西汉通"蜀身毒道"、认识滇国、汉与滇国交聘、滇王首善降汉、汉"赐滇王印，复长其民"、设益州郡，这一系列影响云南和滇池社会发展的里程碑事件，都发生在司马迁所述滇国的元狩元年至元封二年（前122~前109）短短的13年间，跨越150年的历史仅靠司马迁一人之力简要的描述，是不够充分的。

或许因为滇国曾经的辉煌和与汉交聘的历史重要性，竟然在20世纪滇池附近的"晋宁石寨山古墓群"的考古发掘中揭开了神秘的面纱，证实了《史记》记载的真实性。

1955年，由于昆明附近多次出现青铜器的交易，云南省博物馆孙太初等人顺着民间发现青铜器的线索，了解到大部分青铜器来自滇池东南的石寨山一带，于是云南省博物馆当即决定在石寨山进行一次试掘。1955年3月，云南著名学者孙太初与熊瑛、马荫何三人到石寨山进行第一次发掘工作，此次发掘的目的是希望弄清楚石寨山新石器时代遗址的范围和基本状况，以及青铜器时代墓葬的分布情况，并希望通过此次发掘对石寨山的新

---

① 《史记》卷一一六《西南夷列传》，中华书局，1959年顾颉刚等校点本，第2991~2997页。

石器时代遗址和青铜器时代墓葬进行比较研究,探讨两者之间是否存在着内在联系。孙太初等经过 21 天的发掘,"确认石寨山包含着一处新石器时代的贝丘遗址和一片青铜时代的墓葬群。此次发掘了两座青铜时代的墓葬(即石 M1－M2),出土青铜器中有两件铸有纺织和祭祀场面的贮贝器,形象逼真地再现了古代社会生活的一个侧面。……第一次发掘出土的 100 余件青铜器,引起社会各方面的重视。……并誉为具有国际意义的重大发现"①,"于是在 1956 年 11 月至 1957 年 1 月进行了第二次更大规模的发掘。此次共清理墓葬 20 座(即石 M3－M22),出土各种文物 4000 余件,举世闻名的滇王金印,就是这次发掘的 6 号墓出土的"②。如此大规模和令人惊叹的考古,在云南还是第一次,特别是"滇王金印"的出土,确凿地证明了司马迁对滇国、汉与滇国交聘、汉武帝赐滇王印及益州郡设置的真实性。"滇王金印"正面与背面图见图 3-1 和图 3-2。

图 3-1　滇王金印正面　　　　图 3-2　滇王金印背面

石寨山,又名鲸鱼山,位于滇池东岸偏南,距离晋宁城约 5 公里,石寨山南北长 500 米,东西最宽处 200 米,最高点 33 米,是一座石灰岩构造的小山丘。③ 在与新石器贝丘遗址基本一致的位置上又出土了滇国青铜时代的墓葬群,这些墓葬大都集中在石寨山的中段,分布密集。④ 云南省博

---

① 张增祺:《滇国与滇文化》,云南美术出版社,1997,第 5 页。
② 张增祺:《滇国与滇文化》,云南美术出版社,1997,第 5 页。
③ 张增祺:《滇国与滇文化》,云南美术出版社,1997,第 6 页。
④ 张增祺:《滇国与滇文化》,云南美术出版社,1997,第 5 页。

物馆《晋宁石寨山古墓群发掘报告》是这样为石寨山定位的,"石寨山在晋宁县城西五公里,北距小梁王山三公里,东距左卫山约一公里,东南距金砂山约二公里,西距河泊所约半公里。河泊所即紧临滇池东岸,石寨、小梁王、左卫、金砂诸山,都是自平地突起的山丘,散布在滇池东岸"①。作为云南考古主体的云南省博物馆对石寨山的定位,充满了专业的视角和术语,石寨山、金砂山、河泊所等地名正是滇池最重要的新石器时代贝丘遗址,这样通过石寨山发掘报告与这些地名相互定位,一方面揭示了这些贝丘遗址共同的地貌特性,均为冲积平原"平地突起的山丘";另一方面说明了滇池人类活动的集中区和连贯区在这同一地区。

现在研究一般认为滇国正是从"庄蹻入滇"之滇部落联盟发展起来的王国,作为进入王国时代的滇国,文献记载虽然简略,但可以看出在当时的云南是一个势力很强的国度,司马迁对滇国的情况有这样的描述,在庄蹻入滇的时代,已经是"西南夷君长以什数,夜郎最大。其西靡莫之属以什数,滇最大"。滇是夜郎以西"以什数"的"靡莫之属"部落或部落联盟中最大者,滇"耕田,有邑聚",社会经济相对发达,势力范围以滇池为中心并向外扩大到"旁平地,肥饶数千里"的广大地区,说明战国末期的滇足以吸引与秦争雄的楚国以将军庄蹻率数万兵力来"以兵威定属楚"。尔后,经过庄蹻之后150余年的发展到司马迁所记述的滇国,足以使强大的西汉王朝四道并出"指求身毒国"宏大战略受阻于滇长达一年之久,"至滇,滇王尝羌乃留,为求道西十余辈。岁余,皆闭昆明,莫能通身毒国",足见此时滇国的国力强盛,社会经济发达,甚至滇王居然敢与西汉使臣论"汉孰与我大"。司马迁的记载虽然指出滇王自大、不知分寸,但同时也记载"使者还,因盛言滇大国,足事亲附。天子注意焉",说明汉武帝时代的滇是足以引起统一中央王朝"天子注意"的广大区域和强大势力,因为"滇王者,其众数万人,其旁东北有劳浸、靡莫,皆同姓相扶"。不仅滇国自身强大,而且还有其东其北的"劳浸、靡莫,皆同姓相扶"②,当是云南最强盛的势力。

---

① 云南省博物馆:《晋宁石寨山古墓群发掘报告》,文物出版社,1959,第1页。
② 均见《史记》卷一一六《西南夷列传》,中华书局,1959年顾颉刚等校点本,第2991~2997页。

司马迁以中原强大帝国史官的视角描述了从滇部落联盟到滇国发展壮大的情况以及内地王朝对滇及滇国的认识程度的加深。滇王已经拥有了"数万人"之众的兵力或强壮劳动力,但是滇国究竟有多大?滇国的中心在哪里?司马迁未能进行详细的描述和准确的判断。关于两汉时期云南青铜时代的考古发掘显示的较为同一的滇文化特征,可作为认识强盛时期滇国的基本线索,这种方法已经为一些学者所运用和尝试。张增祺在《滇国与滇文化》一书中说:"要解决滇国的分布问题,只能依靠近年来发现的考古资料加以论证。其具体做法是,先以晋宁石寨山滇王墓地出土的器物为标准器,再根据这些器物的特征、分布等,与滇文化作比较研究,进一步搞清各种文化的差异和它们之间的关系,经过反复对比研究,滇国及其文化的分布范围,以及与别的文化的界限,是可以被确定下来的。当然,利用出土文物界定滇文化与滇国的分布范围,也有它的局限性。"[1] 在这些考古发现中,最典型的是石寨山古墓群和云南江川李家山古墓群及它们的关联度。

因为石寨山古墓群"具有墓坑无规则特点,一般是选择山石之间的土壤掘坑,以为墓穴。墓葬分为4个类型。第一类型为战国至西汉早期,第二类型和第三类型为西汉中期,第四类型为西汉晚期。出土器物种类繁多,有青铜器、金器、银器、铁器、玉器、海贝等。青铜器多采用失蜡法铸造,其中镶嵌、鎏金、雕刻、锡合金已达到较高水平。青铜器种类有兵器、生产工具、生活用具、贮贝器、乐器、装饰品等。兵器有戈、矛、钺、剑、叉、斧、弩机、箭镞、头盔、甲胄等,生产工具有锄、铲、镰、凿、针、锥、鱼钩等,生活用具有壶、釜、洗;尊、甄、枕、镜、带钩、盒等,乐器有铜鼓、编钟等,还有悬挂在人身、用具、棺椁上的各种扣饰。此外,出土的特殊器物'贮贝'器上,铸有各种人物活动图,如祭祖、战争、纺织、农耕等场面。这些青铜器工艺精湛、造型优美、装饰华丽、雕铸生动、风格独具,是罕见的古代工艺品"[2]。

距离石寨山古墓群约40公里的云南省江川县李家山考古发掘的文物,表现出与石寨山滇文化相同的特征。江川李家山古墓群经历了1972年和

---

[1] 张增祺:《滇国与滇文化》,云南美术出版社,1997,第10页。
[2] 石寨山古墓群,baike.baidu.com。

1992年两次较大规模的发掘。李家山"一九七二年一月开始发掘。工作分三阶段进行，直到五月中旬全部结束，实际工作六十多天。共发掘墓葬二十七座，出土遗物一千多件"①。1991年底至1992年初进行了第二次考古发掘，共清理墓葬60座，在李家山大约出土了青铜器2395余件，李家山考古还发现，此时的滇国已经处于青铜时代向铁器时代的过渡时期，因而出土了铁器和铜铁合制器344余件；李家山考古反映出滇国处于发展和对外交往扩大，象征财富的各种金银器、玉器以及玛瑙、绿松石、水晶珠、琉璃器、海贝万余件，但这些奇珍异宝均不出产于滇池流域，这是滇国对外交往和经济发展的写照，李家山古墓群为战国至东汉初期的墓葬。②

石寨山与李家山两个古墓群的文化关联度是非常高的。从时代来看，石寨山古墓群和李家山古墓群发掘出土的文物以青铜器为主，代表着云南青铜时代的最高境界，反映起始于战国至西汉的文物最多、最典型，其中以石寨山的"滇王金印"和李家山"牛虎铜案"为代表，为战国至东汉云南进入郡县时代和铁器时代上下500年的历史概况。

从两个重要的古墓群的地理环境看，两者相距较近，具有比较相同的地理环境，均处于滇中湖泊密集分布区，滇池、抚仙湖、星云湖及其湖岸冲积平原、突出的山丘等地貌构成其文化发展的主要特征，也有可能蕴含同样的文化或者为同一族群在同一个王国的统治下。③

在缺乏文献记载的情况下，考古文物的文化特征类比方式成为探讨滇国地理范围比较可行的方法之一。在此基础上，除了石寨山和李家山外，云南还在其他地区发现了类似的青铜时代的文物和古迹。因此，有学者认为"根据近40年来的考古发掘工作，滇池区域及其附近地区发现，石寨山滇国墓地出土文物相同和时代相近的遗址及墓葬约40余处。这些滇文化遗迹和遗物多数集中在滇池区域及其附近地区，也有的距晋宁石寨山较远。就目前发掘的考古资料表明，滇文化遗物的分布范围大致为：东至路南、泸西一线；北达会泽、昭通等地；南抵新平、元江及个旧一带；西到安宁及其附近地区。在这个东西宽约150公里，南北长约400公里的区域

---

① 云南省博物馆：《云南江川李家山古墓群发掘报告》，《考古学报》1975年第2期。
② 参见云南省博物馆《云南江川县李家山古墓群第二次发掘报告》，《考古》2001年第12期。
③ 云南省博物馆：《云南江川李家山古墓群发掘报告》，《考古学报》1975年第2期。

内，战国至西汉时期除发现滇国青铜器外，尚未见别的文化遗物（因文化交流，滇池区域发现的少量外来文化遗物除外）。这一历史现象表明，上述地区大概就是古代滇族的活动范围，亦即滇国的分布区域"[1]。滇国范围远远超过了滇池范围，也超过了庄𫏋入滇时部落联盟时代的范围。

滇国中心区在哪里？比起滇国范围来说，这个问题就容易得多。滇国的中心所反映的就是滇池流域开发的状况。据文献记载，"元封二年，天子发巴蜀兵击灭劳浸、靡莫，以兵临滇。滇王始首善，以故弗诛。滇王离难西南夷，举国降，请置吏入朝。于是以为益州郡，赐滇王王印，复长其民"[2]。滇王降汉而置益州郡并赐滇王印"复长其民"，则滇国降汉并非滇国衰落和灭亡，而是滇国与郡县制之益州郡并存，且益州郡治所当与滇国国都为同一地。由于石寨山古墓群出土了汉所赐之"滇王金印"，石寨山古墓群确定为数代滇王及其家属、臣仆们的最终归结之地基本成为共识，则滇国中心的都城应当距离滇王墓地之石寨山不远。《汉书·地理志》说："益州郡，武帝元封二年开。莽曰就新。属益州。户八万一千九百四十六，口五十八万四百六十三。县二十四：滇池，大泽在西，滇池泽在西北。"应劭注曰："故滇王国也。"[3] 说明西汉元封二年滇王降汉，立益州郡统领24个县，而"滇池"县为益州郡之首县，也即益州郡治和滇王国的都城。《华阳国志·南中志》说："滇池县，郡治，故滇国也。"[4] "滇池泽在西北"，知滇池在汉滇池县城之西北，也就是说滇池城在滇池的东南方向。汉代滇池县城在今晋宁县境无疑。樊绰《云南志》卷六《云南城镇》说："晋宁州，汉滇池县故地也。"[5] 汉代滇国都城、益州郡治、滇池县治同点，在滇池东南地区。

2008年11月10日至12月10日，由云南省文物考古研究所和美国密歇根大学人类学博物馆组成的中美联合考古队在云南滇池东南部地区进行了第一年度的田野调查，发现在晋宁县晋城镇中心，有大型建筑的遗物出露于地

---

[1] 张增祺：《滇国与滇文化》，云南美术出版社，1997，第11页。
[2] 《史记》卷一一六《西南夷列传》，中华书局，1959，第2997页。
[3] 《汉书》卷二八上《地理志》，中华书局，1962，第1601页。
[4] （晋）常璩撰《华阳国志·南中志》，刘琳校注本，巴蜀书社，1984，第296页。
[5] 樊绰：《云南志》卷六《云南城镇》，载方国瑜主编《云南史料丛刊》第2卷，云南大学出版社，1998，第52页。

面，判断其为汉晋时期的器物，是省内过去考古中从未发现过的。发现地距滇王金印出土地石寨山约 5 公里，并且与 20 世纪 70 年代的古城址卫星图相对比——这里正好处在卫星图上古城址的东北角上，考古专家推测这里可能就是考古界寻找了几十年的古益州郡郡址，即古滇国王城城址。[①]

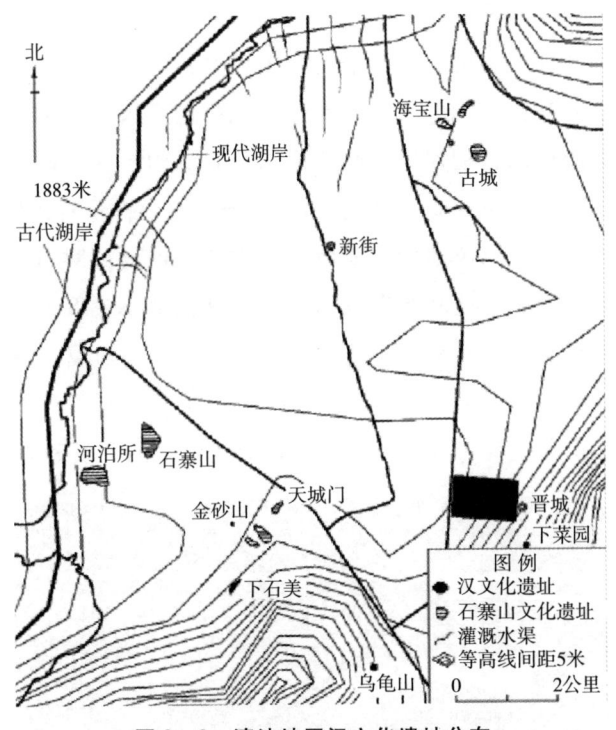

图 3-3 滇池地区汉文化遗址分布

由于晋宁石寨山古墓群发现 4000 多件文物，加之出土了 "滇王金印"，滇国的中心可确定为滇池之畔或滇池东南的以石寨山古墓群为代表的区域，在滇池的东南地区。从石寨山墓群出土的文物与《史记》《汉书》等文献资料的记载相互印证，说明滇国的统治中心在晋宁一带。同时说明战国至东汉滇池地区人类活动的中心仍然在滇池的东部和东南部，石寨山古墓群反映的社会、经济、文化特征既是古滇国特征，也是滇池流域开发的具体情况的表现。

---

① 云南省文物考古研究所、美国密歇根大学人类学系：《云南滇池地区聚落遗址 2008 年调查简报》，《考古》2012 年第 1 期。

第三节 滇国时代滇池流域的开发

滇国没有文字，只有石寨山出土的青铜器在无声地述说着滇国的社会、经济发展状况，值得庆幸的是石寨山青铜器的器物上铸刻着大量滇国人生产、生活和社会结构的发展场景，因此我们今天才能够通过这些反映滇国时代社会历史的青铜器场景研究滇国及其战国至西汉时期滇池的人地关系和开发情况。出土4000余件文物的晋宁石寨山古墓群的历史蕴意和文化内涵是多方面的，以滇池为主要研究对象的本课题，对石寨山古墓群的关注仅以滇池开发和农业社会发展为中心，其他暂不论及。在滇池周围发现青铜器的地点有昆明、呈贡、西山区、晋宁、安宁、富民等地。进行过发掘清理的主要是晋宁石寨山墓葬、呈贡天子庙墓葬、西山区大团山墓葬、安宁太极山墓葬等，反映的正是滇国时代滇池的开发和人地关系。

图3-4 二人缚牛鎏金扣饰

石寨山古墓群出土文物的最大特点是有大量反映滇人生活、生产活动场景的器物，如有祭祖、战争、纺织、农耕等场面的贮贝器，生动地反映了青铜时代滇池的人地关系景象。石寨山古墓群出土文物中反映的当时滇池流域生产生活情况，被归纳为以下几个方面，从而有助于我们理解滇国时代滇池开发和社会经济发展状况。

牛是滇国青铜器上反映最多的动物，如"八牛虎耳贮贝器"（石寨山13号墓出土）、"二人缚牛鎏金扣饰"（石寨山71号墓出土）、"牧牛铜器盖"（石寨山10号墓出土）。结合石寨山出土的铜犁，反映出滇国时代滇池流域的农业已经具有较高的牛耕技术，而且畜牧业也发展到较高水平。

分析滇池石寨山出土文物所反映的情况，可以得出以下认识。

第一，石寨山发掘的文物时间跨度相当大，大约从战国至东汉均有反映，由于与文献对应上的巧合和对出土器物

图3-5 八牛虎耳贮贝器

年代的考订，"滇王金印"确切的时代，至少可以与司马迁《史记·西南夷列传》记载的西汉滇国完全对应。出土器物以青铜器为主，数量最大，包括生产工具如农具、日常用具、兵器、祭祀用具等，其他还包括具有新石器时代特征的部分器物，以及少量铁器等。如果从中国内地的新石器到铁器时代的发展来看，当为商周到春秋战国时代。但是云南历史发展水平稍微滞后于内地，"滇王金印"是可以与西汉时代相对应的，所以，石寨山古墓群所处的时代，可能是新石器时代晚期部落联盟社会的战国，经历滇辉煌的青铜时代的西汉，向铁器时代迈进的东汉，跨度长达五六百年。因为"种种迹象表明，古代滇国璀璨的青铜文化，主要是在滇池区域新石器时代文化的基础上发展起来的"[①]。也就是说，石寨山古墓群反映的是滇国辉煌的青铜文化，正是滇池区域新石器文化发展的转型升级，这在滇池人类社会发展史上具有特殊的作用，它如同一部滇池人类发展史，叙述着新石器时代滇池贝丘遗址的滇池早期人类社会生产生活、"庄蹻入滇"时代的滇部落联盟和石铜并用时代到滇国青铜时代，甚至向铁器时代演进的滇池流域开发历史。滇池流域的早期开发历史由于司马迁的记载和石寨山

---

① 张增祺：《滇文化》，文物出版社，2001。第22页。

的考古，逐步被揭示出来，这里就是两汉以前滇池人类活动的中心地，也是滇池开发的重点区域。

第二，滇国时代的滇池自然环境在石寨山青铜器上有清晰的表现。石寨山出土的青铜器上有大量的狩猎渔猎图案和器物，特别是猎虎场景。新石器时代滇池贝丘遗址反映出滇池流域的人类主要靠捕捞湖里的鱼类和螺类为食，这一传统的渔猎方式在青铜时代仍然延续，石寨山出土的青铜器有一件"底部有菱形孔四柄器"，据推测此为"捞螺器"①。汉代滇池流域虽然进入青铜器时代，但仍然保留着捞食滇池螺类的传统。同时，石寨山青铜器上有更多的动物形象，最常见的动物是蛇，特别是在许多青铜扣饰的底部，都有蛇的形象，一方面说明滇池地区气候温润，水草丰美，蛇鼠之类动物繁衍甚多；另一方面也反映滇人往往视蛇为大地的象征，大量的青铜扣饰上都有蛇的图案，特别以蛇的形象为扣饰底端扣饰表达了滇人的人地关系理念，根植于大地，适应于环境，利用大地提供的恩惠生存与生活，表明汉代滇池流域的滇人逐渐往距离湖滨较远的陆地区域活动，显现出对陆地敬畏和崇拜日益浓厚的人地关系情结。滇池地区地理环境在人口较少的2000多年前的滇国，仍然是动物的乐园，在石寨山出土的青铜器上反映出2000多年前滇池地区的气候比现在温暖，因此，石寨山青铜器上有很多热带或亚热带动物，如有犀牛、象和孔雀等，还有雉鸡、鸳鸯、鹈鹕等飞禽，虎、豹、熊、狼、野猪等猛兽，以及鹿、猴、狐、兔、穿山甲等，有20多种。这说明滇国时代，滇池地区呈现着较为浓厚的原始状态。

滇国时代，滇池流域人口较少，人类的生存必须面临猛虎野兽的袭扰，同时，狩猎渔猎也是滇人的重要生产活动和生活食物来源。如"八人猎虎铜扣饰"（石寨山17号墓出土）、"猎鹿铜扣饰"（石寨山7号墓出土）②，"叠鼓型狩猎贮贝器"（石寨山71号墓出土），这些器物上反映正在搏斗、猎杀和正在被猎食的场景，可以看出狩猎物仍然是滇人的主要食物来源。当然，石寨山青铜时代，滇人还保持着原始渔猎活动，在石寨山青铜遗址中仍然伴有大量的"螺壳堆积"，说明狩猎和渔猎仍是滇人的重

---

① 云南省博物馆：《晋宁石寨山出土有关奴隶社会的文物》，《文物》1959年第5期。
② 均见云南省博物馆编《滇国寻踪：青铜铸成的史诗》，云南民族出版社，2008。

要活动和生活资料来源。所以,滇国时代的滇人适应了滇池地理环境和自然环境提供的生活条件。

图 3-6 猎鹿铜扣饰

叠鼓型狩猎贮贝器　　　　　　八人猎虎铜扣饰
图 3-7

第三,石寨山古墓群反映了滇池农业开发是新石器时代滇池地区早期农业的延续和跃进态势。王大道说:"石寨山古墓群先后进行了四次发掘,清理墓葬五十座,出土文物四千余件,绝大多数是青铜生产工具、生活用具与兵器等。"[1] 石寨山"墓葬群所出土的生产工具共706件。其中铜制558件,铁制9件,石制43件"[2],其中最多的是农业生产最常用的生产工

---

[1] 王大道:《滇池区域的青铜文化》,载《云南青铜器论丛》,文物出版社,1981,第77页。
[2] 云南省博物馆:《晋宁石寨山出土有关奴隶社会的文物》,《文物》1959年第5期。

具"犁、锄、镰"等,显示滇国时代的农业生产方式和发展水平。农耕用的锄头均为铜制,上有精美的纹饰,还有主要在内地使用的农具,说明滇池地区的农业生产方式与内地有相似之处,内地与滇池地区有了广泛的交往。由于青铜农具的大量使用,滇池流域的农业已经进入较大规模的开发阶段,滇池地区土地肥饶、气候良好,可以想象农业产量是不低的。

图3-8为"双凤纹铜锄",石寨山13号墓出土。锄头是滇国时代的主要农具。

图3-9为"阔叶型孔雀牛头纹铜锄",石寨山12号墓出土,上有精美的孔雀和牛头纹饰。

图3-10为"蜀郡铁锸",石寨山出土。反映滇国与内地交往增多,内地的农具传入滇池地区。

图3-8 双凤纹铜锄　　图3-9 阔叶型孔雀牛头纹铜锄

图3-10 蜀郡铁锸

石寨山古墓群出土的一件青铜器上刻绘一群农民在播种，"如石寨山12号墓出土的一件贮贝器上刻有播种图像，参与播种者全部为妇女，有的手持点种棒，有的身背斗笠、肩荷铜锄，还有的头顶籽种篮，在一个坐肩舆的老年妇女的带领下，列队前往田野"①，说明农业是滇国主要的生产部门，播种是一桩盛大的事项。

　　除了春播之外，石寨山青铜器还有反映秋收、冬藏农事活动的场景。1956年于晋宁县石寨山古墓群出土的"丰收上仓图贮贝器"（现藏于云南省博物馆），该器物的盖径50厘米，盖面中央一个用于投贝的圆孔，孔的四周铸有牧羊、圈养猪的纹饰图。盖周所铸纹饰为"上仓图"，图分两组，均表现滇人丰收后，在冬季来临前，把存放在临时粮堆中的粮食，用头顶竹筐的方式运至木结构的牢实的粮仓房中贮存起来的情景。此木仓房顶呈人字形，仓身为井字形。这件上仓贮贝器上刻绘的是妇女们成群结队地把收获的粮食送进统治者的高大粮仓②，反映了当时丰收景象和粮食产量达到较高水平。

图3-11　云南省博物馆藏石寨山出土的"丰收上仓图贮贝器"

---

　① 张增祺：《滇文化》，文物出版社，2001，第39页。
　② 张增祺：《滇文化》，文物出版社，2001。第41页。

春播秋贮,正是表明农业具有一定规模,"滇池区域青铜时代,滇国的农业也很发达。不仅墓葬中发现过大量青铜农具,贮贝器上还刻铸成批生产者到田间耕种和运粮入仓等图像,生动形象地反映了当时的农作情况。种种迹象表明,滇国时期的农作物是以稻谷为主"[1]。滇池周围的农业处于起步阶段,除了有农业生产和畜牧业生产外,犁的出现显示了滇池周围在青铜时代农业已经发展到一定规模,达到能够使用牛耕的高度,也充分说明了滇国时代人类已经从新石器时代"贝丘遗址"反映的近水居住的以渔猎为主的生存状态,发展到主要依靠农业生产提供粮食供应的农业时代,滇池周围的人地关系,也从人与滇池湖泊为主的关系,发展为向湖盆平原开发的人、湖、湖盆平原的互动关系。

第四,除了农业外,畜牧业和捕鱼也是滇国生活食品主要的来源。石寨山古墓群的"青铜器图像见到的家畜和家禽有牛、马、猪、狗、羊和鸡。牛的形象最多"[2],畜牧业体现出滇池地区至少在战国至西汉时代已经进入牛耕农业阶段,是农业发达的重要表现。领受着滇池的恩赐,滇国人们依然保持着将捕鱼业作为生活来源之一的传统,青铜器上鱼的形象屡见。此外,人们还在滇池地区打捞螺蛳,作为食物的补充。[3] 例如从石寨山出土的滇国青铜器图像看,滇人的家畜、家禽主要有牛、马、羊(绵羊与山羊)、猪、狗及鸡、鸭等,而青铜器上牛的形象最多,牛是滇池牧羊的农业生产工具,也是滇人肉食来源,以及重要的祭祀用品。如石寨山青铜器"一件祭祀模型(据冯汉骥考证为'诅盟')中,正在杀两头牛,另一件铜饰上铸着巫师四人,把大牛拴在特制的柱子上,在举行杀牛仪式。又一件铜饰上有一人在上面拉开圈门,放牛出来,门两旁排着插羽毛的人正等着'剽牛'"[4] 等,反映出汉代滇人不仅"耕田,有邑聚",主要从事农业耕作,而且从"贮贝器盖上牧畜图及模型上看,这个民族已牧养着大批牛、羊、犬、马、猪,成为他们生产中的次要部门"[5],农牧并重是滇国主要生产特征。

---

[1] 张增祺:《滇文化》,文物出版社,2001。第 23 页。
[2] 汪宁生:《云南考古》(增订本),云南人民出版社,1980,第 69 页。
[3] 汪宁生:《云南考古》(增订本),云南人民出版社,1980,第 69 页。
[4] 云南省博物馆:《晋宁石寨山出土有关奴隶社会的文物》,《文物》1959 年第 5 期。
[5] 云南省博物馆:《晋宁石寨山出土有关奴隶社会的文物》,《文物》1959 年第 5 期。

图 3-12 七牛虎耳贮贝器

第五，农田水利工程的起步。以青铜器为主的滇国时代，滇池流域农业进入规模化的生产，而且以稻作农业为主。稻谷的种植需要大量的水，滇池虽有水，但湖泊处于较低的位置，特别是石寨山区域，当时是否已经有能力进行提水灌溉，在石寨山古墓群出土的文物中还看不出来，但是，滇池东岸地区属于雨热同期、外缘四周为山丘，夏季5月开始到秋季11月，是滇池地区的雨季，同时也提供了稻谷生长所需的温暖湿热气候条件，然而在滇池流域地区，面上的降水和集雨不容易满足稻谷栽插和生长期对水的需求，滇池四周山丘在降雨时可以形成径流，通过人工筑坝蓄水，再灌溉农田，在这一区域是可行的。《后汉书·西南夷传》称王莽时期，益州郡"以广汉文齐为太守，造起陂池，开通溉灌，垦田二千余顷"，《华阳国志·文齐传》说："迁益州太守，造开稻田，民咸赖之。"① 这是

---

① （晋）常璩撰《华阳国志·南中志》，刘琳校注本，巴蜀书社，1984，第816页。

有关滇国最早的农田水利灌溉记载，益州郡治今滇池流域之晋宁县晋城镇，所指乃滇池流域已经开始有较大规模的农田水利工程，通过"造起陂池，开通溉灌"，能够使该区域新"垦田二千余顷"的水利工程具规模。张增祺认为，"西汉晚期文齐在滇池区域'起造陂池，开通溉灌'之前，滇国早已有小型的水利设施，文齐所做的不过将原来分散的、小规模的水利工程扩建或改建而已，否则在短时间内，不大可能建起能灌溉两千顷水田的巨大水利设施"①。滇池水域广大，但是处于滇池湖盆的底部，水位低于农田，在当时的技术条件下，提水灌溉有相当的难度，因此，滇国时代，滇池流域的水利工程以拦水"造起陂池，开通溉灌"为主，这也被考古发现所证实。滇池区域考古发掘中，有陂池和水田模型的实物发现。如1973年呈贡县小松山东汉早期墓中出土一件陶制的长方形水田池塘模型，"这件模型的前半段纵分成两排，每排各有6个小方格代表水田，后半段为一大方格表明是陂池（蓄水池），陂池与水田之间有一条沟槽相通，显然是灌溉渠道。呈贡七步场东汉墓中也发现过一件陶制的圆形水田池塘模型，比起小松山的那一件，不仅规模大，结构上也要复杂得多。该模型中的水田和池塘各占一半，池塘中有荷花、水鸭、螺蛳、团鱼和青蛙等水生物；池塘外的另一侧有几个排列整齐的小方格，表明是水田。池塘与水田之间有一条较宽的沟槽相连，代表灌溉渠道，渠上架设一小桥，桥头停立一水鸟。类似的陶制水田池塘模型，在嵩明县梨花村，通海县杨山等地的汉墓中都有出土，结构也大致相同。水田池塘模型作为随葬品屡见于墓葬中，说明当时滇国的现实生活中确有水利灌溉的存在，而且还比较普遍"②。1977年在呈贡七步场的另一东汉墓葬中也发现了陶制圆盆状水田模型。③

由此可见，伴随着滇池开发从新石器时代经历辉煌的青铜时代，至铁器时代兴起，滇池地区从滇部落联盟到滇国，并开始跨入郡县时代，历经中原地区的战国至两汉500余年，滇池的开发重心依然在其东部、东南部；人类活动和社会经济发展程度，已经从司马迁概述的"耕田，有邑聚"，

---

① 张增祺：《滇国与滇文化》，云南美术出版社，1997，第58页。
② 张增祺：《滇国与滇文化》，云南美术出版社，1997，第58页。
③ 呈文：《东汉水田模型》，《云南文物简报》1977年第7期。

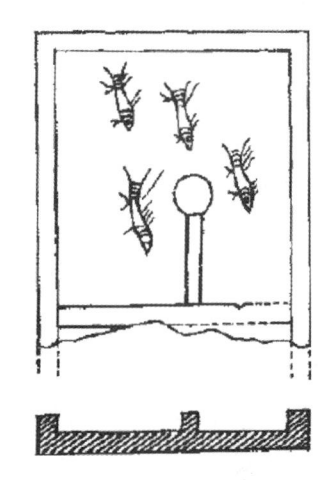

图 3-13 水田、池塘模型

进入有国、有国都城池、有较大规模水利灌溉工程和较为发达的农业时代。首先，滇王统治滇中广大区域的王国时代，滇池蕴意的滇文化的生产力随着滇国的拓展而跃升，其影响达到云南滇中广大区域。其次，滇国之都在滇池东南地区今晋宁晋城镇所在的较为广阔的冲积平原上，以都城为重心的滇池开发态势非常明显。滇国都城随着滇王降汉而成为汉之益州郡治和滇池县治，依照中原王朝规制，置县必筑城，因此，考古发现在晋宁区晋城镇中心有大型建筑的遗物出露于地面，而且美国考古专家亨特教授保存一张 20 世纪 70 年代的卫星图片，清晰地显示了一个长方形的晋城镇区域内存在着一片长方形古城址[①]，滇池流域也由此出现了城市。再次，滇池流域的开发进入较大规模的农业发展阶段，青铜器上的春播秋贮和上仓景象，表现的是农业成为滇池流域最重要的生产部门，达到较高水平。最后，文献记载的"造起陂池，开通溉灌"和考古发现的水利模型文物，共同证实了滇池流域还进入了人力兴修水利工程、扩大和改善农业生产条件的时代，据此发展程度，滇池流域的开发虽然仍以东南和东部为重点区域，但可断定整个滇池流域开发已经具备了条件。

滇国发达的青铜文化，是在滇池区域古代居民的长期生产实践中，不断提高生产技术，逐步改进劳动工具，大力开发当地丰富的自然资源的基

---

① 云南省文物考古研究所、美国密歇根大学人类学系：《云南滇池地区聚落遗址 2008 年调查简报》，《考古》2012 年第 1 期。

础上发展起来的，具有规模特征的农业，与畜牧业、捕鱼业等多种经济并行，既充分利用滇池的湖岸冲积平原资源发展农业，又深度利用滇池水产和山地草地资源，使滇池流域的生产力发展到了较高水平，反映出它是滇池区域新石器时代文化的延续，也表明在青铜器向铁器时代演进中滇池农业在跃进升华。

第四章

郡县制下的滇池区域开发

从滇池流域整个生态系统看,"滇池位于滇池地区的底层,是区域自然生态系统的核心,是滇池流域侵蚀的基准面,也是滇池地区生态经济系统物质、能量循环转化的'基准面'。以滇池为中心的滇池地区自然生态系统不仅为本区人类社会提供了相当丰富的自然资源,并且孕育了滇池地区人类社会和生态经济系统的发生和发展"[1]。基于此,探讨滇池流域人类活动的重心区域和地区开发,必须抓住滇池水域这一"位于滇池地区的底层,是区域自然生态系统的核心"来考量。作为湖盆生态系统,滇池水域在漫长的历史过程中,既处于相对稳定的状态,又不断发生着变化,而且其水域的变化既有"渐变",也可能存在新"突变",对生态系统逐渐认识到"突变"与"渐变"在地球演化中具有同样重要的意义。[2] 研究表明,滇池水域一直存在变化,有一年中雨季影响下的丰水期水域面积较大和枯水期水域面积缩小的年度变化,也存在着在地球气候的温暖期与寒冷期的影响下长达上百年或二三百年的较大幅度的水域面积变化。正如本书第一章所讨论的,滇池水域和湖岸存在古今巨大的差异,即便在古代战国至两汉的滇国时代与唐宋南诏大理时代,以及其后的元明清人力干预滇池水域变迁时代都各不相同,所以,考察滇池的人类活动和开发重心区,必须从

---

[1] 郭慧光:《滇池地区生态经济考察综合报告》,载《滇池地区生态环境与经济综合考察文集》,云南科技出版社,1988,第2页。

[2] 于希贤、于涌:《沧海桑田:历史时期地理环境的渐变与突变》,广东教育出版社,2002,第1页。

滇池水域不同阶段特征入手。

第一节　汉晋郡县制体系下的滇池开发重心区

战国以来，滇池流域作为滇国之中心逐渐为中原内地所认识，而且从新石器时代的贝丘遗址、石寨山古墓群、晋城汉文化考古和《史记》《汉书》《后汉书》的记载相对应研究，滇国繁盛时代的滇池人类活动和开发重心在滇池的东部、东南部地区[1]，而不在今天自然条件最好、平地面积最大的滇池北岸地区。因为今天滇池北部的湖盆平原，至少在汉晋时代仍是未开发的处女地。滇池流域的开发重心区的时代差异，反映的正是滇池水域的阶段差异和人类对滇池利用开发条件的局限与发展的差异。

现在的研究基本认为，战国至汉晋的滇池水位应当较之今天更高。现在滇池多年"平均水位为1889.66米（海埂水位站，海防基面）；历年最高水位为1890.91米（1966年10月17日），最低水位为1888.39米（1960年5月20日）；水位一般变幅为1～2米，绝对变幅为2.52米。湖水位于每年11月后开始下降，至次年5～6月降至最低；此后进入雨季，水位上升，最高水位常出现在每年的8～11月"[2]。历史上滇池水位的年度变化应当与今天相同，但战国至汉晋时代滇池水位可能比今天高得多，方国瑜先生认为从贝丘遗址所反映的滇池水域情况看，"螺蛳壳堆以在晋宁河泊所附近者为最大，长五百公尺、宽一百五十公尺，地面海拔约一八八八公尺，可推测当时滇池水位海拔在一八八八公尺上下。文化遗址的年代尚未确定"[3]。而考古和水利研究者认为，从螺蛳壳的堆积和滇池湖岸的泥炭层以及滇国时代的考古研究看，战国至汉晋时代，滇池水位应当高于现在2～3米，水域面积较之今天大得多。

---

[1] 黄展岳、赵学谦：《云南滇池东岸新石器时代遗址调查记》，《考古》1959年4期；云南省博物馆：《晋宁石寨山古墓群发掘报告》，文物出版社，1959，第1页；云南省文物考古研究所、美国密歇根大学人类学系：《云南滇池地区聚落遗址2008年调查简报》，《考古》2012年第1期；《史记·西南夷列传》《汉书·张骞传》《后汉书·郡国志》。

[2] 王苏民、窦鸿身主编《中国湖泊志》，科学出版社，1998，第47页。

[3] 方国瑜：《滇池水域的变迁》，《思想战线》1979年第1期。

滇池流域是滇东高原的一个组成部分，位于一级地貌区——滇中湖盆高原的北部。滇池位于滇池流域西南部，从滇池向四周分水岭，地貌类型依次是湖积平原、台地、丘陵和浅切割山地，略呈不对称的环状分布。[①] 滇池流域多样的层次分明的地貌特征，在没有人力干预的情况下，滇池水位的高低必然影响滇池水域的大小，因此，战国至汉晋时代滇池较之今天大得多，湖岸北部还处于成陆面积较小或成陆不稳定的湖沼状态。而滇池东部和东南部地貌层次更加分明，今晋宁县的"河泊所"到晋城镇一带以及今晋宁县城一带，是比较大的冲积平原与小山丘混杂区，对应战国至汉滇国时的生产力条件，这一片区是滇池流域比较容易开发和生活的地区，因而成为当时的开发重心地带。

在区域开发中，"人口、资源、环境与发展的关系是非常复杂的"[②]，在一个地理系统中，地域开发的分异，一方面，反映着当时地理环境与人类生产力的关系，较好的地理条件和在当时社会生产力条件下开发的可行性，导致了区域开发的分异；另一方面，人口的数量和质量是区域人地系统中非常重要的变量，可能成为地域开发的重要因素。滇池地区进入郡县制时代的开发特征，除了滇池水域和地理条件以外，还有人口的变量因素。据《汉书·地理志》载："益州郡，武帝元封二年开。莽曰就新。属益州。户八万一千九百四十六，口五十八万四百六十三。县二十四：滇池，大泽在西，滇池泽在西北。"[③]

西汉所置益州郡统领24县，分布于云南广大地区，但滇国的辉煌为中原汉王朝所认识后，西汉武帝"元封二年，天子发巴蜀兵击灭劳浸、靡莫，以兵临滇。滇王始首善，以故弗诛。滇王离难西南夷，举国降，请置吏入朝。于是以为益州郡，赐滇王王印，复长其民"[④]。元封二年（前109）滇国降汉的同时，云南开启了郡县时代，西汉置益州郡，首县为滇池县，并且成为益州郡的郡治。益州郡的郡治是延续滇国的国都确定的。

[①] 陈永森：《滇池流域自然环境及旅游资源》，载《滇池地区生态环境与经济综合考察文集》，云南科技出版社，1988，第12页。
[②] 王大道：《关于地理学的"人-地系统"理论研究》，《地理研究》2002年第2期。
[③] 《汉书》卷二八上《地理志》，中华书局，1962，第1601页。
[④] 《史记》卷一一六《西南夷列传》，中华书局，1959，第2997页。

当时滇池是云南的中心，滇池东部和东南部地区是开发重心。西汉设益州郡的同时，在滇池流域还设有滇池、谷昌、建伶及其滇池出水口区域的连然县①，共4县，说明滇池进入郡县制开发时代，除了滇池东部和东南部得到开发外，在其北部和西南部地区也得到开发，设置了县。按照谭其骧先生对历史时期我国行政区划建制中设县的分布疏密是反映一个地区开发程度理论来看，滇池流域四县设置的地域，正反映了西汉郡县制时代滇池开发达到设县条件的区域情况。

滇池县，既是益州郡之首县，也是益州郡郡治所在，应劭曰："故滇王国也"②，是滇国之国都。按照汉代"置郡县必筑城"之规制，无论其在滇国国都是否有城，到元封二年（前109）益州郡设置，则应当筑城。其城址今虽无考，但2008年的中美联合调查发现在今晋宁县晋城镇一带有大量的汉聚落和文化考古遗迹，可能已经有筑城情况存在③，这说明晋宁县之晋城镇地区可能就是滇国的国都、益州郡治和滇池县治所在地，是滇池地区首先开发并进入城市化的地区。滇池县不仅局限于晋宁区晋城镇地区，方国瑜先生认为，应当包括滇池东南的晋城镇和滇池东部的呈贡县地区④，由此看来，考古发现的滇池东部呈贡地区农田灌溉模型图，说明滇池地区进入了水利灌溉农业时代。⑤

谷昌县，樊绰《云南志》卷6《云南城镇》说："柘东城之东十余里有谷昌村，汉谷昌王故地也。"⑥方国瑜先生认为云南郡县设置的基础必须从古部族、地域和地名多重因素考证⑦，或许在汉代滇池北部地区就活动着所谓"谷昌王"部落，也许"汉谷昌王"乃"汉谷昌县"之误。南诏

---

① 《汉书》卷二八上《地理志》，中华书局，1962，第1601页。
② 《汉书》卷二八上《地理志》，中华书局，1962，第1601页。
③ 云南省文物考古研究所、美国密歇根大学人类学系：《云南滇池地区聚落遗址2008年调查简报》，《考古》2012年第1期。
④ 方国瑜：《中国西南历史地理考释》上册，中华书局，1987，第60页。
⑤ 云南省文物考古研究所、美国密歇根大学人类学系：《云南滇池地区聚落遗址2008年调查简报》，《考古》2012年第1期；张增祺：《滇国与滇文化》，云南美术出版社，1997，第58页。
⑥ 《云南志补注》，云南人民出版社，1995，第80页。
⑦ 方国瑜：《中国西南历史地理考释》上册，中华书局，1987，第33页。

柘东城为晋昆明主城,谷昌县在滇池北岸地区无疑。① 据考,当在今盘龙江上游之谷昌坝,还在今昆明主城以北。

建伶县,方国瑜考在滇池西南,今晋宁县城一带。②

连然县,在今昆明市安宁市区,今仍称连然镇。

所以,进入郡县制时代,滇池流域的开发分布已经比较广泛了,但开发和人类活动的重心区仍在滇池东南和东部。与此同时,北部滇池最大的入湖河流盘龙江上游的谷昌坝也得到了开发,同时滇池西南稍大的冲积平原今晋宁县城一带也有一定的开发,滇池出湖河流螳螂川所经之安宁地区也设置了连然县。简略地说,两汉滇池周围所置四县地理定位为:

(1) 滇池县在今昆明市晋宁区、呈贡区;

(2) 谷昌在今之昆明主城以北;

(3) 连然即今昆明安宁市;

(4) 建伶即今晋宁区的昆阳镇。③

可见,滇池流域的开发除了滇池东部、东南部湖畔区以外,已经发展到滇池北部和西部区域。

东汉仍置益州郡,滇池、谷昌、建伶、连然县仍存。④ 三国时期,建安三年(198)春,蜀诸葛亮率众南征"七擒孟获",随后分南中为七郡,滇池地区"益州后改晋宁"郡,又置建宁郡。最重要的是晋宁郡统滇池县,中心仍在滇池东南地区,而滇池西南的建伶县则升为建宁郡,升郡原因不明,既有魏晋滥置郡县的因素,也可能是今晋宁县城地区开发较快的结果。随后,西晋至南北朝时期,晋宁郡与建宁郡存废不定,但今晋宁城一带,一直是重要的发展地区。魏晋时期设治中,滇池周围诸县还可看出开发程度和人口多寡之差异。

> 晋宁太守,晋惠帝太安二年,分建宁西七县为益州郡,晋怀帝更名。领县七。户六百三十七。去州七百三十。去京都水一万三千

---

① 方国瑜:《中国西南历史地理考释》上册,中华书局,1987,第 60 页。
② 方国瑜:《中国西南历史地理考释》上册,中华书局,1987,第 60 页。
③ 方国瑜:《汉晋时期西南地区的部族郡县及经济文化》,载林超民编《方国瑜文集》第一辑,云南教育出版社,2001,第 245 页。
④ 《后汉书》卷一一三《郡国志五》,中华书局,1965,第 3513 页。

七百。

  建伶令，汉旧县，属益州郡，《晋太康地志》属建宁。

  连然令，汉旧县，属益州郡，《晋太康地志》属建宁。

  滇池令，汉旧县，属益州郡，《晋太康地志》属建宁。

  谷昌长，汉旧县，属益州郡，《晋太康地志》属建宁。①

依照汉晋之制，所置之县以人口多寡设"令""长"，一般人口在万人以上的县置"令"，万人以下的县置"长"，如此看来，到南朝宋的时代，滇池周围四县，其南部的建伶县（今晋宁区昆阳镇）、连然县（今安宁市）、滇池县（今晋宁区晋城镇地区）均设县"令"，应当是开发比较深入、人口较多的县；而滇池北部的谷昌县（今昆明盘龙区谷昌坎一带）仅设为"长"，人口应当较少，说明汉晋时期滇池流域行政建置反映出开发不平衡和人口分布不均的特点，其重心区在滇池东南和西南地区。②

第二节　滇池流域的人口构成变化与生产发展

魏晋时期，滇池流域以两个郡治所在和四县的建置格局存在，说明滇池地区人口增长和开发的扩大。滇池流域本身就有较大的族群部落活动，但自"庄蹻入滇"，"变服，从其俗"定居，滇池地区就迎来了第一批外来人口。有人认为滇王乃庄蹻之后，因庄蹻"以其众"对滇池部落联盟而"长之"。滇王是不是庄蹻后裔，或者说滇国人口是否是庄蹻带来的，尚无定论。但是，曾经"耕田，有邑聚"，而且夜郎以西"君长以什数，滇最大"的滇人必定还是滇国人口的主体，因为"西汉记录滇池区域住民，大都称为夷人，或郡夷，不著其专名"③。当地民族人口虽然经过长期的融合，在外人看来都是"夷人"，作为由原来部落发展融合的夷人，具有强大的势力，他们成为对抗中原政权的强大力量。汉晋时期，滇池地区等地

---

① 《宋书》卷三八《州郡志四》，中华书局，1974，第1183页。
② 谭其骧主编《中国历史地图集》第四册，中国地图出版社，1982。
③ 林超民编《方国瑜文集》第一辑，云南教育出版社，2001，第243页。

曾多次发生夷人反抗事件，震动朝野，如（建武）十九年（公元43）秋，"西南夷寇益州郡，遣武威将军刘尚讨之。越嶲太守任贵谋叛，十二月，刘尚袭贵，诛之。二十一年春正月，武威将军刘尚破益州夷，平之"①。又"建武十八年（公元42年），夷渠帅栋蚕与姑复、叶榆、桥栋、连然、滇池、建伶、昆明诸种反叛，杀长吏"② 等，说明当地夷人数量很大，是汉晋滇池地区郡县制设置的最重要人口基础，也是开发滇池的主力。

滇池进入郡县制时代以来，再次迎来了外来人口进入的高潮，特别是汉人。方国瑜先生在其《两汉经营西南：郡县设置与行政统治》《汉晋时期西南地区的部族郡县及经济文化》《汉晋时期在云南的汉族移民》《试论汉晋时期的"南中大姓"》③ 诸文中，对汉晋时期云南开发中的外来人口或移民的作用有精辟的论述，他指出：云南郡县制带来了庄蹻之后的又一次移民高潮，由于郡县的设置，郡县太守、令、长被派往新设置的云南郡县所在各地，这些地方长官并非只身入滇进行统治，而是带着家眷、兵丁、部曲，特别是西汉后期和东汉的豪强兴起，魏晋的门阀制度，必然导致进入云南各郡县的太守、令、长所率人口相当可观。

汉昭帝始元年间，益州郡廉头、姑缯多次反叛，汉"遣水衡都尉吕辟胡将群兵击之"，不利，"蛮夷遂杀益州太守，乘胜与辟胡战，士战及溺死者四千余人。明年，复遣军正王平与大鸿胪田广明等并进，大破益州，斩首捕虏五万余级，获畜产十余万"。④ 从这里可看出，这场战事与滇池流域有关，虽然反叛的"益州郡廉头、姑缯"不是滇池流域的族群部落，但战事发生地与滇池地区密切相关，因为汉朝遣"水衡都尉吕辟胡所率群兵"战争不利，"蛮夷遂杀益州太守"。在何地杀益州郡太守，史料没有说明，反叛蛮夷"乘胜与辟胡战，士战及溺死者四千余人"，能"溺死者四千余人"兵力的必定是较大水域，加之益州郡治所在今晋宁区晋城镇，在滇池之滨，在当时的历史条件下益州郡治所所在地只能是滇池地区发生反叛才能引起汉王朝投入如此巨大的兵力来镇压，所以，推理此次战事发生在滇

---

① 《后汉书》卷一《光武帝纪》，中华书局，1965，第71~73页。
② 《后汉书》卷八六《南蛮西南夷列传·滇王》，中华书局，1965，第2846页。
③ 均见林超民编《方国瑜文集》第一辑，云南教育出版社，2001。
④ 《汉书》卷九五《西南夷传》，中华书局，1962，第3843页。

池地区。既然这次战事损失四千兵力，应当是"吕辟胡所率群兵"，有带来的兵力，更有益州太守的郡兵，他们是外来的汉人，说明滇池地区已经驻守了众多外来汉人；"明年，复遣军正王平与大鸿胪田广明等并进，大破益州，斩首捕虏五万余级，获畜产十余万"，更明确了战争发生在益州郡治，即"大破益州"，说明益州郡治所在地滇池东部和东南部的当地族群参与了对汉朝益州郡太守的反叛行动，战争结果"斩首捕虏五万余级，获畜产十余万"，更说明滇池东南部地区人口众多，农业发达，畜产丰富。通过对这段史料的解析，可以说到西汉末年，益州郡设置百年后，滇池地区的人口构成发生了重大变化，由于益州郡太守、滇池县令等官员以滇国国都为郡治和县治，伴随他们而来的家眷、郡兵守军、部曲达到相当的规模，一次战争失利就可损失四千兵士，西汉由于益州郡和滇池县设置而进入滇池流域的汉人应当更多。同时，尽管西汉百年郡县制后滇池地区进入了大量的外来汉人，但是，定居和开发这一地区的主力仍然是当地族群人口，由于汉朝官吏的压迫和剥削，滇池地区当地族群参加了"益州郡廉头、姑缯"的多次反抗，汉王朝倾力平叛，战事最终在滇池流域进行，而且"斩首捕虏五万余级，获畜产十余万"，这不等于灭绝了当地民族人口，只能说明这场战事中当地民族人口中的参战青壮年已经达5万以上。那么就此推论，滇池流域以益州郡治为重心的当地民族人口可能达十几万。可见，西汉末年，滇池地区已经形成以当地民族人口为主和大量的外来汉人定居的民族杂居状态，滇池流域从单一的滇人时代进入"夷汉"并存、共同开发的时代。

在郡县制下，东汉时期滇池地区持续有外来汉人进入，至魏晋时代，形成了一个外来汉人移民的高潮。依据东汉军制，凡"其领军皆有部曲。大将军营五部，部校尉一人，比二千石。军司马一人，比千石。部下有曲，曲有军侯一人，比六百石。曲下有屯，屯长一人，比二百石"[①]。边疆郡县设置地区常常为军队屯戍地区，形成部、曲、屯的组织，设校尉、军侯、屯长来统率。外派军事长吏，当是长居任职，平时训练，有事出兵，同时屯田。跟随东汉益州郡长吏进入滇池地区人口应当甚多，由于长期屯

---

① 《后汉书》卷一一四《百官志一》，中华书局，1965，第3564页。

驻，逐渐著籍。《隶释》卷十七所载永寿元年（155）《益州太守碑》说："碑之左有功曹掾故吏题名四十八人，皆属邑建伶（昆阳）、牧靡（嵩明、寻甸）、梇栋（姚安、大姚）、滇池（晋宁、呈贡）、谷昌（昆明）、俞元（澄江、江川、玉溪）之人也，仅有王、李数姓可辨，名字皆不具矣；碑阴有牧靡故吏三人题名，在跌之右。"方国瑜先生说："此碑题名的益州太守掾吏五十一人，都是著籍南中的移民。"① 其中东汉益州郡滇池流域所置滇池、谷昌、建伶县均在其中，说明东汉滇池流域各郡县已经有大量的著籍汉人。两汉滇池流域郡县制的实行，导致外来汉人的增加，屯守在益州郡各县的汉人已经编籍，正所谓"汉夷错杂而处，户籍把汉夷分开。有把云南汉夷分别很明白的记载，始于东汉时期，这是由于上面所说：早期迁来的汉人，主要是统治机构内部的屯兵，有些改变为民户，数量还少，没有与夷户分别；到了王莽时期，落籍户已多，而且多量的散兵流落下来"②。

魏晋时期实行亭障制度与移民垦殖制度，郡县地区有大量的官员部曲、依附农民和军丁进入屯田，"汉人之来，职在戍守。镇压当地人民的反抗，就要营邑立城，垦殖生产"③。"南中大姓"的出现和发展，在滇池流域体现了这种"夷汉杂居"的态势。汉晋时代南中大姓基本上是外来官员之后，虽然滇池地区今天留下的文物较少，但这个时代代表文物大小爨碑所反映的情况与滇池地区有关。因为滇池流域是爨氏的活动范围，西汉以来，在云南留兵屯田形成制度，到南朝时期还有残余的痕迹，据《爨龙颜碑》碑阴题名，左第一列有"屯兵参军雁门郡王"，右第二列有"屯兵参军建宁爨孙记"，所谓"屯兵参军"皆是自汉相沿的郡县职官，设专官来管理，但在爨龙颜时期，与西汉时期不同，所设屯兵参军当是管理农业生产，因与最初的军屯参军有若干类似，所以沿用早期的职官名称。南中大姓是拥有武装的地方当权派，靠屯户起家。他们世领其职，"兵为将有"，"家部曲"或"世掌部曲"。"河土平敞，有盐池田渔之饶，金银畜

---

① 林超民编《方国瑜文集》第一辑，云南教育出版社，2001，第365~366页。
② 林超民编《方国瑜文集》第一辑，云南教育出版社，2001，第316~317页。
③ 方国瑜：《汉晋时期在云南的汉族移民》，载林超民编《方国瑜文集》第一辑，云南教育出版社，2001，第306页。

产之富，人俗豪忲，居官者皆富及累世。"① 这就是滇池地区大姓形成的原因。到诸葛亮南征，"七擒孟获"，使蜀北上伐魏无后顾之忧，因其"遂至滇池""军资所出，国以富饶"②，说明滇池地区经济实力强盛，才使诸葛亮南征后得以因"闻孟获者，为夷、汉所服"。孟获作为大姓既统率着夷人，又有汉人，诸葛亮只需"获等心服，夷汉亦思反善"③，故能"南中平，皆即其渠率而用之"，实行不留兵之策略。诸葛亮重用大姓，于是大姓得到封建朝廷的保障，更发展势力，"以夷多刚狠不宾，大姓富豪乃劝令出金帛，骋策恶夷为家部曲，""于是夷人贪货物，以渐服属于汉，成夷、汉部曲"④。

因此，从西汉元封二年（前109）设置益州郡到魏晋时期的郡县制体系下的发展，滇池地区发生了三个最重要变化：一是统治者身份的变迁，从战国至西汉中期，由当地民族自发形成政权的滇国之王统治到为中原王朝派遣益州郡太守及滇池等四县令、长统治；二是管理体制变化，滇池地区在郡县制体系下融入全国一致的政治和管理；三是滇池地区的人口构成发生重要变化，虽然曾经有"庄蹻入滇"开启了滇池地区外来人口移民，但是直至西汉郡县制之前，很少有成规模的外来汉人移民进入，郡县制体系下，随着中原王朝派遣的太守、令、长等，到魏晋南朝梁时期，虽然云南与中原王朝的关系时紧时疏，甚至到梁太清二年（548）最后一任宁州刺史徐文盛撤出⑤，云南又处于独立发展的状态，但是此前连绵700年，特别是西汉元封二年至东汉末，中原王朝向云南和滇池地区派出了很多官员，随其而来的家眷、部曲、依附人口等，形成了较大规模的移民，他们在滇池地区著籍繁衍发展，使滇池地区由比较单一的滇人部族人口，发展为"夷""汉"杂居的状态。

滇池流域的人口构成变化，特别是大量的汉人移民进入，还带来了农业生产和滇池流域开发模式的改变。首先，先后迁徙到滇池地区的汉人，

---

① 《后汉书》卷八六《南蛮西南夷列传·滇王》，中华书局，1965，第2846页。
② 《三国志》卷三五《诸葛亮传》，中华书局，1975，第919页。
③ （晋）常璩撰《华阳国志·南中志》，刘琳校注本，巴蜀书社，1984，第353页。
④ （晋）常璩撰《华阳国志·南中志》，刘琳校注本，巴蜀书社，1984，第357页。
⑤ 《梁书》卷四六《徐文盛传》，中华书局，1973，第640~641页。

大都是劳苦群众，是中原内地的农民，虽然他们可能与汉官结为统治集团，与夷人对立，但他们是屯戍滇池地区的劳动力，所以移民进入的最重要影响是滇池地区人口不仅依靠原有滇人的自然增长，而且可能因移民而快速增长，所增长的人口成为滇池地区开发和农业生产的劳动力。其次，汉晋郡县体系下滇池地区外来人口的生产组织形式是成规模的屯田，有利于进行较大规模的开发和水利工程建设。再次，进入滇池地区的汉人带来了中原地区较为先进的生产技术，提高了滇池地区的劳动生产力。例如大约东汉末王莽时代的地皇二年（公元21），王莽乱政，益州郡到处"吏士饥疫，连年不能克而还。以广汉文齐为太守，造起陂池，开通溉灌，垦田二千余顷。率厉兵马，修障塞，降集群夷，甚得其和"[①]。寥寥数语，记载简略，但是反映出郡县制体系下滇池开发与石寨山古墓群滇国时代开发的巨大差异和特点。第一，郡县长吏成为滇池地区的实际管理者和开发领导者，文齐为益州郡太守，是在他的带领下进行农业开发的。第二，在郡县制体系下滇池地区能够实施较大规模的开发和大型水利工程建设。益州郡太守文齐规划领导了"造起陂池，开通溉灌，垦田二千余顷"的较大规模的水利工程和农田开发，在水利方面，以筑坝兴修水库为主，配套进行农田沟渠建设，所筑"陂池"应当较大，于是"开通"沟渠口"溉灌"，"垦田二千余顷"，二千余顷相当于20多万亩农田，在益州郡治所在地滇池流域的开垦田地量是相当可观的。第三，外来汉人带来了先进的水利工程和农田建设技术，推进了滇池地区生产力的发展。第四，体现出官府与民间、外来汉人与当地夷人共同努力的开发，在"造起陂池，开通溉灌，垦田二千余顷"，文齐"率厉兵马，修障塞，降集群夷，甚得其和"，所率兵马为文齐带来的汉人，同时"降集"并收附了当地"群夷"共同进行了滇池流域的水利建设和农田开发，因而取得夷汉"甚得其和"的效果，反映的正是汉晋郡县制体系下滇池流域开发的特点。

[①] 《后汉书》卷八六《西南夷传》，中华书局，1965，第2847页。

第五章

滇池流域开发重心的转移

　　滇池流域的人地关系，从大的方面看，表现为滇池流域开发区重心分布的变化。滇池地区从新石器时代贝丘遗址到两汉晋宁石寨山古墓群，直至汉晋郡县制在滇池流域的发展，1700多年的时间里，无论从考古遗址、出土文物还是历史文献的记载看，滇池流域人类活动和农业开发的主要区域都偏于滇池的东南和东部地区。而今天滇池流域人口密度最大、开发面积最广、城市化水平最高的滇池北岸地区，在8世纪之前，较之东南和东部，则鲜有考古遗址和文献记载。而8世纪以后，情况则反之，滇池流域的北部成为人类活动的重要舞台，无论是考古文物、古迹遗址还是历史文献，大凡反映滇池流域的政治、经济、社会、文化等的重大事件和发展的记录，都以滇池北岸地区为主。从8世纪至今，北部地区的发展远远超过此前的重点区域滇池东南和东部地区，甚至成为云南省的政治、经济、文化中心。可以说，当历史进入中原王朝的唐宋时代，云南处于地方性、民族性政权南诏、大理统治时期，滇池流域发生了划时代变迁和开发重心的转移。

　　一个区域的人地关系系统是不断演进的过程。这种不断演变是随着生态系统的变化而变化的。湖泊生态系统的变化最直接地反映在水位和水体面积的变化上。湖泊水位导致的湖岸线变化，又影响到湖岸盆地的变化。湖岸盆地历来是湖泊开发的重要区域，甚至导致湖泊开发重点地区的转移。滇池的水体受气候阶段性变化的影响很大，早期人类对滇池的利用以适应滇池湖泊生态环境为主，所以滇池早期的人地关系表现为在人类农耕生产条件不成熟的时候,人类靠采集渔猎方式生活;当滇池流域的生产力和技术条件发展后,人类通过小规模地改造环境,进行有限的农耕活动。而更多的时候二者表现为一种互为因果、互相影响、互相牵制又互相促进的复杂关系。导致滇池地区人地关系的这种重要变化的原因,正是人类对自然环境的适应和改造的共同作用,同时,由于地理环境从多方面控制人类,对人类生理机能、心理状态、社会组织和经济发展状况均有影响,并决定着人类迁移和分布。[1]"地理环境对于社会人类的影响,是一种可变的量。被地理环境的特征所决定的生产力的发展,增加了人类控制自然的权力,因而使人类对于周围的地理环境发生了一种新的关系。"[2] 因此我们还得从地理环境入手,探讨滇池流域人类活动中心地和开发重心转移的客观原因。

第一节 唐宋时期滇池水域的变迁

在以往历史学者的研究中,往往忽略滇池作为一个鲜活的湖泊生态系统及滇池自身也会发生变化这一重要特征。尽管人们已经认识到滇池位于滇池地区的底层,是区域自然生态系统的核心,是滇池流域侵蚀的基准面,也是滇池地区生态经济系统物质、能量循环转化的"基准面",以滇池为中心的滇池地区自然生态系统不仅为本区人类社会提供了相当丰富的自然资源,而且孕育了滇池地区人类社会和生态经济系统的发生和发展。[3] 滇池水域的变化是影响滇池流域人类活动和开发的最重要因素,故而研究的重点大多以滇池水域变迁为主。但是,由于历史的局限,以往的研究把滇池水域变迁与人类活动联系起来,很少考虑滇池自身也会随着地球气候的冷暖和降水的阶段性变化而变迁,因而人们常常认为从古时期延续至13

---

[1] 李旭旦主编《人文地理学论丛》,人民教育出版社,1985,第210页。
[2] 〔苏〕普列汉诺夫:《马克思主义的基本问题》,见《普列汉诺夫哲学著作选集》第3卷,生活·读书·新知三联书店,1962,第170~171页。
[3] 郭慧光:《滇池地区生态经济考察综合报告》,载《滇池地区生态环境与经济综合考察文集》,云南科技出版社,1988,第2页。

世纪中叶赛典赤治滇，开挖海口之前，"滇池水面保持原来情况，没有多大改变"。①

其实不然，历史时期云南西南季风气候的气温与降水量的配置和中国中东部广大地区的东南季风气候有相当大的差别，中东部地区的东南季风气候的温暖期与寒冷期在降水上的配置是温暖湿润—寒冷干旱的交替，即温湿与冷干配置。中东部东南季风气候条件下的温暖期与寒冷期的交替，表现为温暖湿润期并行、寒冷干旱期相伴的特征。因此历史时期中国中东部典型的温暖期基本上是降水充沛，甚至出现水害的湿润期；而寒冷期则为明显的干冷特征。云南西南季风的温暖期与寒冷期则表现为温暖干旱期并行，寒冷与湿润期相伴。这就导致云南西南季风条件下的降水多寡与中国中东部地区存在显著差异，例如，唐代是典型的温暖期，中东部地区出现了持续240年（811～1050）历时最长的湿润期；宋代是一个典型的寒冷期，中国中东部经历了持续220年（1051～1270）的冷凉干旱期。按照杨煜达的研究来推论，滇池区域可能则反之，在中东部地区持续了240年（811～1050）最长湿润期时，滇池地区可能经历了持续最长的"暖干期"；在宋代中国中东部经历了持续220年（1051～1270）的冷凉干旱期时，滇池区域可能是持续的"冷湿"气候，降水充沛，蒸发量减少，甚至延续到元代。

在西南季风气候条件下，滇池水位曾经发生过重要的变化，大约从"汉唐时代，湖面萎缩，唐朝中期滇池水位降至最低，比现湖面低3.0m左右"②。汉唐时代正是中国中东部东南季风气候区的温暖湿润时期，降水充沛，反映在滇池，则表现为暖干气候影响下的"湖面萎缩"，特别是唐代中国中东部持续了240年的最长温暖湿润期，如果这个研究成立的话，滇池水位的降低，必然导致湖岸线的变化，那些浅湖沼地带，有可能大面积地露出水面，成为人类活动和农业开发的新的广阔地区。今天的滇池卫星影像图显示，滇池盆地地势较低的广阔陆地在滇池北岸地带，也就是今昆明主城区所在的滇池北部地区。

---

① 方国瑜：《滇池水域的变迁》，《思想战线》1979年第1期。
② 王苏民、窦鸿身主编《中国湖泊志》，科学出版社，1998，第46页。

据此，在"唐朝中期滇池水位降至最低，比现湖面低 3.0m 左右"的情况下，滇池北岸地区可能大面积地成陆。长期淹没在滇池水位下的北岸湖盆地区的地理环境相当复杂，但由于技术和认识的局限，历史文献并没有留下任何有关唐宋时期滇池北岸地区环境的记载。直至抗日战争时期，积聚了当时全国最重要地理学家的西南联大，首次对滇池北岸地区地理环境进行细致的考察，我国著名的地理学家冯绳武随西南联大来到昆明，其间他对滇池北部的水道和平原进行了详细的考察，撰写了《滇池西北岸水道考》①《滇池西北岸平原区之人地景》②，同时王云亭撰写了《昆明南郊湖滨地理》③等论文，才使人们对滇池北岸平原地区的地理环境的演变有了科学的认识。冯绳武先生说滇池北岸"此平原区之水系，颇为复杂，非有实际详确之观察，与夫方志群籍之参证，诚难明其分布变迁之崖略"，"平原中部，河渠错综，复有多数沼泽，星罗其间"，"平原南部毗连草海之区，由诸河所挟泥沙之堆积，陆面岁有增加，水面逐渐退缩，此种河流冲积或湖水退却之速度，极为显著"，"其历史距今不过百年，从而可知百年以前，此带不为沼泽，即为卑隰不堪居住之地"④。据此可知，滇池北部湖泊平原成为重要的农业区时代晚于滇池南部和东南部地区，在唐代以前，滇池北部湖泊平原几乎还未形成。滇池北岸地区的湖滨平原地理环境相当复杂，而且变化速度则很快，20 世纪 40 年代所见的滇池北岸平原地区仍是水系复杂，沼泽星罗棋布，河流冲积和湖水退却的速度极快，很多地方成陆不过百年，这是元代以来大规模修水利、疏挖海口，历经 700 余年后，滇池北岸平原地理景观和地理环境的特点。由此可推论，唐宋时期滇池水位下降，北岸平原逐渐形成初期，滇池北岸平原地理环境更为复杂。

但是，唐朝中期以来滇池水位下降约 3 米，导致北岸平原成陆加速，逐渐成为当时条件下具有开发潜力和优势的地区，则毫无疑问。唐朝中期昆明的建城史，证实了这一区域地理环境变化及其滇池流域开发重心从滇

---

① 冯绳武：《滇池西北岸水道考》，《地学集刊》，1943，第 272~282 页。
② 冯绳武：《滇池西北岸平原区之人地景》，《地理》1943 年第 1~2 期合刊，第 29~39 页。
③ 王云亭：《昆明南郊湖滨地理》，《地理学报》，1941。
④ 冯绳武：《滇池西北岸水道考》，《地学集刊》1943，第 272~282 页。

池东南地区向北岸平原转移的趋势。

第二节　南诏筑拓东城与滇池北岸平原的初步开发

汉晋时代滇池北部湖泊平原部分露出水面的地区，基本上没有进行大规模的开发。在唐代以前，滇池流域旧石器时代、新石器时代、青铜时代和汉晋郡县制时期，人类活动的遗址、遗迹和农业开发都集中在滇池南部和东南部地区，而滇池北部地区，除了盘龙江源头曾设置过"谷昌县"外，今天滇池流域最大的湖泊平原北部地区（即今昆明市主城区）鲜有古人类活动遗址和农业开发的记载。因为，唐代以前滇池水域辽阔，该区仍处于滇池水域范围，或者为滇池年水位变化的季节性陆盆状况，人类难以稳定地定居。《史记》所载滇池地区"耕田，有邑聚"的景况，是汉代滇池东南区域的情况，滇池北部则如《华阳国志·南中志》记载还是"多长松，有鹦鹉孔雀"的景象，说明汉晋时代滇池北部成陆区域几乎是自然的森林状态，没有进行农业开发。直至"唐朝中期滇池水位降至最低，比现湖面低3.0m左右"的情况下，滇池北部湖盆平原才逐渐形成，具备稳定定居和大规模农业开发的条件，也就是从唐代中期开始，滇池的人类活动和开发重心从南部和东南部向北部转移，这是滇池人地关系的重大变迁。

今云南省会昆明建城于唐朝中期，文献有明确记载，《南诏德化碑》曰：

（赞普钟）十二年（广德元年）冬，诏（阁罗凤）候隙省方，观俗恤隐，次昆川，审形势，言山河可以作屏藩，川陆可以养人民。十四年春，命长男凤伽异于昆川置拓东城，居二诏，佐镇抚。[①]

樊绰《云南志》卷六《云南城镇》说：

拓东城，广德二年凤伽异所置也。其地汉旧昆川，故谓昆池。东

[①]《南诏德化碑》，载方国瑜主编《云南史料丛刊》第2卷，云南大学出版社，1998，第380~381页。

北有井邑城隍，城西有汉城，土俗相传云庄蹻故城。城之东十余里有谷昌村，汉谷昌王故地也。贞元十年，南诏破西戎，迁施、顺、磨些诸种数万户以实其地。又永昌以望苴子、望外喻等千余户分隶城傍，以静道路。①

据此可知，第一，滇池北岸平原的开发从中唐开始，拓东城（在今昆明城主城）建城的目的非常明确，城名清楚。初唐时代，唐朝在云南曾设各羁縻州，《新唐书·地理志》论滇池，仍以晋宁为定点坐标，"昆州本隋置，隋乱废。武德元年开南中，复置。土贡：牛黄。县四：益宁，晋宁，安宁，秦臧。有滇池，在晋宁"。② 说明外界对滇池的了解仍以其东南的晋宁为多，北部地区基本没有提及。但中唐开始，随着南诏的发展，滇池北岸地区成为重点。开元二十六年（738）南诏在唐朝扶持下建国，由于唐朝失误，南诏与吐蕃结盟，取得天宝西洱河之战胜利，开始大规模扩张，实力更为强劲，进入西爨地区，天宝战争中，南诏与唐的争夺重地逐渐向东推进，唐一度取得优势，唐曾派遣灵武监军右台御史唐九征为姚嶲道讨击使，率兵击之，"九征毁絙夷城，建铁柱于滇池以勒功"。③ 滇池地区，本西爨故地，隋唐以来，魏晋时期的建宁、晋宁二郡为西爨之地，而魏晋之建宁、晋宁郡在滇池流域，故阁罗凤遣杨牟利破西爨后，于赞普钟十二年（唐广德元年，763年）阁罗凤亲自"候隙省方，观俗恤隐"，审视和踏勘新征服的西爨地区，勘察各地地理山川形势，了解民俗民情，进行抚恤。阁罗凤东行，曾驻扎"昆川"④，进而"审形势"，通过勘察"昆川"地理形势，得知此地"言山河可以作屏藩，川陆可以养人民"，乃于赞普钟"十四年春，命长男凤伽异于昆川置拓东城"。故樊绰《云南志》卷六《云南城镇》说："柘东城，广德二年凤伽异所置也。"⑤ 赞普钟十四年春，

---

① 《云南志补注》，云南人民出版社，1995，第80页。
② 《新唐书》卷四三《地理志下》，中华书局，1975年校点本，第1140页。
③ 《新唐书》卷二一六上《吐蕃传》，中华书局，1975年校点本，第6081页。
④ 昆川，方国瑜考为今昆明主城所在之滇池北岸平原地区。
⑤ 唐代文籍中，《新唐书》"拓东城"均作"柘东城"。"柘"当为"拓"形近之误。因南诏置七节度，南诏七节度有镇西、开南、宁北、拓东之名，各取意明白，拓东意为开拓东境之意。

为唐广德二年，因藏历年与农历有时间上的差异，由此可见，南诏筑拓东城于唐广德二年，即764年，这同时也是今昆明城建城的肇始，反映了南诏强盛及其东扩的战略目的。

第二，南诏所筑拓东城在滇池北岸平原。由于唐南诏时期滇池水域较小，北部湖岸较之今天还偏南，拓东城建于今昆明主城的南部地区。拓东城的地理定位，在滇池地区。但既不在汉晋滇池设治的重点区域滇池东南地区，也不在北边的谷昌县，而是在一个全新的地理位置上。樊绰《云南志》卷六《云南城镇》说："柘东城，广德二年凤伽异所置也。其地汉旧昆川，故谓昆池。"①"昆川"乃昆池，滇池汉晋时期的别名。新筑之拓东城不再延续汉晋滇池开发传统在滇池东南中心，而是向北转移。樊绰又说："晋宁州，汉滇池故地也。在拓东城南八十里晋宁川，幅员数百里。西舞王墓，累累相望。"②樊绰清晰地说明汉晋时期益州郡郡治的汉滇池县城和晋宁郡城在南诏新筑拓东城之"南八十里"。以里距看，汉滇池故地在今晋宁县晋城镇，拓东城在其北80里左右，必定在滇池北岸地区。同时樊绰还记载拓东"城之东十余里有谷昌村，汉谷昌王故地也"③。谷昌王故地即西汉摄益州郡，辖24县中的谷昌县所在地，显然拓东城与其不在同点，而是在谷昌县之西十余里。又以昆明附近著名的金马、碧鸡山与拓东城的相对位置定点，"金马山在拓东城螺山南二十余里，高百余丈，与碧鸡山东南西北相对"，"碧鸡山在昆池西岸上，与拓东城隔水相对。从东来者冈头数十里已见此山。山势特秀，池水清澹。水中有碧鸡山，石山有洞庭树，年月久远，空有余本"④，正好与今昆明主城与金马、碧鸡山的地理位置吻合。经初步考察，拓东城应在今昆明城南，地跨盘龙江两岸，其北到今长春路附近，南在金碧路附近，这充分说明唐南诏时期滇池水体缩小，拓东城建城于今天昆明主城的南部地区。

第三，南诏拓东城所在之地，曾经为滇池水域地区，在唐代中期，由于滇池水位下降，逐渐成陆，成为较稳定的平原区域，即"川陆可以养人

---

① 《云南志补注》，云南人民出版社，1995，第80页。
② 《云南志补注》，云南人民出版社，1995，第80页。
③ 《云南志补注》，云南人民出版社，1995，第80页。
④ 《云南志补注》，云南人民出版社，1995，第19页。

民"肥美的农业开发区。樊绰《云南志》卷二《山川江源第二》:"金马山在拓东城螺山南二十余里,高百余丈,与碧鸡山东南西北相对。土俗传云,昔有金马,往往出见。山上亦有神祠。从汉界入蛮路出此山之下。螺山遍地悉是螺蛤,故以名焉"[1]。螺山,今称螺峰山,在今昆明主城区的螺峰街一带,唐人樊绰记载其山在拓东城下,而且"螺山遍地悉是螺蛤",说明该地区曾经为滇池水域的淹没区,在中唐滇池水位下降后,有大量的"螺蛤"遗存,间接证明了唐代以前滇池曾经淹没今滇池北岸平原的大部分地区,唐代滇池水位下降,才使大片平地逐渐成陆。所以,文献记录的螺山遍地螺蛤与现代湖泊研究证实相吻合,说明滇池水位在中唐时期曾经有过明显的下降,使得滇池北岸平原大面积成陆,并且成为南诏拓东筑城,即今昆明建城的重要地理基础。

第四,云南新的政治、军事中心的形成。南诏时期,虽然其王城在洱海地区,但是随着南诏的扩张,"威摄步头,恩收曲、靖,颁诏所及,歙然府从","东爨悉归,步头已成内境"[2],今云南东部的曲靖和南部的红河地区(即步头之地)悉归附南诏,南诏迫切需要在其王都东部合适地方建立新的政治、军事和交通中心和据点,而滇池水位下降,滇池北岸平原成陆加快,形成广大的平原地区,足以使南诏以其"山河可以作屏藩"来"置拓东城,居二诏,佐镇抚",形成南诏"王都羊苴咩城,别都曰善阐府"[3]的格局,同时南诏七节度之一拓东节度驻此,具有"拓东,言将开拓东境也"。南诏七节度有镇西、开南、宁北、拓东之名,各取意明白。[4]南诏筑拓东城为重镇,拓东节度驻此,统治西爨地区,并且以此为交通枢纽和军事据点,威慑其南北广大地区,成为南诏控制其东部的重镇,云南新的政治、军事中心在滇池北岸平原建立起来。故于765年即命凤伽异筑拓东城。南诏后期,更名善阐或鄯阐,作为"别都",或称"东京"。南诏王常居此城,大理时期仍称善阐。

---

[1] 《云南志补注》,云南人民出版社,1995,第19页。
[2] 《南诏德化碑》,载方国瑜主编《云南史料丛刊》第2卷,云南大学出版社,1998,第381页。
[3] 《新唐书》卷二二二上《南蛮传上·南诏传》,中华书局,1975年校点本,第6267页。
[4] 《大越史记全书外纪》卷五戊寅(唐大中十二年),载李由独附拓冬节度使事注。

第五，云南交通中心的形成。南诏筑拓东城还有一个重要的目的就是"以静道路"。唐代文献中，无论是樊绰的《云南志》还是贾耽的《皇华四达记》，凡记安南（今越南）通南诏路和"安南通天竺道"等唐代著名的对外交通干线时，必定明确记载拓东城在这些交通通道站点上的重要性。樊绰《云南志》卷一《云南境内途程》："至通海城一日，至江川县一日，至晋宁馆一日，至鄯阐拓东城一日。从拓东节度城至安宁馆一日。"①"安南经交趾太平，百余里至峰州。又经南田，百三十里至恩楼县，乃水行四十里至忠城州。又二百里至多利州，又三百里至朱贵州，又四百里至丹棠州，皆生獠也。又四百五十里至古涌步，水路距安南凡千五百五十里。又百八十里经浮动山、天井山，山上夹道皆天井，间不容跬者三十里。二日行，至汤泉州。又五十里至禄索州，又十五里至龙武州，皆瀑蛮安南境也。又八十三里至倘迟顿，又经八平城，八十里至洞澡水，又经南亭，百六十里至曲江，剑南地也。又经通海镇，百六十里渡海河、利水至绛县。又八十里至晋宁驿，戎州地也。又八十里至柘东城，又八十里至安宁故城，又四百八十里至云南城，又八十里至白崖城，又七十里至蒙舍城，又八十里至龙尾城，又十里至大和城，又二十五里至羊苴哶城。"②不仅说明拓东城不在汉晋晋宁郡故地，而且说明其是南诏东部最重要的交通枢纽，故南诏筑拓东城后，"永昌以望苴子、望外喻等千余户分隶城傍，以静道路"。③ 南诏后期，南诏王常驻拓东城，唐王朝使臣也往往至此，与南诏交往，甚至唐朝与安南的交往也需与拓东城沟通。樊绰说"臣今春见安南兵马使郭延宗，曾奉使至柘东，停住一月日，馆谷勤厚"④。

第六，大量的滇池流域外来人口成为滇池北岸平原开发的主力。拓东筑城之后，"贞元十年，南诏破西戎，迁施、顺、磨些诸种数万户以实其地。又永昌以望苴子、望外喻等千余户分隶城傍，以静道路"⑤。"大和六年，南诏掠其（骠国——笔者注）民三千，徙之柘东。"⑥ 仅上述记载便说

---

① 《云南志补注》，云南人民出版社，1995，第3页。
② 《新唐书》卷四三下《地理志七下》，中华书局，1975年校点本，第1151~1152页。
③ 《云南志补注》，云南人民出版社，1995，第80页。
④ 《云南志补注》，云南人民出版社，1995，第81页。
⑤ 《云南志补注》，云南人民出版社，1995，第80页。
⑥ 《新唐书》卷二二二下《南蛮传上·骠传》，中华书局，1975年校点本，第6314页。

明在唐南诏时期，拓东城和滇池北岸的开发，至少有三次大规模的外来人口进入滇池北岸地区，贞元十年（749）南诏破西戎，将西部的施蛮、顺蛮和磨些等民族人口数万户迁至拓东城"实其地"进行开发，数万户无异于 20 万或 30 万人口；其后又将永昌（今保山地区）的望苴子、望外喻等千余户军事人口分别布置于拓东城旁，护卫城镇和道路，作为军队的望苴子、望外喻应当连家眷一起迁至拓东城，成为开发生产的劳动力。甚至在南诏后期，攻打骠国胜利后，还将骠国之"民三千，徙之柘东"，加之南诏大理时，拓东节度等官员率领大量的白族人口对滇池北岸地区进行统治，还会进入一定的统治集团人口。所以，拓东城筑城不仅依靠滇池北岸已有人口，如当时具有强大势力的高氏及其依附人口，而且通过至少三次大规模的迁移，将南诏西部地区部分民族人口和军事人口迁移到滇池北岸拓东城及其附近，使滇池北岸湖盆平原地区逐渐发展成为云南内部一个重要的移民开发区。

第七，滇池北岸地区成为当时云南农业开发和农业发展重点区域。滇池北岸平原的农业与汉晋时期云南主要的农业区的发展水平相当，"自曲靖州至滇池，人水耕，食蚕以柘，蚕生阅二旬而茧，织锦缣精致"[①]。"自夜郎、滇池以西，皆庄蹻之裔。有稻、麦、粟、豆、丝、麻、薤、蒜、桃、李。以十二月为岁首。布幅广七寸。正月蚕生，二月熟"[②]，滇池作为云南的中心地带，在汉晋唐宋划分云南地域时常以滇池为地理标志，而在南诏时期，无论是滇池以东还是滇池以西，显然成为稻作农业与桑蚕业发展程度较高的地区。樊绰《云南志·云南管内物产第七》开篇称："从曲靖州已南，滇池已西，土俗惟业水田。种麻豆黍稷，不过町（疃）。水田每年有熟。从八月获稻，至十一月十二月之交，便于稻田种大麦，三月四月即熟。收大麦后，还种粳稻。小麦即于冈陵种之，十二月下旬已抽节，如三月小麦与大麦同时收刈。……每耕田用三尺犁，格长丈余，两牛相去七八尺，有佃人前牵牛，有佃人持按犁辕，有佃人秉耒。蛮治山田殊为精好。悉被城镇蛮将差蛮官监守督促。如监守蛮乞酒饭者，察治，杖下捶

---

① 《新唐书》卷二二二上《南蛮传·南诏传》，中华书局，1975 年校点本，第 6269 页。
② 《新唐书》卷二二二下《南蛮传·两爨蛮传》，中华书局，1975 年校点本，第 6321 页。

死。每一佃人佃，疆畛连延或三十里。浇田皆用泉水，水旱无损。"[1] 这一段文字常被研究者作为南诏时期云南农业发展的写照反复引用，由于南诏中心在洱海区域，又被认为是洱海或南诏普遍的农业发展景观，南诏时云南农业已经发展到一年二熟，夏秋以水稻为主，冬春则种植大麦和小麦，而且稻、麦、麻、豆、黍稷各种作物均有种植。已经进入精耕细作农业，二牛三人，开发山地，小麦种植已经在"冈陵"。然细读这段史料，不难发现所描述的区域非常明确，是曲靖以西滇池为中心的农业发展状况，农业生产以城镇为中心展开，以蛮将差蛮官监守督促，"悉被城镇蛮将差蛮官监守督促"，这正符合滇池北岸地区筑拓东城后，以拓东城为中心进行农业开发的情况。而且南诏至少三次大规模向滇池北岸拓东城区域移民，大多为西部迁移来的少数民族"施、顺、磨些诸种数万户"，成为蛮官管理下的"佃人"；又有很多的人口是以军事组织形式迁移到滇池北岸拓东城郊定居耕作的，"望苴子、望外喻等千余户分隶城傍"，故其耕作形式带有较强的军事组织性，即"悉被城镇蛮将差蛮官监守督促"。南诏时期滇池北岸地区尚无大规模农田水利建设，但滇池北部山缘地带，有众多的泉眼，特别是滇池北部的"盘龙江，在郡城东[2]，源出屈偿、昧檬、邵甸山中，凡九十九泉，混混然与诸涧会而为一，蜿蜒滂湃，南入滇池"[3]。到近代，昆明城"从前圆通山、五华山、大德山及其周围地区林木密茂，山下湖河水面积比现在大得多，绿水河、双水塘（现在威远街的青龙巷一带）都是泉水、湖沼之区"[4]。清代人也说"滇省水利与别省不同，非有长川巨浸可以分疏引注，其水多由山出，势若建瓴；水高田低，自上而下"[5]。因此，滇池北岸平原的多泉涌的地理特点，足以使其在早期开发阶段能够"浇田皆用泉水，水旱无损"[6]，也能使迁移至新开发地滇池北岸的各民族

---

[1] 《云南志补注》，云南人民出版社，1995，第96页。
[2] 明代云南府城，南诏拓东城所在地。
[3] 景泰《云南图经志书》卷一《云南府》，李春龙、刘景毛校注本，云南民族出版社，2002，第6页。
[4] 于希贤、于涌：《沧海桑田：历史时期地理环境的渐变与突变》，广东教育出版社，2002，第184~185页。
[5] 《清史列传·张允随传》卷16，载方国瑜主编《云南史料丛刊》第7卷，云南大学出版社，2001，第639页。
[6] 《云南志补注》，云南人民出版社，1995，第96页。

人民能够进行较大规模的农业生产。甚至"每一佃人佃，疆畛连延或三十里"。故而，南诏置拓东城，进行大规模的内部移民，使滇池北岸平原成为南诏时期最重要的农业开发区。

第三节　唐拓东城文物古迹与滇池的人地关系

正如导论所言，历史文献对滇池区域的人地关系记载是相当不充分的，即便有滇池北岸湖盆开发的重要标志，唐南诏拓东城的修建的文献记载，也不过前面所引《南诏德化碑》与樊绰《云南志·云南城镇》所记载的 300 余字，对南诏拓东城的位置、地理范围和建筑规制均没有详细的记载，但是南诏拓东城的多个重要建筑一直保留至今，如今昆明城内偏南的东寺塔、西寺塔所伫立的位置都说明了 8～9 世纪，昆明建城时滇池与拓东城的关系，以及拓东城的定位。东寺塔、西寺塔的建筑形制则反映了唐代滇池流域人们与滇池的关系。东寺塔、西寺塔作为昆明最早建城的标志和唐南诏拓东城留存下来最著名的名胜古迹，今天已经成为昆明最重要的旅游胜景。昆明人对东寺塔和西寺塔的认识已经成为公共知识和向外地人介绍昆明历史文化名城的旅游知识，本研究利用这类公共知识作为唐南诏时期拓东城的定点位置和反映唐南诏时人们对滇池认识的标志资料，因其实体尚存，故部分材料不加引注，特此说明。

西寺塔，又名慧光寺塔，位于今昆明市主城南部东寺街中段西侧，始建于唐文宗大和三年（829）。据《南诏野史》记载，唐宣宗大中八年（854）甲戌西寺塔建成，高 150 尺，西寺塔高 80 尺，大匠尉迟韬造。1984 年修葺时发现刻有南诏字号"天启十年"（859）的砖刻。也证明中原烧砖技术，南诏时已传入昆明。西寺塔自大和三年（829）至大中十三年（859）完工，历时 30 年建成，距今超过 1100 年。西寺塔是 13 级四方形密檐式空心砖塔，高约 40.5 米。曾在明弘治十二年（1499）大地震时倾倒，弘治十六年（1503）仿东寺塔重建。所以，在塔内第六层佛龛内发现的明弘治十六年《建塔存功记》石碑记载：西寺塔"暮夜燃光明，华灯移照，灿烂宛如列宿，环熠下土，**铃铎声闻四野**。四方来者至碧鸡、金马,竦视而先悦焉"。最值得注意的是该塔的位置应当是唐代拓东城区所在,也是唐代拓东城南部滨湖地带。据考古工作者研究,认为西寺塔的塔顶四角各立铜质金鸡,为佛家大鹏迦楼罗,塔顶置迦楼罗以镇为祸水患的恶龙,反映了唐代拓东城建西寺塔具有镇水的用意,也表明唐代滇池北部虽然逐渐成陆,南诏筑拓东城时,滇池水患较多,建塔镇水,防患滇池之恶龙也。

东寺塔,今为云南省重点文物保护单位。位于今昆明市区南部书林街,也是唐代南诏筑拓东城后,于唐宣宗大中八年(854)由南诏弄栋节度使王嵯巅派大匠尉迟恭韬所建,原称常乐寺塔。清道光十三年(1833)地震中倾圮。今所见东寺塔为光绪九年(1883)依照西寺塔式样重建,目的在于保存唐代式样。东寺塔高40.57米,系三级石台基密檐空心四方砖塔,平面边长7.23米,墙厚2.7米。有螺旋木梯直通第10层。东寺塔共13层,第一层最高,达10米,券门,有地宫,深1.5米,原置木雕坐佛一尊,今失。第2层至第12层四面设龛,券顶,龛高0.52米,宽0.54米,各层置佛1尊,皆善男信女所捐。塔顶四角置铜制迦楼罗4只,高2.03米,鸡喙内嗛有管状口笛,每当西南风劲吹之时,即呜呜鸣叫,声闻遐迩。据《重修东寺塔暨三坊碑记》载:重修东寺塔时,因原塔基比较低洼,说明东寺塔原处于紧靠滇池的低洼地带。同样,最值得注意的是在东寺塔上,在西南、东北角"迦楼罗"喙内各放管状口笛一枚,每当西南风起,"迦楼罗""呜呜"鸣叫,用意也在镇水怪。

东西寺塔上都建造的"迦楼罗",俗称金鸡,佛经称其展翅即覆盖3万里,在全"浮堤"(世界)只容其一足,金鸡性喜食龙,为镇水患之神。说明南诏建拓东城时,滇池水位虽然处于历史最低阶段,较之今天的滇池水位还低3米左右,因此将拓东城建于当时的滇池北岸近湖岸边,既便于利用滇池交通运输,又有利于在滇池进行渔业活动,所以不仅东西寺塔位于今昆明主城南部,而且在东西寺塔附近还设有管理渔业的机构,大概就是今渔课司街附近,说明唐代南诏所建的拓东城临滇池而建。随着气候变化,滇池水位波动,拓东城水患频繁,人多为害,南诏所建东西寺塔还有用于祈祷镇水的功能,特别是东西寺塔塔顶四角均置铜制迦楼罗4只,设此物以镇水怪河妖。"迦楼罗"既为金鸡,此塔又称金鸡塔。相传四只金鸡，每当风吹来，发出悦耳的啼叫声，声闻远近，象征祈求平安，镇水怪水患的意义。

官渡古渡口，官渡今已远离滇池岸边，在今昆明东南郊8公里的螺峰村，地处滇池北岸宝象河下游，但唐宋时期，官渡是滇池东岸最重要的渡口。宋大理国时，高氏于涡洞置治所，作为滇池东北部地区的政治经济中心，因建官渡古城、法定寺。官渡所在地原名"窝洞"，是滇池地区较早有人类活动的区域和滇池"贝丘遗址"地，曾有螺壳堆积如山，官渡"螺蛳壳堆，高三公尺，一九六六年春，因修整官渡街道，挖取大量螺壳填路面，时瑜在官渡，捡得很多陶片，即新石器时代遗物"[1]。汉晋以后则为渔村，到唐宋南诏大理国时期，已是滇池东北岸一大集镇和交通要冲及南诏王公游览滇池时理想的驻足之地。大理国时期，1180年至1190年，高氏专权。元普祥撰《创建官渡妙湛寺碑记》说，拓东演习高生世，常乘舟至"云水杳霭"的"涡洞之乡，绳船于渡头，命之曰官渡"，则以湖滨渡口名为官渡。所谓拓东演习高生世，是11世纪后期大理段氏分封为善阐（拓东）演习之高升祥的曾孙，继任演习（大府主将）职务，又传四世至13世纪中叶为元兵所灭，则高生世的年代应在12世纪后期，表明在8～13世纪，官渡紧邻滇池岸上，不仅是当时滇池东岸至西岸的水运交通渡口，成为人物汇集之地，而且是大理国管控滇池地区的重地和管理往来于滇池船只的停泊渡口。官渡古镇建造时间最早的寺庙是始建于唐朝的供奉摩诃迦罗（大黑天神）的土主庙和宋代的法定寺。官渡，到元代初年，滇池水面再度上升，在官渡筑宝象河堤，后来堤身继续延伸至五公里入滇池，隔开了滇池水，虽然官渡地名未改，已不是湖边的渡头了。元代至元十二年（1275）大理国的善阐府改为善州，领昆明、官渡二县，后废州，置中庆路，并官渡县入昆明县，再于涡洞设置通往滇池西岸高峣之渡口，"官渡"由此得名。在今官渡古镇，保有唐、宋、元、明、清时期名胜古迹的五山、六寺、七阁、八庙等，说明官渡历经唐宋元明时期都发挥着滇池重要渡口的作用。特别是修建于明天顺元年（1457）"金刚塔"，为我国重点文物保护单位，是我国现存最早建造、保存最完好的金刚宝座式

---

[1] 方国瑜：《滇池水域的变迁》，《思想战线》1979年第1期。

石塔(见图5-1)。正如方国瑜先生所说:"可知远古以来,官渡地滨滇池,直到十三世纪中叶以后才改变。"①

图 5-1 官渡金刚塔

《景泰云南图经》也说:双白塔,在城之南……相对而立,蒙氏嵯巅所造。除了东西寺塔可以定位唐南诏拓东城的基本位置外,还有与东西寺塔位置相近的著名的古街"鱼课司街"也无声地叙述着唐南诏时期拓东城人们与滇池的关系。鱼课司是南诏专门设置征收滇池渔业税的机构,为征收渔业税的便利,该机构位于当时滇池北岸,渔民打鱼收获后进行交易时都必须交渔业税,在其附近就形成了熙熙攘攘的鱼市,从而形成了流传至今的古老街道名称"鱼课司街"。这条街在今昆明主城偏南,位于今书林街和东寺街之间。这些留存至今的古建筑,清楚地表明唐广德二年(764)滇池水位下降,水域退缩后,首次在滇池北岸建拓东城,也是昆明建城的肇始,标志着滇池地区的开发重心从东南部地区向滇池北岸地区转移,这次开发区域的转移意义重大,一直影响至今。由唐南诏拓东城于滇池北岸建城发展而来的今昆明主城成为云南省最大的城市建成区,并发展成为云

---

① 方国瑜:《滇池水域的变迁》,《思想战线》1979年第1期。

南省的政治经济文化中心。通过以上探讨，可得出南诏成功地在滇池北部建城与开发的重要地理环境基础是：唐代滇池地区处于较长的暖旱期，导致滇池水位下降，滇池北部湖盆平原成陆加剧，滇池北岸逐渐形成较为广大的平原，适宜于南诏东扩和建城的需要。唐南诏时期拓东城（今昆明城）建城对于滇池乃至整个云南的开发来说具有划时代里程碑的意义，拓东建城既是南诏势力强盛时向东扩张取得了重要成果，带动了滇池地区的开发重心由东南部向北部转移，同时成为云南新的政治、经济中心；南诏时期拓东城的建城和滇池北部地区的开发，还是云南内部移民的结果，从此滇池北部湖盆平原成为云南最大的移民农业开发区，引领着云南农业的发展；南诏为了战略东扩和与唐朝内地联系，拓东城还成为云南的交通枢纽；滇池北部从此具有了云南政治、经济、文化、交通中心的地位。

第四节　大理时期的善阐城与滇池北岸平原水利起步

938～1254 年是云南历史上的大理国时期。大理政权继南诏兴起，有强烈的承南诏性。南诏时期拓东城的修筑，拉动了滇池北岸平原开发。拓东城，南诏时为别都，又名善阐府，《新唐书·南诏传》说，"王都羊苴咩城，别都曰善阐府"[1]，《元史·地理志》也说："阁罗凤叛，取姚州，其子凤伽异增筑城曰柘东，六世孙券丰佑改曰善阐，历五代迄宋，羁縻而已。"[2] 这说明南诏后期的券丰佑时代，拓东城则改名"善阐"，而且善阐地位持续上升，《南诏野史》说南诏"寻阁劝以善阐为东京，大理为西京"。并说"丰佑上表于唐，请诛元颖，唐改云南为善阐府"，世隆"改西京为中都，东京为上都"。且在"咸通十二年，立善阐王宫"[3]。南诏后期，

---

① 《新唐书》卷二二二上《南诏传》，中华书局，1975 年校点本，第 6267 页。
② 《元史》卷六一《地理志·云南等处行中书省·中庆路》，中华书局，1976 年校点本，第 1457 页。
③ 《南诏野史》，木芹会证《南诏野史会证》，云南人民出版社，1990，第 109、134、148、149 页。

南诏王长驻东京，唐使到南诏，是在东京善阐府与南诏王见面，《资治通鉴》说："乾符六年二月丙寅，徐云乾治善阐城，骠信见大使抗礼。"① 也即大理时代的"善阐"城。在大理高氏统治家族所居之拓东善阐城的经营下，善阐城依然具有别都的地位，是云南东部政治、经济、军事、文化和交通中心。

由于大理国时代的史料缺乏，我们很难复原善阐城的面貌，今所见仅《南诏野史》的记载，"东京即今省城，蒙段时，城亦甚小"②，偏于今昆明城的南部。但是大理时代留存至今的一批著名古建筑和名胜，述说着滇池北岸这座古城的发展和繁荣。拓东城、善阐城和元明清的云南会城，古城叠压在今市区之下，城墙遗迹早已湮没。但南诏大理时期的善阐城文物仍有遗存，如大理国经幢、官渡古渡口、金汁河、银汁河等，至今仍在昆明市金碧路拓东路一线及其之南，是滇池北岸湖盆平原水利事业起步和开发的见证。

由于南诏、大理国时期的拓东城及善阐城仍有文物古迹存在，这些古迹的位置说明了当时拓东城和善阐城的位置及规模，是探讨滇池区域开发与城市发展最有力的证据。这些文物古迹经考古和文物工作者研究，形成一致的看法，并成为今天昆明重要的旅游景点。由于笔者不具备这方面的相关知识，故借用这类介绍进行说明。

大理国经幢，全国重点文物保护单位。位于昆明市区拓东路71号。又名"地藏寺经幢"，简称古幢，始建于宋代云南大理国时期。这座大理国时期的石幢，共七级八面，由五段砂岩雕刻组成。高6.5米，周雕密教佛、菩萨及天龙八部约300尊。大像高约1米，小像不足3厘米，刀法遒劲，精美绝伦，中外专家推崇为滇中艺术极品。明代以前全国有石幢600多座，然在一幢之上造像之多，内容之丰富、精美，实为空前。在石幢基座上阴刻汉文《造幢记》，共62行，622字，无年月。外形像座宝塔，八角七层，下面基层是一个八角形的须弥座，上面浮雕着八条盘龙，四角是地神蹲伏四边；往上则有身披甲胄、手持斧钺、脚踏鬼奴的四大天王。以上四层分

---

① 《资治通鉴》卷二五三《唐纪六十九》，中华书局，1956年校点本，第8211页。
② 《南诏野史》，木芹会证《南诏野史会证》，云南人民出版社，1990，第109页。

别刻有释迦牟尼说法图、菩萨罗汉像,并装饰配刻有楼阁殿宇;第六层刻梵文《佛顶尊胜陀罗尼咒》《大日尊发愿》《发四宏誓愿》等经典。此外还刻有汉文译的《佛说般若波罗蜜多心经》。从大理国经幢所雕刻的题材看,宗教色彩异常浓厚,与大理国崇尚佛教,有"妙香佛国"之称相吻合。大理国经幢所在的位置拓东路71号,在今昆明市主城偏东南,正好是南诏拓东城和大理国善阐的城区所在,反映了南诏拓东城和大理国善阐的城区位置较今昆明主城偏南,更加接近滇池。

最值得重视的是,宋大理国时期,滇池地区水利建设起步,其代表为金汁河和银汁河水利工程,是云南省有史籍可查有实物可证的最早的水渠灌溉工程。盘龙江是滇池流域最大的入湖河流,盘龙江流经滇池北岸湖盆中心地区,处于较低位置,不能进行自然的农业水利灌溉,只能在盘龙江上游修渠从滇池北部湖盆的东西两面较高处沿山引水,形成可自流灌溉的河渠,滇池的引水水利工程始于大理国时期。金汁河是承接松华坝水源对滇池北岸农田进行灌溉的最重要的灌溉河渠,其前身是宋大理时期的金棱河。史载:

> 康定元年(1040),段素兴立,改元圣明,又改天明。段素兴广营宫室于东京,筑春登、云津二堤。《滇史》[按诸葛元声《滇史》]:素兴年幼,好佚游,广营宫室于东京,筑春登、云津二堤,分种黄白花其上。有"绕道金棱"、"萦城银棱"之曰。每春月,挟妓载酒,自玉案、三泉溯为九曲流觞,男女列坐,斗草簪花以为乐。蜕按:东京即今省城,蒙段时,城亦甚小。圆通寺东南角有段氏政德年碑云:"寺在城之北二里"则大小可知矣。政德在素兴之后,则其营宫室当在城外东北隅也。春登,在今东门外里名,金汁河之所经。则春登堤,金汁河堤也。云津河即盘龙江。则云津堤乃盘龙江堤也。此二堤,捍御、蓄泄、灌溉,滋益大,有殊功。或素兴为之亦有深意,不仅仅为游观设也。棱、稜同。凡平正有廉隅者曰棱。而农夫指町畦之远近多少曰"几棱",音转去声。然则"金棱"、"银棱"犹云金堤、银堤,读棱为去声耳。①

---

① (清)倪蜕辑、李埏校点《滇云历年传》卷五,云南大学出版社,1992,第166~167页。

上述资料说明金汁河初建于南诏时期，名为"金棱河"。据史料记载：康定元年（1040）大理国第十代国王段素兴征调役夫，疏浚金汁河与盘龙江，修筑的堤岸名曰"春登堤"和"云津堤"，"捍御、蓄泄、灌溉，大有殊功"，"春登堤"即金汁河堤，主要功能是"蓄泄"与"灌溉"，为满足南诏大理国时期滇池北岸农业开发的需要修建的水利工程。同时，段素兴性好游狎，广营宫室于东京（即昆明），多植花草，于春登堤上种黄花，名"绕道金棱"，云津堤上种白花，名"萦城银棱"。每春月，挟妓载酒，自玉案三泉溯九曲流觞，男女列坐，斗草簪花，昼夜行乐。这段记载表明，段素兴为了"游狎""行乐"，把春登堤和云津堤改名"绕道金棱"和"萦城银棱"。后人据此，更名"金汁河"和"银汁河"，成为当时的大理国都最著名的景观。因此，大理时期金汁河与银汁河的建设，开滇池北岸湖盆平原地区农业水利工程建设的先河，也铸就了春城的景观特征。

第六章

元代的滇池水利及其影响

滇池流域的开发在唐宋南诏大理时代发生了开发重心从东南地区向滇池北岸地区转移的重大变迁，但这仅是政治、军事和经济发展需要对滇池流域做出的选择，利用滇池已有的自然条件进行农业开发和城市建设。这次滇池流域开发重心转移影响深远，可以说从764年开始至今，滇池地区城市发展和农业开发的重心始终保持在北岸地区。元代以后，在滇池地区发展重心不变的情况下，最重要的特征是人力干预滇池，依靠降低滇池水位促使滇池水域退缩，在滇池北岸和东岸涸出大面积土地，又在新涸干的土地上逐渐发展的湖盆平原上进行农田水利建设，形成完整的灌溉体系，进行高度发展的农业生产。因此从1273年云南行省建立以来的700多年间，水利建设是滇池流域开发和人地关系演进的核心要素。

第一节　元初滇池水域扩大的拟测

在本书的第五章，唐宋滇池流域开发重心转移的讨论中，引用先前学者的研究，认为唐宋南诏大理时代，滇池地区的气候阶段性特征与全国一致，经历了一个较长的温暖期。但"云南处于北半球低纬度高原，季风是其气候形成的最基本的因素。由于其特殊的地理位置，受到多种季风环流的影响。夏季既受到印度洋面上西南季风的支配，又受到东亚季风系统的影响；冬季则受到南亚次大陆的干热气团和来自西伯利亚高原寒冷干燥的偏北风共同影响。因此，这一地区的气候变化与我国其它地区均有显著差异"①。这说明云南在主要受西南季风支配的气候条件下，历史时期与中国东部广大地区的东南季风气候在温暖期、寒冷期气温与降水的配置情况大相径庭，中国东部广大地区处于温暖期时表现为"温暖湿润""寒冷干旱"②；而云南则反之，在西南季风气候条件下的演变以冷湿—暖干为主③，据此推测，唐代中国中东部地区持续了240年（811～1050）的最长的温暖湿润期时，云南和滇池地区也可能经历了持续最长的"暖干"期。据此有学者推论在这样的西南季风气候条件下，滇池水位曾经发生过重要的变化，导致滇池出现明显的萎缩现象。《中国湖泊志》对滇池的历史也有这样的解析，"唐时代，湖面萎缩，唐朝中期滇池水位降至最低，比现湖面低3.0m左右（苏守德，1985）。宋末元初再度扩涨"④，唐宋时期滇池的盈缩变化正好与我国气候的阶段性特征吻合，隋唐6~8世纪，我国东部经历了较长时期的温暖湿润期⑤，云南和滇池地区则可能经历了较长时期的"暖干期"，因此导致滇池北岸地区大面积的土地露出水面，给唐时期滇池人类活动重心转移和南诏拓东城建立、大理善阐城发展创造了最重要的自然地理条件。今天昆明市范围内还留下了大量南诏拓东城和大理善阐城古建筑和遗迹，这些古建筑如东寺塔、西寺塔等，大多在今天昆明主城偏南地区，拓东路、金碧路一带基本可确定为南诏拓东城和大理国善阐城的城区，印证了唐宋南诏大理时期滇池水位偏低的推测。那么，元代初期滇池水位和滇池水域的情况怎样呢？与南诏大理时代滇池水位偏低晚期相同吗？

元朝对滇池的认识与元军灭大理国、进攻善阐城联系在一起。《元史·兀良合台传》称1253年秋，蒙古军占领大理国国都大理后，兀良合台率领蒙古大军"分兵取附都善阐"，占据鄯阐城的高氏集团在高昇率领下，"集诸部兵拒战"，兀良合台"大破之于洟可浪山下，遂进至乌蛮所都

---

① 杨煜达：《清代云南季风气候与天气灾害研究》，复旦大学出版社，2006，邹逸麟序，第1页。
② 邹逸麟编著《中国历史地理概述》，上海教育出版社，2005，第18页。
③ 杨煜达：《清代云南季风气候与天气灾害研究》，复旦大学出版社，2006，第176～177页。
④ 王苏民、窦鸿身主编《中国湖泊志》，科学出版社，1998，第46页。
⑤ 邹逸麟编著《中国历史地理概述》，上海教育出版社，2005，第18页。

押赤城",然而对押赤城久攻不克的原因并非完全来自高氏集团的顽强抵抗,而是来自滇池水域的阻挠。此时位于滇池北岸的押赤城(即南诏拓东城,大理善阐城,今昆明主城)"城际滇池,三面皆水,既险且坚",仅有北门不受水域阻扰,可通往城内。在这样的情况下,兀良合台不得不"选骁勇以炮摧其北门,纵火攻之,皆不克",最终"环城立炮,以草填堑,众军始集,阿术已率所部搏战城上,城遂破"①。蒙古军攻克押赤城的记载非常值得深思,反映出这时滇池水域与唐代南诏筑拓东城时差别很大。元代初期的押赤城,即唐南诏的拓东城,大理国时期的善阐城,虽然基本与今昆明主城重叠,但城区范围则较今天昆明主城偏南,据已有研究认为,元代初期的押赤城的南部约在今昆明主城偏南的东寺塔、西寺塔南部,东面到盘龙江,西面至今鸡鸣桥一线。依文献所载,当时滇池东北岸当在此附近,范围比现在大很多。②

其一,蒙古军攻打的押赤城紧接滇池南岸,而且三面环水。但是,在南诏筑拓东城的历史文献记载,并没有反映出南诏所筑拓东城紧邻滇池,而是在滇池以北的较为广阔的湖盆平原上,文献也无拓东城三面环水之说。如前推论,南诏时代滇池水位较今天低3米,拓东城必定在距滇池一段距离的平原上,而蒙元攻打押赤城时,滇池水环境与南诏筑拓东城时有较大变化,滇池水位抬升的情况,其水域向北扩大,已经进逼押赤城南。其二,南诏时期拓东城是重要的交通枢纽,并非三面环水,而是东西道路通连的。其三,蒙古军进攻押赤城时,由于三面环水,蒙古军不识水性,只能选择北门进攻,而且需要"环城立炮,以草填堑"③才能攻打下来,说明这时的押赤城如半岛一样嵌入滇池水域,这表明元初滇池水位较高,是滇池受气候影响,在元代水位抬升、水域面积扩大的有力证据。

这种现象并非历史文献记载的错误。因为根据气候变化的原理,在宋代中国中东部经历了持续220年(1051~1270)的冷凉干旱期时,滇池区域可能是持续的"冷湿"气候,降水充沛,蒸发量减小,甚至延续到元

---

① 《元史》卷一二一《兀良合台传》,中华书局,1976年校点本,第2979~2980页。
② 于希贤、于涌:《沧海桑田:历史时期地理环境的渐变与突变》,广东教育出版社,2002,第172页。
③ 《元史》卷一二一《兀良合台传》,中华书局,1976年校点本,第2979~2980页。

代，说明元代初期滇池水域的确比唐代南诏时期广大得多。于希贤认为，"元朝的城区，西面沿今鸡鸣桥一线穿过，南面到东、西寺塔以南，东边到元利城坊一线（实际是盘龙江水域）。依文献所载，当时滇池东北岸当在此附近，范围比现在大很多。此时滇池水面的海拔高度约为1892米左右，比现在水面约高出了5米"①。今滇池水位在1886米至1888米之间，平均水深8米，如果元代滇池水位较今天高出3~5米的话，那么元代初期滇池的水深则为10米多。根据于希贤《滇池地区历史地理》绘制的滇池100米、10米湖岸线图，元代初期的滇池水域应当比滇池10米湖岸线反映的情况还要严重。足见元初的滇池比唐南诏和宋大理国时期的滇池大得多，也比今天水位高、水域大。据报道，1993~1999年，在昆明主城区金马碧鸡广场、华尔贝大厦、柏联广场、富邦花园建设过程中，先后发现和出土了南诏时期的建筑夯土面、大型布纹勾头、滴水瓦件、菱形梵文砖、罐瓶碗等黑衣硬灰陶器和莲花纹瓦当、开元通宝、有字瓦、菱形砖铺地、卵石铺地、水井、水沟等，说明这一带当为唐南诏拓东城址所在地。② 拓东城应当是一个周长约6里的狭长形土城，城内有王宫、官署、寺庙、善阐台等。唐宪宗元和三年（808），异牟寻之子寻阁劝与臣僚曾在善阐台吟咏，有"避风善阐台，极目见藤越"③ 等句。再据东、西寺塔这两座拓东城的地标性建筑，两塔的选址、形制等来看，它们都应在南诏拓东城外，处于距滇池有段距离的地势较高区域。但今天金马碧鸡广场遗址的考古调查发现，唐南诏拓东城"遗址底部为厚沙砾层，其中埋藏有许多可能由洪水搬运来的粗大树干"④。这让我们得出一个结论——拓东城毁于能搬运粗大树干的滇池大水，东、西寺塔或因有牢固的塔基而巍然耸立。⑤ 这是因为元、明、清滇池区域比现在冷湿和多雨。今天的大气环流和当时比较

---

① 于希贤、于涌：《沧海桑田：历史时期地理环境的渐变与突变》，广东教育出版社，2002，172页。
② 胡绍锦：《昆明城区南诏文化遗址调查报告》，《史与志》2009年第2期。
③ （南诏）骠信：《星回节游避风台与清平官赋》，载方国瑜主编《云南史料丛刊》第2卷《玉溪编事·骠信诗》，云南大学出版社，1998，第194页。
④ 胡绍锦：《昆明城区南诏文化遗址调查报告》，《史与志》2009年第2期；苏国有：《滇池的涨落及其影响》，《云南日报·文史哲》2010年10月22日。
⑤ 苏国有：《滇池的涨落及其影响》，《云南日报·文史哲》2010年10月22日。

起来已有了许多变化。那时,来自太平洋的东南暖湿气流以及来自北方的寒潮比现在强盛,寒潮入侵到该地区的时间比现在早,为期也长。所以在季节交替之时,两个温湿性质差异极大的气团濒濒交锋,造成强度大、历时长的降雨。① 据历史记载,13世纪中叶,滇池水位为1892.0米,当时的昆明城区仍属滨湖区域。② 故马可·波罗1280年来到滇池地区,看到押赤城和滇池时说"湖甚大,广有百里,其中鱼类繁殖"③。所以朱惠荣教授的研究得出:"元代以前,翠湖与滇池连在一起,在贡院门前(今云南大学的正门)形成巨大水域的一部分,人们叫它翠湖湾。那时湖岸线比现在的翠湖北路、青云街、翠湖南路一圈还要大(现在的省政协大楼,也属翠湖水域)。翠湖边有条海潮巷,巷内原有海潮庵,那里也是滇池水所及的地方"④。这一研究正好印证了元代初期在气候影响下,滇池水位抬升、水域面积扩大的事实。

至元十年(1273)云南行省建立,在今昆明地区设中庆路,以南诏拓东城,即大理鄯阐城,元初押赤城为中庆路城,同时为云南行省会城,成为云南行省的政治、经济、文化、交通中心,由于中心地位的确立,元代对滇池地区开发达到此前任何朝代都没有达到的力度。但是元代在滇池地区的经营发展,受到滇池的严重制约,中庆路城(今昆明城)不仅"城际滇池,三面皆水",而且"夏潦暴至,必冒城郭"⑤之忧。原南诏拓东城、大理国善阐城、元中庆路押赤城,其南靠近今天南天台、饵家湾一带,据李家瑞《南诏拓东城的地点在哪里》,城内地势平坦,地下水位较高,居民取水方便。⑥ 而元初滇池水域在气候条件影响下,曾经一度扩大,影响着作为云南行省会城中庆路的政治、经济、文化和交通中心地位的发挥,

---

① 于希贤、于涌著《沧海桑田:历史时期地理环境的渐变与突变》,广东教育出版社,2002,第180页。
② 陈超男:《滇池及其流域水平衡和水资源问题的初步探讨》,载《滇池地区生态环境与经济综合考察文集》,云南科技出版社,1988,第19页。
③ 《马可波罗行记》第117章《哈剌章州》,载方国瑜主编《云南史料丛刊》第3卷,云南大学出版社,1998,第142页。
④ 昆明日报编,朱惠荣、马荣柱等撰稿《老昆明·翠湖曾为"湾"》,云南人民出版社,1993,第55页。
⑤ 《元史》卷一六七《张立道传》,中华书局,1976年校点本,第3916页。
⑥ 李家瑞:《南诏拓东城的地点究竟在哪里》,《云南学术研究》1962年第5期。

当时押赤城应当是东、南、西三面被水环绕，形成滇池围城，高地狭小，不仅难以扩大发展，而且"夏潦暴至，必冒城郭"，淹城池，正如郭松年撰《创建中庆路大成庙碑记》中所说："中庆于古为鄯阐，其西南濒昆池，地甚卑湿，独北偏最为爽垲"[①]，押赤城只有北部比较干爽，所以蒙古军攻打鄯阐城，只能绕行攻打北门，或者以草填堑，才能环城攻打。元初创建中庆路学时，也不得不选址于中庆路城偏北的地方。北部有螺峰山、商山横亘，地势起伏，具有逼滇池水害的优势，最终元代中庆路城整个城址均向北迁移，从唐南诏时拓东城以今金碧路、拓东路一带向北迁移到以五华山为镇山的偏北区域，从此五华山成为元明清昆明城的镇山，环五华山区域成为昆明的城市中心区。元代中庆路城（昆明城）城址的北迁，反映了元初滇池水域较大，滇池水环城围城的特征，滇池水域在元初的扩大还严重阻碍着滇池流域的农业开发和经济发展。通过人力干预进行水利工程建设，成为元代滇池流域农业发展和城市建设的必然选择。故"种种证据足以说明唐代滇池区域气候比现在湿热。此后，元、明、清滇池区域比现在冷湿和多雨。当时的大气环流和今天比较起来已有了许多变化。那时，来自太平洋的东南暖湿气流比现在强盛。寒潮入侵到本地区的时间也比现在早，为期也长。所以在季节交替之时，两个温湿性质差异极大的气团濒濒交锋，造成强度大、历时长的降雨。那时降雨多、历时长，气候湿润的事实，也反映在当时濒临滇池的云南府城城址转移上。公元13世纪初的元代，'鸭池城，城际滇池，三面皆水'。这一城址是南诏国拓东城、大理国鄯阐城的延续。到了元代，气候转湿，降雨增多，形成'夏潦暴至，必冒城郭'的忧患。为了解除这频繁的水灾，同时也是为了促进农业经济的发展，滇池区域出现了许多有力的水利措施"[②]。今昆明城在唐南诏至元代从拓东城到中庆城，不仅从原来的南诏副都演变成为元代云南行省会城中庆路城，而且其城址的迁移反映的是滇池水域唐南诏至元代变化的特征，即唐南诏时期，滇池水域曾受气候影响，一度水位下降厉害，可能较今天滇

---

① 郭松年：《创建中庆路大成庙碑记》，载方国瑜主编《云南史料丛刊》第3卷，云南大学出版社，1998，第275页。
② 于希贤、于涌：《沧海桑田：历史时期地理环境的渐变与突变》，广东教育出版社，2002，第181页。

池水位还低3米，北部湖盆涸干加速，为南诏实现首次在滇池北岸湖盆地区建立较大规模的城市提供了重要的条件，但是南宋至元代，云南处于西南季风控制下的较为湿润时期，滇池水位再次上升，将唐南诏时所筑拓东城处于"三面皆水"的环境中，故而迫使元代第一位云南行省平章事赛典赤不得不做出两大重要的决策和建设，一是将中庆路城的建设整体向北迁移，使元代云南会城中庆路城的中心迁移至五华山一带，避开上涨的滇池水害；二是迅速展开滇池水利工程，特别是人为干预的降低滇池水位的海口河工程，确保云南行省政治、经济、文化中心的稳定发展。

第二节 元代滇池水利工程

《吕氏春秋·孝行览·慎人》有"掘地财，取水利"之语，高诱注云："水利，濯灌。"依照这一解析，水利是人类对自然界中水的控制、调节、保护和利用，最重要的功用就是濯与灌。濯乃分洪泄水；灌乃拦蓄水以润泽农田庄稼。水利功能，今天已经复杂得多，有农田水利、防洪、航运等用途，但在古代滇池地区，人类在新石器晚期和青铜时代就开始了简单地、小规模地用人力方式进行调控的农田灌溉。元代是滇池真正意义上的大规模水利工程的开始，其功用一是"濯"，泄滇池水，解中庆路城水围城和夏潦之患，进而带来大面积的土地免受水患而可能成为稳产农田；二是"灌"，滇池汇雨水成湖，水在低处，可开垦的农田高于湖面的湖盆平原，农田灌溉需要拦水、蓄水和引水灌溉。

元代滇池地区大规模的水利建设开始于云南行省建立之初，赛典赤为云南行省平章事，以押赤城置昆明县，同为中庆路治和云南行省会城，昆明"其地有昆明池，五百余里，夏潦必冒城郭"[1]，滇池水域广大，特别是夏潦冒城郭成为赛典赤治滇的严峻问题，于是派"张立道为大理等处劝农使，求泉源所出，泄其水，得地万余顷，皆为良田云"[2]。这就是元代有关

---

[1]《元史》卷六一《地理志四·中庆路》，中华书局，1976年校点本，第1458页。
[2]《元史》卷六一《地理志四·中庆路》，中华书局，1976年校点本，第1458页。

滇池水利最重要的记载，虽然语焉不详，但是"濯""灌"之功非常明确。首先张立道"求泉源所出"，即勘察找寻到滇池的出水口，进行"泄其水"的重点水利工程，加大滇池下泄流量和水位，使其周边涸出土地，"得地万余顷，皆为良田云"，大幅度扩大了滇池流域的农田面积。随后"（赛典赤）作陂池以备水旱。筑松华坝为城东北，又修南坝闸于城南盘龙江"①，这是在滇池上游进行最重要的拦水灌溉农田水利工程。因此，滇池水利工程在元代拉开了人力干预滇池水位的帷幕。

一 元代滇池海口河工程

滇池的特点是从东西南北四面多条入湖河流汇集来水于滇池，而只有海口河一条壅塞狭小的河流作为出湖河流。滇池地区的降雨具有夏秋集中、冬春干旱的特点，夏秋之季，降雨集中，出湖河流宣泄不及，故而出现"夏潦必冒城郭"的现象，同时，也造成滇池北岸、东岸地区大面积的土地季节性被淹没。特别是夏秋正是农业粮食作物的栽种和生长季节，滇池周边的土地可能大面积淹没在水域之中，这便是滇池地区直至唐宋滇池水位下降，北岸最大的湖盆地区才有了大规模城池建设和农业开发。但是，元初滇池水位达1892米左右，比现在水面约高出了5米，可以想象今天滇池北岸昆明主城区大面积被滇池水域淹没，所以，宣泄滇池水，在元代显得尤为紧迫。

但滇池唯一的出湖河道——海口河在元初没有经过任何的人工治理，壅塞不堪。今天滇池出湖河道通称螳螂川，螳螂川的上段，即今滇池出湖口处至马料河的汇合处则称为海口河。海口河长约10公里，是控制滇池的出湖水道，历史上滇池的壅塞也往往发生在这一段，即海口河"其谓之口者，以其源大而流细，若咽喉然。海口淤则上流不通，夏水盛则会城必漫"②。海口河的特点是河床平缓，水流较为缓慢，而海口河的两岸坡地上由于雨水冲刷，形成很多箐流和小河，每年雨季，遇有暴雨，坡地上的箐

---

① （清）倪蜕辑、李埏校点《滇云历年传》卷五，云南大学出版社，1992，第194页。
② 《新纂云南通志》卷一三九《农业考二·水利一》，牛鸿斌等校点本，云南人民出版社，2007，第31页。

流和小河夹带着泥沙汇集于海口河。长此以往,极易形成冲淤的沙滩和海口河中的沙洲,致使滇池泄水不畅,从而抬高滇池水位,影响整个滇池地区,漫溢到较为低洼的滇池湖岸地区,淹没良田,渍涝毁坏沿湖村落和城镇的房屋,形成洪涝灾害。所以,海口河的通畅与否关系重大,涉及滇池整个湖岸地区。故而元代对滇池的治理,也是从海口河工程拉开序幕的。关于元代滇池海口河工程的记载主要有:

> (至元)十年三月,领大司农事,中书以立道熟于云南,奏授大理等处巡行劝农使,佩金符。其地有昆明池,介碧鸡、金马之间,环五百余里,夏潦暴至,必冒城郭。立道求泉源所自出,役丁夫二千人治之,泄其水。得壤地万余顷,皆为良田。①
>
> 初,昆明池口塞,水及城市,大田废弃,正途雍底,公命大理等处行巡劝农使张立道,付二千役而决之,三年有成。嘻嘻,公今之治南诏,亦犹昔之治西秦也,长安之人鲁,勒碑以记其德。②

上述就是元代关于滇池水域特点和水利的全部记载,虽然寥寥百余字,但字字千钧,因为这不仅提示了元代滇池面貌,也首次在文献中反映了通过人力的方式干预滇池水位和水系的第一次重大的水利工程。如前已论,元代滇池由于气候影响处于高水位时期,其水位为1990~1992米。这样看,元代滇池受气候阶段性影响,自身已经处于高水位,加上海口河的自然条件,必然使滇池水体面积较至处于较低水位的唐宋南诏大理时期大为扩大,形成对押赤城(今昆明城,即南诏拓东城,大理国时期的善阐城)三面环水包围态势。因此元代治滇,首要的就是对海口河的深挖和疏浚。历来研究者对元代海口河工程给予非常高的评价,但是所有的研究几乎是凭借着如此简要的记载进行。对此次工程的作用和效果,方国瑜先生说"所谓池口塞,求所自出,泄其水,就是疏浚海口河,排水出口,降低滇池水位的工程,有二千民工开挖了三年才完成。其具体施工过程,不详

---

① 《元史》卷一六七《张立道传》,中华书局,1976年校点本,第3916页。
② (元)赵子元撰《赛平章德政碑》,载方国瑜主编《云南史料丛刊》第3卷,云南大学出版社,1998,第266页。

于记录，惟推测：此次工程，挖低由海口至平地哨约十公里的河床，到石龙坝跌水，其河床高于现在的高度，可能比原有的河床挖低约三公尺，湖水畅流排出，湖面下降，环湖露出被淹没在水域的有十万亩以上农田；说'万余顷'，是夸大的。经此次大工程后，改变了自古以来滇池水位，开辟大量农田。但海口河两岸高山，水流平缓，常年受泥沙淤积，还有几条子河，冲刷山谷砂石，壅入河身，使部分河床逐渐加高，滇池水位也提高，环湖农田又被水淹；所以，后来常有疏浚的工程，多见于记载"[①]。又有学者认为，据历史记载，13世纪中叶，滇池水位为1892.0米，当时的昆明城区仍属滨湖区域。

元代赛典赤治滇的最重要水利工程就是滇池出水口海口河的疏挖，也是有文献记载以来，通过人力的方式干预滇池水位和水系的第一次重大的工程。通过赛典赤主持的滇池出水口海口河工程，开挖完成了从海口至平地哨（今仍名，为昆明市西山区海口镇）11公里的河床，到石龙坝跌水，其河床高于现在的高度，可能比原来的河床挖低约3米。13世纪70年代疏挖海口河，第一次降低滇池水位约2米（当时正常水位为1890.0米），湖水退至今德胜桥及巡津街一带，湖水面缩小，大片农田出露。[②]

无论怎样，先前学者对元代滇池海口河工程的研究得出的结论基本一致，滇池自元以来，海口河一直是滇池水利管理与建设的重点。元至元十一年（1274），赛典赤·赡思丁出任云南平章政事，决心对"昆明池口塞，水及城市，大田废弃，正途壅底"[③]的情况进行治理，核心就是深挖疏浚海口河。元代的海口河工程在赛典赤的领导下，具体由劝农使张立道负责。张立道对滇池进行了全面的调查和规划，他率领2000多民工，用时3年之久，主要从海口河出湖口处向下游直到今石龙坝一带长达10公里的河道进行清除淤积泥沙，开挖移除河道中的沙洲老虎滩、洱淙滩、清水滩、乱石滩、鸡心滩、新村滩等十余处，将海口河开凿为宽20余米，长10公

[①] 方国瑜：《滇池水域的变迁》，《思想战线》1979年第1期。

[②] 陈超男：《滇池及其流域水平衡和水资源问题的初步探讨》，载《滇池地区生态环境与经济综合考察文集》，云南科技出版社，1988，第19~20页。

[③] （元）赵子元撰《赛平章德政碑》，载方国瑜主编《云南史料丛刊》第3卷，云南大学出版社，1998，第266页。

里的畅通河道，使滇池水顺畅流出。元代海口河工程最主要的意义在于通过人力干预，深挖和疏浚海口河，将原有河床下挖 3 米以上，滇池水位整体下降了 2~3 米，也就是说使滇池水位从元代初年高水位 1890 米以上，靠人力干预下降到 1888.5 米左右，使唐宋滇池较低水位成陆的大片地区再次露出水面，上游地区得以涸出壤地万余顷，皆可开垦为良田，故史书上称"得壤地万余顷，皆为良田"①。见图 6-1 所示。②

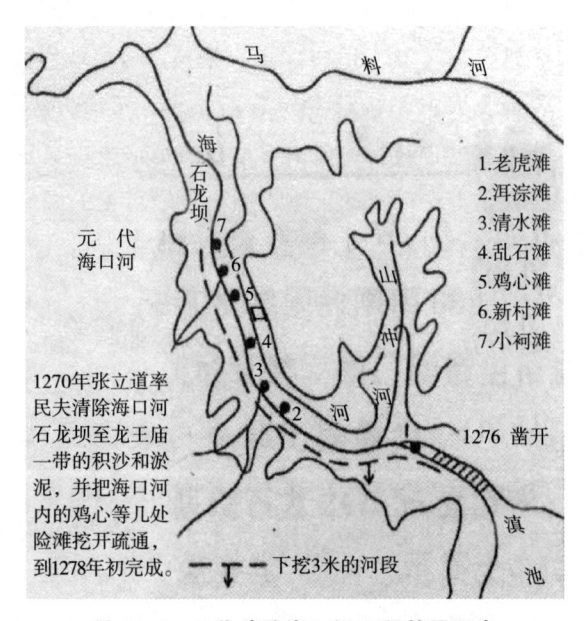

图 6-1 元代滇池海口河工程效果示意

海口河工程是影响滇池全局的工程，但对滇池南部的农业开发的影响最为直接和成效显著，而且全面改变了滇池南部的经济和社会发展进程，使滇池南部率先成为滇池地区连片开发的农业区，"滇城之南百里，有郡曰晋宁，乃古青侯之苗裔，州牧高庆枚父之所。州之西五里许，有邑曰'初诺'，田畴丰穰，宅民素朴，尤笃于浮图氏，有山曰金砂，跨空矗云，林麓钟秀，滇滔浩渺，烟木杳霭，陆于椒，名山大刹一目可得"③，"大德

---

① 《元史》卷一六七《张立道传》，中华书局，1976 年校点本，第 3916 页。
② 昆明市水利志编纂委员会：《昆明市水利志》，云南人民出版社，1997。
③ 滇水圆照沙门云峰普祥撰，威楚云游僧香山觉慧书丹：《创建金砂山宝严寺记》，载《云南史料丛刊》第 3 卷，云南大学出版社，1998，第 303 页。

四年，擢中庆路昆明县尹，在县大兴水利，安集流民"①。

元代赛典赤主持的滇池海口河水利工程，不仅在农业开发上使滇池湖盆地区"得壤地万余顷，皆为良田"②，成为云南行省最大的农业开发区，而且深刻改变了唐宋以来的滇池湖岸景观和水运条件。例如，唐宋南诏大理国时期滇池著名渡口——官渡古渡口，原是南诏大理国时期长达500年的滇池东岸最重要的水运码头和渡口，海口河工程后，滇池水位下降，官渡从此成为距离滇池较远的古镇，元至元二十七年在古渡原位置上建"妙湛寺"，后被水淹倒塌，元末（1325）再次复建。今昆明官渡古镇已经距离滇池8公里远了，但官渡古镇内还存留着唐、宋、元、明、清以来的五山、六寺、七阁、八庙等多处古建筑，最值得重视的是这些古建筑的部分院墙是那些用螺蛳壳混合黏土夯舂而成的土墙，墙上清晰可见的螺蛳壳昭示着官渡古镇曾经紧邻滇池著名渡口和文化中心。而海口河工程后，在滇池水位下降2～3米的情况下，滇池湖岸退至今德胜桥、巡津街以南，盘龙江在巡津街一带汇入滇池，形成新的滇池航运码头。于是元代后期，云津码头取代了官渡码头，故元人王昇赋诗："中庆之阳一碧万顷，渺渺茫茫……千艘蚁聚于云津，万舶蜂屯于城垠，致川陆之百物，富昆明之众民"③，说的是元代云南行省会城中庆城（今昆明）的南面是一碧万顷渺渺茫茫的滇池，在盘龙江与滇池汇合处形成云津码头，则是一幅"千艘蚁聚于云津，万舶蜂屯于城垠"的景象，滇池流域昆阳渡、安江渡、高跷渡、金砂渡等将晋宁、昆阳，甚至玉溪等地所产的粮米樵柴通过便捷便宜的滇池水运源源不断地运抵云津渡，"致川陆之百物，富昆明之众民"，滇池流域的经济形成整体发展的特征，昆明依靠滇池水运成为云南行省人物荟萃的经济中心。

二 松华坝的修筑

当元代滇池海口河工程已见成效，滇池水位下降2～3米时，滇池湖盆

---

① 李源道：《为美县尹王惠墓志铭》，载方国瑜主编《云南史料丛刊》第3卷，云南大学出版社，1998，第330页。
② 《元史》卷一六七《张立道传》，中华书局，1976年校点本，第3916页。
③ 景泰《云南图经志书》卷一《云南府》，李春龙、刘景毛校注本，云南民族出版社，2002，第6页。

的北部、东部必然有大面积的土地露出水面，逐渐涸干为可开垦的良田，即"（张）立道求泉源所自出，役丁夫二千人治之，泄其水。得壤地万余顷，皆为良田"①。开垦良田"万余顷"②，无论这个数字是否夸大，在当时必定对滇池流域农业开发具有非凡的意义。"赛典赤行省云南，令爱鲁疆理永昌，增田为多。十年阅中庆版籍，得隐户万余，以四千户即其地屯田"③，这反映在赛典赤的治理下，滇池北岸湖盆开发加快，人口剧增，对灌溉水利工程需求增加。

由于滇池地区的特点，不可能直接利用滇池水进行农业灌溉，需要拦截滇池区域内的山地、台地汇流雨水或地下泉水形成的入湖河流，筑坝修渠，才能引水灌溉。滇池区域的农田灌溉几乎是通过筑坝，拦蓄流入滇池河流的水源，再开挖河渠，引水到农田才能进行。所以，元代滇池流域第二个具有划时代里程碑的水利工程是松华坝。松华坝工程约于元至元十一年（1274）由云南首任平章政事赛典赤·赡思丁与劝农使张立道主持兴建，松华坝始建盘龙江上游的临时拦河坝，为木框填土堆筑而成，并不牢固，拦水功能不足，导致"夏秋霖雨，滥泛涨溢，波及阛阓，民甚病之"④，于是元后期大德元年（1297）配合盘龙江下游大德桥的修建，再次加固修筑松华坝。孙在亨撰《建大德桥碑记》说：

> （中庆路城）实滇池以虞旱炎，辟囿苑以资臣乏，……中庆，古鄯阐也，山川明秀，民物阜昌，冬不祁寒，夏不剧暑，奇花异卉四序不歇，风景熙熙，实坤维之胜区也。……凯旋之日，命镇戍缉绥诸部，继署省台以控驭之，置郡县、设庠序、宣教化、布政令，移风易俗，不啻影响之应形声，由是远夷蚁附，烟火相望，千里无间，既富且庶，诸蛮朝贡，络绎不绝，有以见圣元德化之盛，夐掩前闻也。去城之东百举武，有江横绝，曰"盘龙"，正北八十里许屈偿、昧样、

---

① 《元史》卷一六七《张立道传》，中华书局，1976年校点本，第3916页。
② 方国瑜先生认为"万余顷"有所夸大，见方国瑜《滇池水域的变迁》，《思想战线》1979年第1期。
③ 《元史》卷一二二《爱鲁传》，中华书局，1976年校点本，第3012页。
④ （元）孙在亨撰《建大德桥碑记》，载方国瑜主编《云南史料丛刊》第3卷，云南大学出版社，1998，第285页。

邵三甸，凡九十九泉，混混然与诸涧会而为一，乃其源也，蜿蜒滂湃，南入于滇池。夏秋霖雨，滥泛涨溢，波及阛阓，民甚病之，旧虽草创二梁，但树柱架木，叠㮇支撑，因循苟且，屡为洪涛所摧，不特稽留远迩，仍惕于磁踏倾覆之患，迨夫霜降水落，辄复募民料理，岁以为常，糜财耗力，不可殚纪。荣禄大夫、云南行中书省平章政事也先不花慨然曰："是津也，梁王经行之所，可不防虞；又且岁岁勤民，曷若坚其基本，壮其规模，为暂劳永逸之策，不其韪欤？"左丞相月忽乃，参知政事阿叙，参知政事忽速刺暨幕府诸君咸赞成之，遂命中庆路总管李顺义，千户杨德元董其事。嵩明州倅刘甫杀水势，奠地形，庀工度费，于是工役云集，木石山委，蹲鸱深辚，泉斡甃石，巨木为阁，酾水三通……广二丈七尺，袤十丈有奇。观其壮丽，彼建宁之平政、新州之仁义曾不是过。屹乎若屋楼之跨海，灿乎若蜡蛛之截渊，轮焉奂焉。实百代之奇功，一方之伟观也。高揭碧鸡，嵯峨千仞，俯临云储，渺沸万顷。……经始丁酉孟春，落成于是年季夏，总其工役一千有八十，铁以斤计万一千二百，木石各十余万。……当以大德名之。[①]

历来研究者认为孙在亨所撰《建大德桥碑记》是对昆明大德桥修建的描述，但笔者不以为然。大德桥横跨盘龙江，前代已有木桥，供行人往来，驿传通达。然《建大德桥碑记》重点在论述盘龙江特点，指出盘龙江"正北八十里许屈偿、昧样、邵三甸，凡九十九泉，混混然与诸涧会而为一，乃其源也，蜿蜒滂湃，南入于滇池。夏秋霖雨，滥泛涨溢，波及阛阓，民甚病之"，若仅从交通考虑，不至于将其描写为"夏秋霖雨，滥泛涨溢，波及阛阓，民甚病之"，这是元初所修松华坝仅为临时拦河坝，木框填土堆筑的土坝，年久失修，使拦蓄盘龙江水的功能减弱，导致滇池北岸水患无穷的写照。如果仅为建交通功能的桥梁，何需如此兴师动众？更无须论及盘龙江上游水患"夏秋霖雨，滥泛涨溢"，因此，在大德年间官府组织修建大德桥时，首先要加固上游的松华坝，使水流平和，再在下游

[①] （元）孙在亨撰《建大德桥碑记》，载方国瑜主编《云南史料丛刊》第3卷，云南大学出版社，1998，第285页。

修建桥梁，才能确保消除水患、灌溉良田和交通通畅，故云南行省动员了大量的人力物力。首先感慨盘龙江水患和云津桥不便的是赛典赤的继任者云南行省平章事也先不花。松华坝为在赛典赤主持下始建于至元十一年（1274）盘龙江上游的临时拦水土坝，经过十余年，功能退化，到也先不花任云南行省平章事时（至元二十三年，1287 年）已经需要每年维修了，甚至"夏秋霖雨，滥泛涨溢，波及阛阓，民甚病之"①。故也先不花任职云南平章事时，继承赛典赤治滇方略，一方面对"诸种僰夷为变，讨平之。遂立登云等路、府、州、县六十余所，得户二十余万，官其酋长，定其贡税，边境以宁"②；另一方面感到赛典赤草创的盘龙江水利工程已不能满足元代滇池地区社会经济发展需要，需改变这种"岁岁勤民"的状况，提出"易若坚其基本，壮其规模，为暂劳永逸之策"③ 的建议。约大德元年（1297），云南行省组织"左丞相月忽乃，参知政事阿叙，参知政事忽速剌暨幕府诸君咸赞成之，遂命中庆路总管李顺义，千户杨德元董其事"参与治水，又有路、府、州地方官参与，说明官府组织力度非常之大，是一个关系省会城市中庆路城全局的水利工程，而不仅是一座跨盘龙江的桥梁。所以，《建大德桥碑记》明确地说"嵩明州倅刘甫杀水势，奠地形，庀工度费，于是工役云集"，这反映该工程是在盘龙江源头的嵩明州，并不在大德桥所在的盘龙江下游，该工程首先进行的是"杀水势，奠地形"，显然是具有蓄水筑坝特征的水利工程；再者，整个工程动用了"总其工役一千有八十，铁以斤计万一千二百，木石各十余万"，远远超出建一座跨盘龙江交通桥梁所需的人力和物力，因为只需比较元代滇池的最重要的海口河工程，张立道主持下海口河工程仅"付二千役而决之，三年有成"④。而此项工程则动用"工役一千有八十"，成为仅次于海口河工程的元代滇池巨大工程，修筑一座横跨盘龙江的 10 余米桥梁并不需要如此浩大的人力物

---

① （元）孙在亨撰《建大德桥碑记》，载方国瑜主编《云南史料丛刊》第 3 卷，云南大学出版社，1998，第 285 页。
② 《元史》卷一三四《也先不花传》，中华书局，1976 年校点本，第 3267 页。
③ （元）孙在亨撰《建大德桥碑记》，载方国瑜主编《云南史料丛刊》第 3 卷，云南大学出版社，1998，第 285 页。
④ （元）赵子元撰《赛平章德政碑》，载方国瑜主编《云南史料丛刊》第 3 卷，云南大学出版社，1998，第 267 页。

力。《碑记》记载该工程有两个部分。一是松华坝修筑，因为元代始筑松华坝时，是盘龙江上游的拦河坝，系木框填土堆筑而成，正如《碑记》所言"工役云集，木石山委，蹲鸱深鬈，泉斡鳌石，巨木为阁"的筑坝方式，据《碑记》所言，这个工程的最直接的成效是"高揭碧鸡，嵯峨千仞，俯临云储，渺沸万顷"，是在盘龙江上游修筑俯瞰和灌溉滇池北部平原且具有高屋建瓴之势的大坝。二是大德桥修建工程，形成"酾水三通，广二丈七尺，袤十丈有奇"的横跨盘龙江的大桥，故笔者以为《碑记》所描述的是松华坝和大德桥修筑联动性的滇池重点水利工程，首先在盘龙江上游筑松华坝，既可拦水灌溉滇池北部平原"万顷"良田，又可控制盘龙江水势，使其平稳畅流，然后在盘龙江下游修筑大德桥。如果这个分析成立的话，元代滇池流域松华坝工程是仅次于海口河工程滇池地区最重要的水利工程。其效果是在盘龙江上建成"屹乎若屋楼之跨海，灿乎若蜡蛛之截渊"，既有"截渊"之松华坝，又有"屋楼之跨海"的大德桥，"实百代之奇功，一方之伟观也"①，使元代云南行省会城实现"一桥（即大德桥）横贯日之虹，千艘蚁聚于云津，万舶蜂屯于城垠，致陆川之百物，富昆明之众民"②。

由此可见，元代涉及盘龙江的水利工程，最重要的是松华坝的修筑和加固，松华坝由元代第一任行省平章事赛典赤和劝农使张立道首创修筑，故元赵子元撰《赛平章德政碑》赞之曰："夫建省堂、筑驿馆、导水治桥、兴市井，皆候农隙，悦以使民，民忘其劳；凡结怨于己者，公悉以恩待之，忠厚之风，洋洋盈耳，当时号为易治。"③对滇池北岸湖盆地区的农业开发发挥了极其重要的作用，也鼎力维护了中庆城作为云南政治经济文化中心的地位，"赛典赤平章行中书省事，首建孔子庙于中庆城之北，又于官渡买田八双以赡学。方言双者，肆亩也。厥后朝廷名臣出为省宪，知重

---

① （元）孙在亨撰《建大德桥碑记》，载方国瑜主编《云南史料丛刊》第3卷，云南大学出版社，1998，第285页。
② 景泰《云南图经志书》卷一《云南府》，李春龙、刘景毛校注本，云南民族出版社，2002，第6页。
③ （元）赵子元撰《赛平章德政碑》，载方国瑜主编《云南史料丛刊》第3卷，云南大学出版社，1998，第266页。

道崇儒者,增置水陆田至五百九十二双有奇,且以废城官租隶焉"①。随后历任云南行省重要官员都对其十分重视,多次加固修葺,其中非常重要的一次是大德年间进行的松华坝与大德桥同时联动的修筑,使盘龙江水利工程能够持续地发挥功效,所以,松华坝水利工程是元代治理云南历任官员代代相传、不断修建发展的结果,"当时大臣能体承上意,如农亩水利、商贾一通变,凡所以养民者,具有条章"②。

三 灌滇池北岸之良田——金汁河等水利工程

元代滇池流域最重要的两个水利工程:海口河工程为的是降低滇池水位,涸干湖盆平原三角洲土地成为可开垦的农田;松华坝工程为的是拦蓄盘龙江水,解除中庆路城夏秋水患并抬高来水水位,成为可灌溉良田的水源。这一尾一源的水利工程并不能实现真正的农田灌溉,需要修建河渠进行引导,才能实现农田灌溉功能。在元代将唐宋时期已有的金棱河的灌溉功能扩大的金汁河疏挖和扩建就是关键性的灌溉工程。

元至元十三年(1276)赛典赤大兴滇池水利,疏浚螳螂川浅滩,增大了滇池的调洪能力,涸出耕地万余顷;又修建松华坝,控制盘龙江的洪水;同时在盘龙江左岸原金棱河的故道上开挖一干渠,名金汁河,渠南行70余里,尾水亦入滇池,灌溉两岸的农田,修筑闸门,将河水注入其余诸河上,为了有效有序地利用金汁河水灌溉农田,元代还制定了分水放水规则,即"轮叙放水,自上润下,额定为三百六十匹报马,三百六十名报水丁,倘遇崩倒水侵,即时上报上司,齐集乡民,排补修筑不容怠缓"③。金汁河灌区是元明清以来滇池流域最大的灌区,此后明清两代不断修筑扩展,至今所建闸堰和所开河渠,发挥着重要的水利功能。

---

① 中庆路总管支渭兴撰《中庆路增置学田记》,载方国瑜主编《云南史料丛刊》第3卷,云南大学出版社,1998,第270页。
② 云南诸路肃政廉访使王彦撰《中庆路重修泮宫记》,载方国瑜主编《云南史料丛刊》第3卷,云南大学出版社,1998,第269页。
③ 《咸阳忠惠王抚滇功绩叙》,佚名撰,今存昆明顺城街清真寺。

除了金汁河外，元代还开始配套开挖了银汁河和其他灌溉工程。银汁河同金汁河一样，可能在南诏时就开始建设。"又考别本云：金棱俱种迎春柳，黄花入河，如金汁然，故呼为金汁河。银搜俱种素兴，白花入河，如银汁然，故呼为银汁河。……玉案山，俗呼棋盘山，夷名列和蒙山，在城西二十里。三泉者，商山下冷泉，名莲花池，在城北，最近。"① 今银汁河的渠首在黑龙潭，渠尾在马村附近，流经蒜村、上庄、岗头村，入盘龙江，全长11.5公里，可通过流量1立方米每秒。明代陈文的《南坝闸记》中说："今所谓南坝，即紫城银棱河所流也。"在明代以前，银汁河是名副其实的"紫城"银带。② 由于昆明市区的发展、河道的变迁，今天已无从领略古代"紫城银棱"的娇娆风光了。

有关元代滇池流域水利建设的记载非常零散，除了上述主要的水利工程外，史料还反映出滇池环湖地区的其他水利、农业发展和人地关系情况。元代是滇池划时代里程碑变化的时代，以大规模的水利建设开始对滇池水位、水域和湖盆平原地区的农业开发进行人力干预，促使滇池地区的农田开垦和社会经济达到了较高的水平。虽然《元史·张立道传》说由于海口河工程的建设，"得壤地万余顷，皆为良田"，这一具体数据是否准确，方国瑜先生已经提出了异议。从湖泊演变的理论看，三角洲的形成需满足三个基本条件：一是大量的河流冲积物；二是受水盆地水深较浅，便于泥沙沉积；三是没有强大的波浪将河流冲积物带走，而且并非水位下降就可能马上导致湖盆平原的完整形成，并可以立即开垦为农田。③ 理论上讲，元代滇池水位下降3米，有可能在北岸等地形成上万顷土地，但按照20世纪40年代西南联大地理学家对滇池北岸湖盆平原形成的考察和理论推演，北岸地区的湖盆平原至少需要经历"幼年时期"、"少年时期"、"壮年时期"和"暮年时期"才形成今天的景象。④ 由此推测，元代滇池北岸湖盆平原的发展应当处于其"幼年时期"和"少年时期"。滇池北部

---

① （清）倪蜕辑、李埏校点《滇云历年传》卷五，云南大学出版社，1992，第166~167页。
② （明）陈文：《南坝闸记》，天启《滇志》卷一九《艺文志十一》，（明）刘文征撰、古永继校点，云南教育出版社，1991，第634页。
③ 刘灵坪：《16—20世纪滇池流域的乡村聚落与人地关系——以柴河三角洲为例》，《中国历史地理论丛》2012年第1期。
④ 王云亭：《昆明南郊湖滨地理》，《地理学报》，1941。

湖盆成陆有两个原因：一是滇池水位下降，使部分地区露出水面；二是上游河道来水挟带泥沙冲积沉积。当然滇池在元代北部湖盆加速成陆是这两个因素共同作用的。元代的海口河工程使海口河被人工深切，水位下降3米左右，北部曾经被淹没的地方逐渐露出水面，同时元代又是一个湿润多雨的时代，滇池上游盘龙江等入湖河流挟带的泥沙量增加，形成在入湖河道附近的沉积，从而加快了滇池北部湖盆地区的成陆。但是，地理学家已有的研究表明，滇池北部湖盆成陆不是整片形成，而是以滇池水位退缩的海沟形态逐渐淤积而成陆的，也就是说在滇池湖盆成陆的早期形态，滇池水退缩与上游来水分流形成折曲形态的海沟，即"湖滨伸入陆地之狭长水道（Inland bay）遂呼为海沟"[①]。滇池北部湖盆成陆的早期，海沟发育初期，水多陆少，随着入湖河流泥沙沉积，陆地逐渐扩展，海沟水域面积形成折曲长条状的收缩，因此，滇池湖盆成陆时湖水内宿形成的"海沟之形态，极为错综复杂，纵沟之外尚有横沟，沟再分沟，有如珊瑚枝状，分歧不定，长短不一，大者如湾，细者如沟，长则六七公里，短则数十公尺，其主要之共同特色，厥为湖水伸入平地"[②]。元代滇池海沟处于早期发育阶段，海沟与滇池北部湖盆三角洲的形成密切相关，滇池"海沟之演变似与三角洲之进展互为因果，河道之流，伸入湖内，尽泄其所挟之泥沙，泛行堆积，同时更与主河之堆积作用相并进行，经久遂使河身渐渐高起，露为陆地"[③]。滇池北部"三角洲扩充之趋向，例如盘龙江下游，鸟足状三角洲各分流，前端已伸入湖心深处，冲积物出露水面较缓，两侧水浅，冲积物极易出露水面"[④]。地理学家王云亭在抗日战争期间对滇池北部湖滨进行考察认为，昆明主城南部的成陆和海沟的形成有四个阶段，即幼年时期、少年时期、壮年时期和老年时期，他认为今天昆明主城以南地区的海沟已经处于老年时期了，而滇池北部平原开发的最重要时期明清时代的海沟则处于壮年时期。笔者据此认为元代初修海口河工程影响下的滇池北部湖盆地区成陆与海沟形成的早期阶段，即幼年时期和少年时期，滇池海沟"（一）

---

① 陈述彭：《云南螳螂川流域之地文》，《地理学报》第十五卷二、三、四合期，1948。
② 陈述彭：《云南螳螂川流域之地文》，《地理学报》第十五卷二、三、四合期，1948。
③ 王云亭：《昆明南郊湖滨地理》，《地理学报》，1941。
④ 陈述彭：《云南螳螂川流域之地文》，《地理学报》第十五卷二、三、四合期，1948。

幼年时期——即多数河道,顺向伸入湖内,将湖水截然分离,乃形成所谓初期之海沟,其面积广大,沟顶伸至河道分叉之处,愈外愈广与湖水相通,成为狭长之湖湾,至其深度,上段与下段,几无差别,均可通航。(二)少年时期——合理之堆积与河水蒸发作用,时时在促陆地向前伸展,湾水后退,历时久远,将此纵列之海沟因河身某地之加肥而变瘦窄,同时截成无数横列之支沟,惟此状态,可命之为少年时期,少年时期之海沟,深度与湖水相去甚少,亦可行船"[1]。

  元代开始的对滇池水位和水域人力干预形成的北岸湖盆平原,也许处于其"幼年时期""少年时期"阶段,明后期至清代则完成了"壮年时期"和"老年时期"的过程。云南会城(今昆明市主城)南的大片区域还处于滇池水退,海沟逐渐内缩,冲积平原正在快速发育,三角洲的形态还没有形成连片平原的阶段,因而滇池北岸湖盆平原还呈现出一条条水域分割着一块块露出水面的土地,互不相连,云南行省会城中心位于今昆明市近日楼以北,东、西寺塔在其南郊,东、西寺塔以北逐渐形成稳定的陆地,并开垦为农田,东、西寺塔之南的区域还处于"海沟"条状分割逐渐成陆,夏秋之际,还可能被滇池水域所淹没的季节性湖沼状况。因此,可以说元代昆明市的南郊实际还没有成陆,20世纪40年代地理学家王云亭等考察的《昆明南郊湖滨地理》的地理范围,还没有完全形成。这一区域大约是"昆明南郊之滨湖地理,系指盘龙江及其支流所成之三角洲而言。盘龙江为昆明盆地中之主要河流,下游支流分歧,素有'一源十尾'之称,源出东北之山谷尾泻西南之滇池。本区范围即以此流作为最东界限,以篆塘海沟为最西界限,北迄市区南郊之玉带河,南终滇池草海分界之海埂。此间盘龙江所冲积之三角洲,及汇纳诸水之草海,即本文所申述者"[2]。元代历史文献中几乎找不到这一区域任何聚落地名和农耕情况的记载,这是元代滇池农业开发研究值得注意的问题。

---

[1] 王云亭:《昆明南郊湖滨地理》,《地理学报》,1941。
[2] 王云亭:《昆明南郊湖滨地理》,《地理学报》,1941。

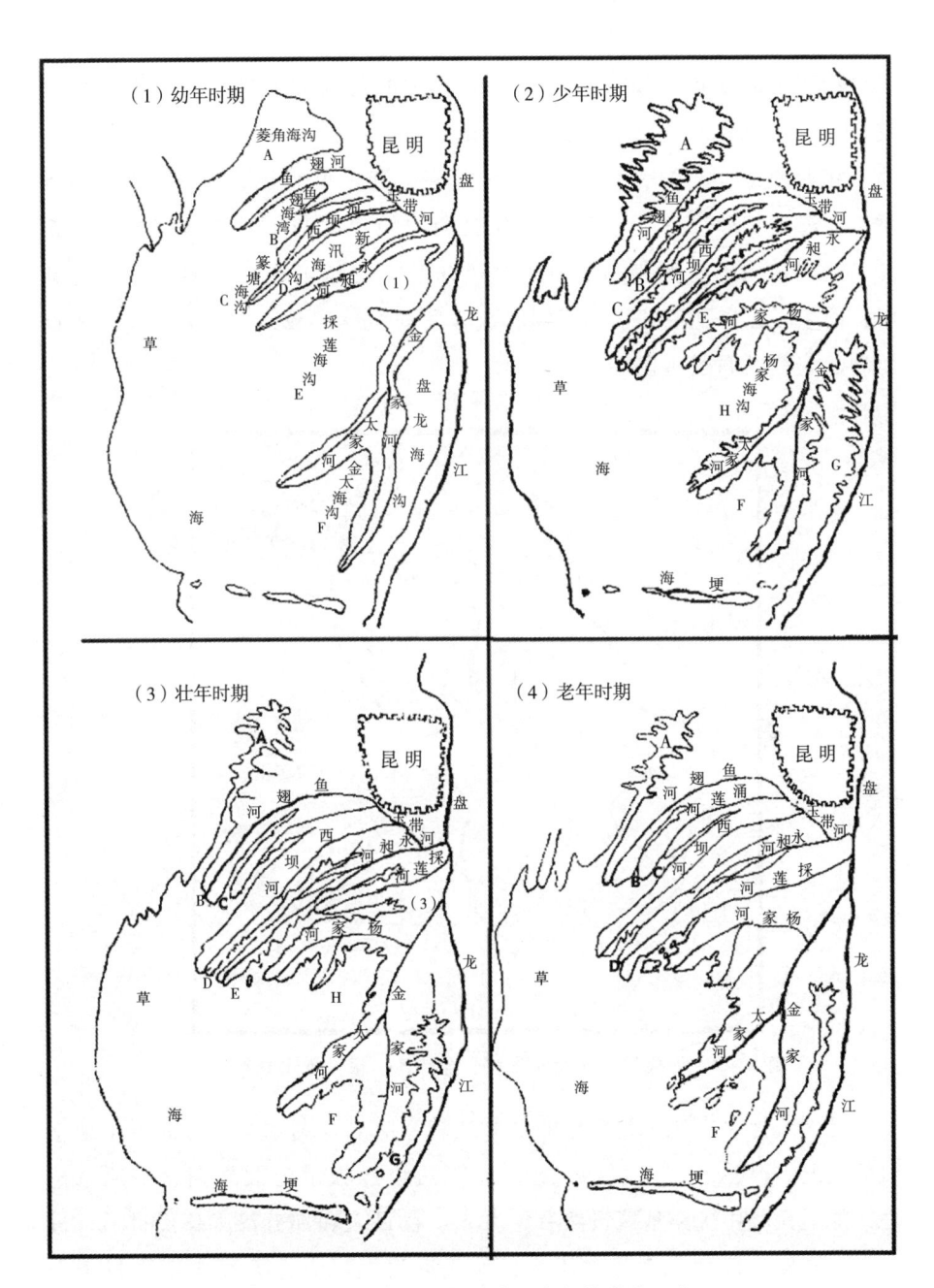

图 6-2 滇池北岸昆明城以南湖盆成陆示意

图片来源：王云亭著《昆明南郊湖滨地理》，《地理学报》，1941。

由此判断元代北部湖盆三角洲尚未完全成陆，处于海沟逐渐收缩的阶段，冲积物的堆积也仅仅沿着较浅的海沟沿边地方扩展，而且十分不稳定，滇池"湖水水位之升降，雨季及洪水期，湖水水位升高。则海沟水面，相形加宽，干季旱年，湖水水位下降，则三角洲分流之自然堤，出露较广，海沟相形没落"①，所以元代昆明主城南部尚不具备稳定的农耕条件。这就是元代滇池北部平原的农业开发主要集中在今昆明主城以北地区，而主城以南地区几乎看不到农业开发的文献记载，却有大量反映水运便利的记载的原因所在。

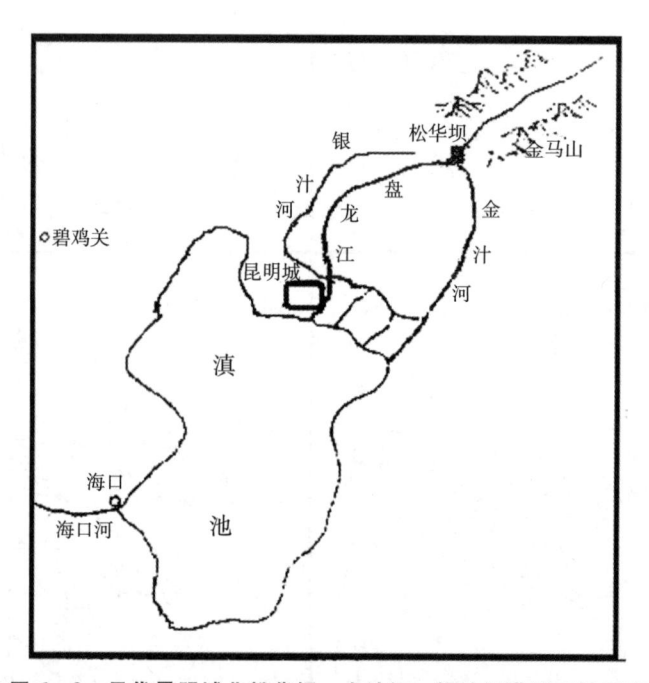

图 6-3 元代昆明城北松华坝、金汁河、银汁河灌溉系统示意

元代滇池北岸还不是完整的平原地貌，应当是湖水与部分涸干土地交织的状况。滇池北岸灌溉的土地，也不可以今天滇池北岸湖盆平原来论之，加上元代中庆路地区虽然有蒙古人、色目人和部分汉人移民进入，进行农业开发，但移民数量并不大，元代滇池地区农业开发也不可过于夸大。笔者认为，根据上述水利建设史料提到的地名看，金汁河灌区仍然以

---

① 陈述彭：《云南螳螂川流域之地文》，《地理学报》第十五卷二、三、四合期，1948。

春登里以北为主，春登里地名今仍，在今昆明市盘龙区东华小区春登里；银汁河灌区提到莲花池，今仍，在五华区莲花池公园；官渡地区从唐宋开始就有记载，说明元代继续得到开发与发展。晋宁州地区是滇池地区农业开发最早的区域，元代发展势头迅猛，"滇池之水，唐、宋以前，不惟沿池数万亩膏腴之壤，尽没于洪波巨浪之中，即城郭人民俱有荡析之患"[①]。还有圆通山、巡津桥等地名，所在地理位置大约在今昆明市主城区金碧路以北，金碧路以南应当开始了湖盆成陆的过程，但尚未得到农业开发，到明清以后，金碧路以南的村落和灌溉河渠才逐渐反映在历史文献中。因此，有理由认为元代滇池开发进入划时代里程碑时期，以人力干预滇池水位和水域为主，呈现出向水争地的农业开发格局。但元代的农业重点开发区在滇池北部大概还在巡津街以北，以南尚未连片开发；东岸的官渡地区和东南的晋宁州保持着农业发展势头。

---

① 《晋宁州志》卷五《水利志》。

第七章

明代滇池控制性水利工程与水环境变化

明代是滇池流域水利建设和农业垦殖加速发展的重要时期，主要表现为云南地方官府对滇池水利建设的重视、引导和支持；滇池北岸湖盆平原农业灌溉体系控制性工程建设基本完成；滇池六河灌溉体系建设全面展开，农田灌溉水平大幅度提升；移民屯田促进滇池流域开发向纵深发展；滇池水环境发生重大变迁。由于明代滇池水利是农业开发和水环境变迁的关键性因素，因此，以水利工程及其灌溉体系的地域特点展开研究。

第一节 明代滇池"海口河"的深挖与疏浚

以人力干预滇池水位、缩小滇池水域面积进行农业开发为特征的元明清时代，滇池最重要的控制性水利工程仍然是出湖口海口河工程的建设。元至元年间张立道进行海口河工程建设，疏浚并下挖海口河石龙坝以上河段3米左右，加大滇池湖水的下泄，从而首次实现了人力对滇池水位和水域的干预，使滇池北部岸线退缩，涸出土地"万余顷"。但是根据三角洲成陆演进和滇池出水河流海口河狭窄的特征，元代海口河工程并非一蹴而就，而且有很大的局限性。第一，元代滇池出湖水利工程海口河下挖3米，未能实现最大化水位下降和北部岸线退缩和大面积成陆，难以满足滇池地区农业开发的需要；第二，滇池北岸逐渐成陆的湖盆平原，仍然时常遭受水患之苦，而且还有大片区域未能完全成陆可进行开发，仍是季节性湖沼区域，尚不具备农业开发条件；第三，元代海口河工程虽然重要，但并非一劳永逸，泥沙冲击和堆积，使滇池出湖水利海口工程时常遭受淤塞壅堵，下泄不畅致使夏秋季节滇池湖岸盆地仍然水患严重。"滇池即昆明池，土人名之为海，海之大，周围三百余里。环海之田，资以灌溉，号为膏腴者，无虑数百万顷。每五六月雨水暴涨，海不能容，所恃以宣泄者唯海口一河，而两岸之山诸箐沙口齐下，冲入海中，填塞壅淤，宣泄不及，则沿海田禾，半遭淹没。"[1]

因此，自洪武十五年（1382）明朝平定云南后，留镇云南的征南右将军沐英就关注滇池水患问题，在沐英主政时期，开始了官府主持的海口河控制性水利工程建设。《明史·沐英传》说沐英主政云南的洪武十五年至洪武二十五年（1382～1392）时，"在滇百务具举，简守令，课农桑，岁较屯田增损以为赏罚，垦田至百万余亩。滇池隘，浚而广之，无复水患"[2]。说明沐英主政云南，大力进行屯田和农业开发，而滇池地区是其重点区域，针对滇池出湖河流海口河的壅隘，首先主持进行了"浚而广之"水利建设，即疏浚深挖和拓宽海口河河道，加大滇池水的下泄量，使滇池湖岸地区减少水患。由于记载语焉不详，难以了解沐英主持海口水利工程的具体情况，但根据沐英主政云南为明朝平定云南之初，百废待举，沐英对海口河的疏浚和拓宽工程也许有局限，可能只是在元代海口河工程基础上的疏浚和拓展。

沐英对滇池出湖水利海口河疏浚的工程建设并没有很好地解决滇池湖岸地区水患问题，洪武至弘治年间，"滇为云南巨浸，每春夏水生弥漫无际，池旁之田岁殍其害"[3]。滇池周边春夏之际湖水"弥漫无际"，导致滇池周边田亩"岁殍其害"，成为滇池地区农业发展的最大阻碍。"滇池，在府治南，一名昆明池，一名滇南泽。周广五百余里，合盘龙江、黄龙溪诸水汇于此。池中产衣钵莲花，盘千叶，蕊分三色，而鱼虾、凫鸟，菱芡、

---

[1] 鄂尔泰：《修浚滇省海口六河疏》，载贺长龄《皇朝经世文编》卷一一八《工政二十四·各省水利五》。
[2] 《明史》卷一二六《沐英传》，中华书局，1974年校点本，第3759页。
[3] （明）周季凤纂修正德《云南志》卷二《云南府》，载方国瑜主编《云南史料丛刊》第6卷，云南大学出版社，2000，第125页。

孤蒲之利为西南之最。"①而"云南城，洪武十五年筑，周回一里三百二十四步，凡六门：东曰咸和，东北曰水清，南曰崇正，西曰广威，西南曰洪润，北曰保顺"②。从云南会城（今昆明市主城区）修建的各门名称看，六门中，两门名称与滇池水环境关系密切，明代洪武十五年（1382）修筑昆明城，其东北门名"水清"，说明有清水流淌穿城而入，应当是当时昆明城东北南流并且成为昆明护城河的盘龙江；西南门名曰"洪润"，因当时滇池水域广大，几乎达到昆明西南门附近（今昆明市小西门一带），出了西南门，就是滇池，滇池巨浸，直抵昆明西南城门，故称"洪润"；明代昆明作为云南会城，是云南军政中心，为保全省会稳定平安、扬威蛮夷之区，云南官府在牢固地确立为云南政治、经济、文化中心的地位的同时，进行水利建设，其城门的设置和命名还有"引清水灌良田，阻遏洪水润会城"之意。

弘治年间（1488~1505），云南社会经济趋于稳定，卫所屯田大规模展开，云南省会城昆明在滇池之北部湖盆平原，滇池对其社会经济和生产发挥了重要作用。明代昆明城区除汇集了云南行政、军事和司法最高机构：云南布政使司、云南都指挥使司、云南按察司外，还是云南驻军最集中的地区，昆明城内分布着云南左卫、中卫、右卫、前卫、后卫和广南卫六个卫指挥机构，六卫官军及其家小不啻十余万人驻扎或环城进行军屯，使滇池地区成为明代云南最大的屯田区，而且六卫数万屯田官军不仅分布于滇池流域的云南府，而且相邻的澄江府屯田，农田水利成为推进屯田和巩固云南政治经济稳定的先决条件。于是"弘治十四年，巡抚右副都御史应大猷、金谋协、镇守太监刘泉、总兵官黔国公沐崑令军民夫卒数万，浚其泄处，遇石则焚而凿之，于是池水顿落数丈，得池旁腴田数千顷，夷汉利之，众谓是役功倍于金汁河"③。根据正德《云南志》的记载，弘治十四年（1501）仍然进行的是滇池控制性水利——海口河工程，目的是"浚其

---

① （明）周季凤纂修正德《云南志》卷二《云南府》，载方国瑜主编《云南史料丛刊》第6卷，云南大学出版社，2000，第125页。
② （明）周季凤纂修正德《云南志》卷一《云南等除承宣布政使司》，载方国瑜主编《云南史料丛刊》第6卷，云南大学出版社，2000，第108页。
③ （明）周季凤纂修正德《云南志》卷二《云南府》，载方国瑜主编《云南史料丛刊》第6卷，云南大学出版社，2000，第125页。

第七章　明代滇池控制性水利工程与水环境变化 • 139

泄处"。此次工程由当时云南最高军政长官巡抚右副都御史应大猷、金谋协、镇守太监刘泉、总兵官黔国公沐崑共同调集"军民夫卒数万",动用的是当时镇戍屯田的云南各卫所"军",滇池地区民众"民"和当地少数民族的兵卒民夫数万人,所以是明代中期滇池流域最重大的控制性水利工程。弘治年间的海口河工程是在元代的基础上进行的,而具体主持该工程的是云南巡抚陈金,由此可见这是云南最高军政统治集团高度重视共同主持的重大工程。

弘治年间的海口控制性水利工程的具体情况,据杨慎《海口修浚碑》》记载:"昆明池近在云南治城之外,环而列城者,州以安宁、昆阳、晋宁,县以昆明、呈贡、归化,皆边昆池。土人亦称曰'海',在昆阳地名曰海口,实此池之咽隘,盈涸因之,水旱系焉。滨海泽田,或遇浑涝之岁,浮圳没呐,袖萦澹淡,徒钦礚鹬。弘治中,巡抚都御史应城陈公金始为开浚之役,有记勒之碑。"[①] 工程重要,当时曾专门勒碑记事,即陈金撰《修海口河碑记》详载其事,全文如下:

　　滇池在云南会城之南,周回三百余里,诸山之水皆归之焉。自南六而西折,历安宁、富民入金沙江,滨池之田,无虑数百万顷,皆膏腴沃壤,亩入可六七石;顾下流地势颇高,加以两山沙石雨水冲入,众流之会日溢焉。故池水泛滥弥漫,而膏腴沃壤,浸没十之八九,民甚苦之。弘治庚申(十三年)水患滋甚。辛酉(十四年)夏,伐木于山,采竹于林,取海藓于水,成铁具于冶,攻器物于肆,俱命官董之。起六卫军余,安宁、晋宁、昆阳三州,昆明、呈贡、归化、易门四县,民夫二万有奇,各委官分领。壬戌(十五年)正月,筑坝障水,自坝而下至清鱼滩凡若干里,以卫、州、县官夫,董地分工,照界疏浚,以一丈五尺为则。清鱼滩至石梁河皆横石,各新开一渠,广三尺许,凡拦水乱石阻塞河流者悉平治而尽去之。又于河之南岸环筑旱坝十五座。军民夫匠各给以粮,粮皆取诸屯仓,三月十有六日,工匠告完。且军民布种者,急于得水,障水之坝拆焉,水得就下,起声如

[①] (明)杨慎:《海口修浚碑》,(明)刘文征撰、古永继校点天启《滇志》卷二四《艺文志十一》,云南教育出版社,1991,第822页。

雷，不数月滇池之水十已去其六七，不复泛滥弥漫矣。土地尽出，而所谓膏腴沃壤者，不复昔之浸没矣。查勘退出田地约百万有奇，将有主而入赋者给之，主与赋俱无者查给附近军民，有主而赋无者验数升科焉。①

综合正德《云南志》和陈金《修海口河碑记》，滇池虽然在元代进行了海口河工程，水位下降，但是明代弘治以前，滇池"滨池之田，无虑数百万顷，皆膏腴沃壤，亩入可六七石"，皆由于海口河工程因年久失修，效益下降，"加以两山沙石雨水冲入，众流之会日溢焉"，滇池"水泛滥弥漫，而膏腴沃壤，浸没十之八九，民甚苦之"，曾经开辟的膏腴田地，大都尽受滇池水患而荒废。特别是弘治十三年（1500）滇池水患尤甚。弘治十四年（1501）在云南巡抚陈金主持下，开始对海口河进行新一轮大规模水利工程，明代弘治年间的海口河工程巨大，其特点：第一，就地取材，官府组织，动员滇池周边六卫三州四县军民参与工程。弘治十四年即开始工程准备，就地"伐木于山，采竹于林，取海藻于水，成铁具于冶，攻器物于肆，俱命官董之"。在充分准备条件下，弘治十五年（1502）正月正式动工。第二，官府主持和进行充分的组织，几乎调动了滇池周边六卫、三州、四县范围的军民投工投劳。"起六卫军余，安宁、晋宁、昆阳三州，昆明、呈贡、归化、易门四县，民夫二万有奇，各委官分领"，采取"分段包干，照界疏挖"的办法进行官府组织调动，在全面规划的前提下进行施工。明代弘治十五年海口河工程由三部分组成。

第一部分，是针对滇池出湖口至石龙坝段河道长期淤积而进行的疏浚和下挖河床工程。自元代赛典赤进行海口河工程后，常年泥沙淤积，特别是"石龙阻流而成觖，黄泥填淤而象鞭，海田无秋"②，严重阻碍了农业生产，危及沿湖地区人民生活，加之明代大规模移民，滇池流域人口极大增加，需要开发耕地进行农业生产。所以弘治十五年的海口河工程，并非仅

---

① 陈金撰《修海口河碑记》，载方国瑜主编《云南史料丛刊》第7卷，云南大学出版社，2001，第259页。
② （明）刘文征撰、古永继校点天启《滇志》卷二四《艺文志·海口修浚碑》，云南教育出版社，1991，第822页。

满足于恢复赛典赤海口河的泄水功能,除了"照界疏浚"[1]长期积累的泥沙外,特别制定了对原主河道河床"以一丈五尺为则"[2]的下挖主河道河床的工程原则,也就是说在元代河床基础上再下挖约3米河床,使滇池水位比元代水位能够更多地降低。为顺利进行河道疏浚和下挖3米工程,采取先筑坝拦水,再下挖疏浚的做法。弘治年间海口河工程对原主河道的下挖和疏浚,被称为"治大河",工程范围为"乃治大河,斫石龙湍"[3]。明弘治年间对海口河再下挖3米河床的工程使滇池出湖河道较之元代河道的河床又降低了2~3米,加大了滇池的泄水能力,缩小了滇池水域面积,使大片湖盆逐渐成陆,成为可供开垦的土地。

第二部分,为增加滇池的泄水能力,新开凿了一条出湖水道——"子河",海口河子河工程是配合主河道河床下挖工程而进行的,即"创醅子河。南曰平定铺,至于白沙河,又至于白塔村,又至于锅摆,又至于新村,再至于大河南堤之新村,再至于北岸之沙锅村,各以石缀川,廉而濂阔,其中为泄水之坝柯九座,坝各存水窗,俾碛砾漂沙不冲塞焉"[4]。由此可见,海口河子河工程是新开一条能够冲刷泥沙,减少出湖河道淤积的工程,主要针对"清鱼滩至石梁河"一段河道进行,采取避开"横石"而新开凿子河的方法,"清鱼滩至石梁河皆横石,各新开一渠,广三尺许"[5],清除乱石,修筑闸壩,并在坝上留有"水窗",可以调节水量,冲刷泥沙,"俾碛砾漂沙不冲塞焉"[6],使"拦水乱石阻塞河流者悉平治而尽去之"[7]。

---

[1] 陈金撰《修海口河碑记》,载方国瑜主编《云南史料丛刊》第7卷,云南大学出版社,2001,第259页。
[2] 陈金撰《修海口河碑记》,载方国瑜主编《云南史料丛刊》第7卷,云南大学出版社,2001,第259页。
[3] (明)刘文征撰、古永继校点天启《滇志》卷二四《艺文志·海口修浚碑》,云南教育出版社,1991,第823页。
[4] (明)刘文征撰、古永继校点天启《滇志》卷二四《艺文志·海口修浚碑》,云南教育出版社,1991,第823页。
[5] 陈金撰《修海口河碑记》,载方国瑜主编《云南史料丛刊》第7卷,云南大学出版社,2001,第259页。
[6] (明)刘文征撰、古永继校点天启《滇志》卷二四《艺文志·海口修浚碑》,云南教育出版社,1991年,第823页。
[7] 陈金撰《修海口河碑记》,载方国瑜主编《云南史料丛刊》第7卷,云南大学出版社,2001,第259页。

开挖子河是明代海口河工程的创造，元代没有进行此项工作，子河修建后，起到"疏厥淤沙"的重要作用，可保证滇池出之水"还其故迹"①，即在海口河出湖主河道中顺畅下泄，减少主河道的淤积，因此创修"子河"与下挖海口河主河道河床3米两项工程相辅相成，主河道担负主要的泄水任务，降低滇池水位；子河在辅助主河道泄水的同时，通过可调节的"泄水之坝枔九座，坝各存水窨"，实现冲刷泥沙的功能，保证滇池泄水畅通。

第三部分工程是在滇池南部地势较高的地区修筑"旱坝"，这类"旱坝"分布"始汉厂以迨石龙坝，以丈算者三千二百有余，落成以三月已卯。大坝矾焉放流，下安宁、富民，而滨海环滇者，泽口出，海心凸矣。风回涟漪，并灵河九里之润"②，以便在雨季汛期拦蓄洪水，冬春旱季则可作为晚秋作物的灌溉用水，避免了滇池水位下降导致部分农田无法灌溉的问题，同时极大地改善了滇池南部地区抗洪和灌溉条件。

整个工程于弘治十五年（1502）正月动工，三月完工，历时3个月。工程完成后，拆毁拦水障坝，滇池湖水迅猛下泄，"障水之坝拆焉，水得就下，起声如雷，不数月滇池之水十已去其六七，不复泛滥弥漫矣。土地尽出，而所谓膏腴沃壤者，不复昔之浸没矣"，才使得膏腴万顷田地真正除去水患，成为明代滇池农业开发的关键条件，最终"查勘退出田地约百万有奇"③。明代弘治海口河控制性工程起决定作用的是下挖海口河3米，这是在元代海口河工程的基础上继续下挖3米，促成滇池水位的又一次显著下降，"于是池水顿落数丈，得池旁腴田数千顷，夷汉利之，众谓是役功倍于金汁河"④，由此拟测，滇池常年水位在元代基础上降为1888米，水域面积缩小为350平方公里。由于中段新辟两条河道，海口河中的两个

---

① （明）刘文征撰、古永继校点天启《滇志》卷二四《艺文志·海口修浚碑》，云南教育出版社，1991，第823页。
② （明）刘文征撰、古永继校点天启《滇志》卷二四《艺文志·海口修浚碑》，云南教育出版社，1991，第823页。
③ 均见陈金撰《修海口河碑记》，载方国瑜主编《云南史料丛刊》第7卷，云南大学出版社，2001，第259页。
④ （明）周季凤纂修正德《云南志》卷二《云南府》，载方国瑜主编《云南史料丛刊》第6卷，云南大学出版社，2000，第125页。

石滩浮出水面，陈金便沿石滩两侧开挖了宽 1 米的水渠，将出水口一分为三。这两个石滩，当时叫牛舌洲和龙王庙洲，清代统称为牛舌滩，即现在的大中滩和小中滩，其灌溉功效也与元代的金汁河灌溉水利功能媲美。弘治工程艰巨，若遇顽石阻碍，不得不采取"遇石则焚而凿之"①的方法，这是云南历史文献中所载水利工程首次采用火烧破石的方法，更重要的是对滇池控制性海口工程建立起"一年小修，三年大修"的维修制度，保证其长期成效。故"明弘治时，巡抚陈金开渠浚沙，筑坝凿石，民困以苏，自此遂有岁修大修之例"②。

由此可见，明代弘治海口河控制性工程是一项规划较为科学的综合性工程，具有加大滇池泄水能力、降低水位、扩大沿湖可耕地面积、冲刷泥沙、拦蓄洪水、改善沿湖地区，特别是滇池南部西南部晋宁州、安宁州的农业灌溉条件等多重功能，较之元代单一加大泄水的功能更为全面，形成惠及整个滇池流域的最重要的关键控制性水利工程。是乃"嗣是，则岁之小修看免，匪惟滨海得佃其田，仂其力，环海卫所州县，若云南六卫屯戍之籍以及安宁、易门两守御所，若安宁、晋宁、嵩明、新兴之五州，若昆明、归化、呈贡、易门、罗次、禄丰、三泊、宜良之八县，皆凯有息肩之庆矣"③。这是明代滇池最重要的控制性水利建设，同时建立起小修大修制度，虽然保证了水利效能的发挥，但是海口河泥沙壅堵的情况依然存在，其后明代大约过几十年又得进行一次大的疏浚工程。"正德间，都御史安福王公懋中、副使昆山史公良继之，始扣子河"④，此后，嘉靖二十八年（1549）和万历三年（1575）又进行过大修，分别对流入海口河的子河及石滩两侧的河道进行了疏挖，基本形成了一河三流的川字格局，从而使洪水期间的泄洪功能大大增强。

---

① （明）周季凤纂修正德《云南志》卷二《云南府》，载方国瑜主编《云南史料丛刊》第 6 卷，云南大学出版社，2000，第 125 页。
② 鄂尔泰：《修浚滇省海口六河疏》，载贺长龄《皇朝经世文编》卷一一八《工政二十四·各省水利五》。
③ （明）刘文征撰、古永继校点天启《滇志》卷二四《艺文志·海口修浚碑》，云南教育出版社，1991，第 822 页。
④ （明）杨慎：《海口修浚碑》，载（明）刘文征撰、古永继校点天启《滇志》卷二四《艺文志十一》，云南教育出版社，1991，第 822~823 页。

对于明代历次滇池控制性工程海口河水利工程的建设和功效情况，方良曙《重修海口记》，还有云南巡抚顾应祥《祭海口龙王祠文》和云南巡抚顾应祥嘱杨慎撰书《海口修浚碑记》等碑文，翔实地记叙了滇池源流、滨湖州县和海口形势等。明末杨慎《海口修浚碑》：

> 弘治中，巡抚都御史应城陈公金始为开浚之役，有记勒之碑。嗣是遂一兴役，谓之小修。正德间，都御史安福王公懋中、副使昆山史公良继之，始扣子河。乃嘉靖戊申至庚戌，大雨浃旬，水大至，盘盖激而成窟，硝汭溙而为阜，则石龙阻流而成鲠，黄泥填而淤而象鞭。海田无秋矣。泽畊及滇之仕宦归田者相率陈于两台。于是，巡抚都御史吴兴顾公应祥、巡按御史莆田林公应箕、总戎都督古壤沐公朝弼集议于藩臬诸司，而右布政使南昌刘公政使南昌刘公伯跃总辨护其事，刘公与参政南充谯公孟龙、泰和胡公尧时、参议晋江王公时俭、按察副使乌程涨公永明、常乐林公恕、佥事泽州孟公军、内江刘公望之、都指挥佥事重庆耿君鑫、成都陈君繁，躬往阅视。维时南至届节，东作未起，乃檄命云南府同知孙衣核给饩饷，通判胡篙、桂士元、安宁提举姚文、昆阳州同知詹法共治之，其分役诸末员，照磨、典史、驿丞、河泊、巡检、千百户而下凡二十人有差，经始于己酉十有一月望后三日癸未，是时来庀役者仅七千而余，二十五日庚寅栽肇工子河，至十有二月庚戌，口子河成，其齰水大坝工繁未整，乃先筑少坝于子河故堤。二十四日己未，为土人星回节，少坝成，乃暂休百工。越今岁庚戌十月乙亥，而庀役丁夫至者满一万五千，分委诸末职，授锸赋梩，偕手就作，乃治大河，斫石龙潭，创鲡子河，南曰平定铺，至于白沙河，又至于白塔村，又至于锅摆，又至于新村，再至于北岸之沙锅村，各役石缑川，廉而濂良，其为泄水之坝柽九座，坝各存水窗，俾碙砾漂沙不冲塞焉。①

综合上述记载，明代滇池水利工程最重要的依然是海口河工程，最重

---

① （明）杨慎：《海口修浚碑》，载（明）刘文征撰、古永继校点天启《滇志》卷二四《艺文志十一》，云南教育出版社，1991，第822~823页。

第七章 明代滇池控制性水利工程与水环境变化

要的海口河大修工程大约有四次。

（1）洪武十五年至洪武二十五年（1382～1392）由沐英主持，对海口河进行了"浚而广之"① 工程，疏浚了元代中后期长期荒废下海口河淤塞的泥沙，使海口河基本恢复了赛典赤主持下海口河工程的功能，满足了明初的农业发展。

（2）明弘治十五年（1502）海口河关键性工程，除了疏浚海口至青鱼滩 20 里河道内的乱石滩和淤塞，又在滇池南岸修筑"旱坝 15 座，形成拦蓄洪水的功能。最重要的是对海口河"照界疏浚，以一丈五尺为则"② 下挖，使整个海口河在元代赛典赤下挖 3 米的基础上，再下挖 1.5 丈，即下挖 3 米，"于是池水顿落数丈，得池旁腴田数千顷，夷汉利之，众谓是役功倍于金汁河"③，滇池常年水位在元代基础上降为 1888 米，水域面积缩小为 350 平方公里，极大地扩大了滇池流域的可耕地面积。工程完工后，极大地降低和控制滇池水位，使周围农田得以免遭水患之苦，所以明代弘治年间的海口河工程是一项重大的滇池控制性水利工程，其效能惠及整个滇池流域。

（3）明嘉靖二十八年（1549），再次挖海口河子河，疏浚黄泥滩。

（4）明万历元年至万历三年（1573～1575）疏浚海口河的豹子山河道。

除了上述重要工程外，明代形成了三年一大修、一年一小修的海口河维护规则，解决了元代那种仅重视一次性兴修、疏于常年维护的弊端，极大地提高了海口河工程的效能，实现了海口河的安流和比较充分的泄水功能，正如顾应祥《祭海口龙王祠文》所言："金曰旧典，匪浚弗克。谋及人民，谋及夷僰。各献其能，限以丈尺，万夫荷锸，诸司效职。疏厥淤沙，还其故迹，复开子河，以防冲突。自冬徂春，厥工始毕，游波滔滔，原田渐出。是皆神相，匪我人力，日吉辰良，洁此丰特，敬报于神，神其来格，尚祈默

---

① 《明史》卷一二六《沐英传》，中华书局，1974 年校点本，第 3759 页。
② 陈金撰《修海口河碑记》，载方国瑜主编《云南史料丛刊》第 7 卷，云南大学出版社，2001，第 259 页。
③ （明）周季凤纂修正德《云南志》卷二《云南府》，载方国瑜主编《云南史料丛刊》第 6 卷，云南大学出版社，2000，第 125 页。

佑，永保无极。"① 徐霞客《滇游日记》说海口龙王"庙中碑颇多，皆成（化）、弘（治）以后，抚、按相度水利，开浚海口免于泛滥，以成濒海诸良田者，故巡方者以此为首务也。（崇祯十一年十月二十五日）"②，说明明朝统治云南279年间，大量汉族军、民、商及流徙的人口进入滇池地区，不仅改变了滇池地区的民族结构，而且由于人口增多，进入滇池地区的军事移民与当地民众一起，对海口河进行了较为彻底的疏浚深挖，使得明初因海口河淤积而淹没的曾经在元代露出水面的大片土地基本得到开垦种植，可谓明代中叶海口河工程"厥工始毕，游波滔滔，原田渐出"③。对海口河的泄洪，提出了更高的要求，几乎每隔四五十年就要大修海口河一次。明代曾数次大规模地整治海口河，奠定和完善了滇池海口控制性工程的基础。

第二节　盘龙江分水河渠控制性工程——"南坝闸"

今盘龙江，发源于今嵩明县内的梁王山北麓葛勒山的喳啦箐，上段称牧羊河，其源头海拔2600米；另一支源流邵甸河（又称冷水河），发源于龙马箐，邵甸河流经白邑坝子，在今昆明市盘龙区小河乡的岔河嘴处与牧羊河汇流而始称盘龙江。盘龙江先东流穿蟠龙桥、三家村至松华坝水库。从松华坝水库南流经上坝、中坝、雨树村、落索坡、浪口、北仓、霖雨桥、金刀营、张家营等村进入今昆明市区，明清时期盘龙江流经昆明城东部，作为昆明城的东护城河流经螺狮湾村、南坝、陈家营、张家庙、严家村、梁家村、金家村至洪家村流入滇池。从其主源到滇池全长95.3公里，径流面积903平方公里。元代兴修松华坝后，盘龙江的水功能可划分为昆明主城以北和主城以南两段，各自的功能不同。在昆明主城以北地区，盘龙江一方面承担昆明主城生活用水的输送作用和金汁河、银汁河灌溉尾水

---

① 顾应祥：《祭海口龙王祠文》，载（明）刘文征撰、古永继校点天启《滇志》卷25《艺文志十一》，云南教育出版社，1991，第859页。
② 朱惠荣：《徐霞客游记校注》，云南人民出版社，1985，第823页。
③ （明）刘文征撰、古永继校点天启《滇志》卷二四《艺文志·海口修浚碑》，云南教育出版社，1991，第822页。

第七章　明代滇池控制性水利工程与水环境变化 • 147

的吸纳功能，特别是在雨季，盘龙江就是滇池北部地区最重要的泄洪河道。而在昆明主城东南的南坝闸修建后，盘龙江的南段形成"一河十尾"的滇池北部平原昆明主城南部农田的灌溉体系。

　　滇池流域最重要的入湖河流盘龙江上有两个最重要的控制性水利工程。一是元代修筑的松华坝，实现了盘龙江上游拦水和抬高水位的功能，由此，在盘龙江松华坝以南形成分水灌溉河渠体系。二是明代南坝闸的修筑，南坝闸是滇池北岸湖盆平原昆明城南元明海口工程降低滇池水位约6米情况下，新的逐渐涸干土地的农田开发，在盘龙江下游，即明清云南府城南门外（今昆明近日公园）以南广大区域农田开发和盘龙江下游"一河十尾"灌溉体系形成的控制性水利工程。这两项工程的共同作用，使滇池北岸地区形成了独特的河渠灌溉体系。河渠是滇池流域对一些水系的独特的称谓，这类水系实质为人工灌溉主干渠，由于这类主干渠开挖较为深广和较长，以前在云南山区居住的人很少见到宽广河流，遂将此类灌溉主干渠称为河渠。盘龙江松华坝控制性工程建成后，从元代至清代的发展，形成"此坝建自元时，咸阳王赛典赤于凤岭、莲峰二山箐口，水出川原之间，建松华坝，以时启闭。自松华坝，由莲峰山麓会城东门南坝一带，至雄川阁，共计七十里许，由罗公闸入昆海。又自松华坝莲峰山麓凿开一河，名金汁河，此盘龙江之分支也。其盘龙江自松华坝流三十里许，至分水岭分为二支：一支向南流里许，又分一支，名采莲河，向西流入草海，又流里许"[①]。金汁河就是元代以来滇池流域最典型的河渠，实现了滇池北岸湖盆平原上游从松华坝到云南府城南门（今昆明近日公园）以北区域的灌溉。

　　盘龙江上游地区，在20世纪40年代的调查中，"盘龙江是昆明最大的自然河流，上游合九十九泉为一。沿途又受纳溪水及支流。若遇雨季水量就要大涨，所以盘龙江水量不定，常有水灾。盘龙江流经昆明盆地中央，地势最低。毫无灌溉可言。每当雨季每每泛滥成灾，不过通常只泛滥到沿岸数公尺至数十公尺的地方。所以沿岸许多田地常在割麦之后，任其荒闲。因为即令夏种，也是不能收成的。但是有些地方如霖雨大桥至浪口村一带河旁，农人们不忍听它荒废，毫无收获，都种上些茨菇之类的东西，即令泛滥也没有

---

　　① （清）黄士杰：《昆明六河图说·盘龙江图说》，台北成文出版社有限公司，1974年影印本。

关系，实际上沿河一带经过泛滥之后，冬季麦类的收成常常较快且好"①，所以，盘龙江上游的灌溉功能是靠松华坝分水金汁河和银汁河来实现的。在元朝滇池松华坝和金汁河、银汁河水利工程完成后，盘龙江流域形成了金汁河承担昆明城北、城东盘龙江以东田亩的灌溉；银汁河承担昆明城北蛇山以东与盘龙江以西田亩灌溉；盘龙江主要承担泄洪和水路航运功能。

  盘龙江下游，昆明城南门以下，在元代文献更多地论述着盘龙江与滇池的水运功能，如王异撰《滇池赋》说："千艘蚁聚于云津，万舶蜂屯于城根，致川陆之百物，富昆明之众民。"② 在盘龙江上元代以来就有著名的云津桥，又称大德桥，是盘龙江与滇池航运在元明时期最重要的码头所在地和盘龙江上著名桥梁。"云津桥，在（昆明）城东二里，当通衢，所跨者即盘龙江之水……旧名大德"③，该桥位置约在今得胜桥，亦名云津桥，出元明昆明城南门约一里。元代孙大亨撰《大德桥碑记》说："去城之东百举武，有江横绝曰盘龙"，由此可知，元代和明代初期，盘龙江下游最重要的是能够与滇池水域连通的航运功能，沿盘龙江往南穿行入滇池，利用滇池可至周边各州县，昆明城的粮食柴樵，很多是从云南著名的农业产区新兴州（今玉溪市）经晋宁州，通过滇池连接盘龙江下游航运至云津桥一带，常年航运可达，供应昆明城的。元代昆明城东垣，沿盘龙江至今巡津街以下，即今云津街在盘龙江东岸，为大码头，繁盛之区，"云津夜市"为昆明八景之一。元时以云津为码头，在附近今犹有鱼课司地名，在此码头收鱼课。

  元至元年间的海口河工程下挖河道3米，明弘治十四年再次大规模整治和疏挖海口河工程，"挖低河床一丈五尺为准"，也是3米左右，使滇池常年水位在元代基础上降到1888米，虽然不可能准确地降低滇池水位6米，但滇池水位的下降是非常明显的，促进滇池北部湖盆平原迅速涸干扩大，"于是池水顿落数丈，得池旁腴田数千顷，夷汉利之，众谓是役功倍

---

① 冯绳武：《滇池西北岸水道考》，《地学集刊》，1943。
② 景泰《云南图经志书》卷一《云南府》，李春龙、刘景毛校注本，云南民族出版社，2002，第6页。
③ 景泰《云南图经志书》卷一《云南府》，李春龙、刘景毛校注本，云南民族出版社，2002，第35页。

于金汁河"①，说明滇池北部湖盆平原加速形成，大面积土地露出滇池，使明代云南府城（昆明城）南门外呈现出"平原中部，河渠错综，复有多数沼泽，星罗其间"②景象。而且南部地区"海沟"现象逐渐萎缩，平陆之地不断扩大，昆明南门外，"本区海沟特多，其数殆与入湖河道相匹。所谓海沟，即湖水之泄入内地者是也。当地土著，呼为'海沟'"，"盘龙江源流既远，流域亦广，支流甚多，流量自丰，对于含沙量之供给亦富，而其下游又分出上述数条河道，将其携带物质，尽量转送草海之内。致使各河之尾，遂成行堆积。然因其与本流之距离及开引角度之不同，因使各子河之流量及含沙量亦异，是以各河之堆积速率亦自然不等，由是三角洲之发展，无形受有限制，如其支流与支流间，皆不能尽量堆积，则草海之水，即不能尽被排去，而仍停滞其间，通于草海，更因各河皆束以堤坝，流水不得外溢以行侧积，于是海沟遂得生长与存在"。③海沟间的土地具备了农业开发的条件，但滇池流域的降水特别，仍需引水灌溉才能使农业稳定发展，因此，明代中期以后，滇池北岸湖盆平原的开发重点逐渐转移到昆明城南门外的广大新成陆、海沟与平陆交错的昆明南郊湖滨地带。

为开发昆明南郊湖滨地带，利用盘龙江来水进行灌溉，借助自然形成的昆明南郊湖滨"海沟"，开挖拓展为灌溉河渠，是明代中后期和清代滇池流域水利和农业开发最重要的区域。盘龙江下游南端最重要的控制性水利工程——南坝闸便是在明代滇池这样的水环境变化条件下和昆明城南门外湖滨土地具备农业开发的条件下进行建设的。

南坝闸工程是明代官修编年史《明实录》唯一记载的滇池流域水利工程，足以说明其在明代滇池地区水利建设和农业开发中的作用，《明英宗睿皇帝实录》卷235景泰四年十一月癸亥记载：

> 云南总兵官都督同知沐璘奏："云南城东有水南流，其源发自邵甸会九十九泉为一，至松花坝又分为二，一绕金马山麓，流入滇池；

---

① （明）周季凤纂修正德《云南志》卷二《云南府》，载方国瑜主编《云南史料丛刊》第6卷，云南大学出版社，2000，第125页。
② 冯绳武：《滇池西北岸水道考》，《地学集刊》，1943。
③ 王云亭：《昆明南郊湖滨地理》，《地理学报》，1941。

一从瓦窑村流至云泽桥，亦入滇池。其间军民田亩不下数十万，旧于水之下流筑堤堰蓄水以灌田，但夏秋霖潦泛涨，则壅滞不得疏泄，臣欲起近水得利之家出工料造石闸，以时启闭。"从之。

这也是唯一被《明史·河渠志》记载的滇池水利，《明史》卷八八《河渠志六》说："云南总兵官沐璘言：'城东有水南流，源发邵甸，会九十九泉为一，抵松花坝分为二支：一绕金马山麓，入滇池。一从黑窑村流至云泽桥，亦入滇池。旧于下流筑堰，溉军民田数十万顷，霖潦无所泄。请令受利之家，自造石闸，启闭以时。'报可。"① 充分表明南坝闸工程为明代云南滇池地区最重要的控制性水利工程。这一工程虽然记载为景泰四年十一月癸亥，由明朝云南最高军事长官总兵官沐璘向朝廷奏请且得到朝廷准允后进行建设，而且起点很高，以造石闸，随时启闭，灌溉下游数十万亩农田为目的。但实际上早在元代和明初，官府和民众曾多次筑土堰，正德《云南志》说："南坝闸，距郡城五里许，前代之为坝为堰，不过为苟且疏略之计，每岁夏秋之间，潦水暴至，则泳望淹没，亢阳不雨，则遍野焦枯，民尝苦之。太傅黔国公赠定远王沐晟与弟左都督赠定边伯沐昂，尝于永乐、宣德中谋造石闸，以蓄泄其水，而为经久之利。皆值边境多事，未就。景泰癸酉，都督同知沐璘谋于参赞军务右佥都御史郑颙，会众议请允，乃甃石为闸，设以守者因水之盈缩，而时其启闭，民甚便之。"② 由此可见，虽然明朝正式修筑南坝闸在景泰四年，但永乐、宣德期间曾经屡屡动议或在规模修筑，直到景泰年间随着明代滇池水环境的变化，盘龙江下游地区大面积涸干成陆，修筑更为坚固的石闸分水和调节水利，势在必行。盖工程的具体情况，为陈文《南坝闸记》翔实记载：

云南，古滇国，其城濒于滇池。乘高而望之，则商山在北，左金马，右碧鸡，支垅蜿蜒，环抱数百里；其间远村近落，良畴沃壤，弥望无极，惟窊其南而池浸焉。

南坝，池之上流，距城五里许，其源出东北之屈偿、昧样、邵甸诸

---

① 《明史》卷八八《河渠志六》，中华书局，1974年校点本，第2157~2158页。
② （明）周季凤纂修正德《云南志》卷二《云南府》，载方国瑜主编《云南史料丛刊》第6卷，云南大学出版社，2000，第125页。

第七章　明代滇池控制性水利工程与水环境变化 • 151

山，凡九十九泉，或溃而流，或潴而储，或激而波，或浍注而溪焉，或山夹而涧焉，攸焉汨焉，会于盘龙江。至松华坝，则岐为二河，一由金马之麓过春登里，一由商山之麓过云津桥，皆趋于滇池。蒙段氏时，过春登者堤上多种黄花，名绕道金棱河；过云津者堤上多种白花，名萦城银棱河。尝筑土石为二堰于河之要处，障其流以灌田，凡数十万亩。元时，云南平章政事赛典赤复增修之，民甚赖焉。今所谓南坝，即萦城银棱河之所流也。然前此为堰，不过兴一时之利，而于经久之计，则未闻也。惟我皇名混一区宇，云南南恃远弗庭，洪武壬戌，黔宁王时为西平侯，奉命率师平之，留镇其地，定以经制，昭以威信，厚以惠利，俾兵民并力于田亩，耕获不违其时，而南坝之修，岁有恒役。后定边伯继领镇事，思弘前绪，谋造石闸以蓄泄，为经久利。方储材命工，值边境多事，未就其志。

景泰癸酉，今总戎继轩公乃图成于参赞思庵郑公，议定而后会焉，时布政司左使贾公、按察司按察使李公暨二三同志皆力相也。既而上其事于朝，亦不易其初议。乃计旧储之材增以十倍，而凡富人之乐助者亦不拒之。仍择将校之有智计者田凯、李振、郭进董其役。其条画之出、用度之宜，则沐、郑二公自主之。于是，甓石为闸而扃以木，视水之大小而时其闭纵。又因其余材，相闸之西为庙，以祠神之主此闸者。其东为亭，与庙相直，而春秋劝省耕获，则休于其中。于景泰甲戌八月十有三日始役，而以明年三月一日卒事。其所用之工力，合之凡八万二千九百有奇。既成，云南之兵民无少长皆悦曰："自今以始，田不病于旱潦，而吾农得以足食者，诚二公赐也。愿纪其事于石，置诸亭以传悠久。"二公皆不能止也。乃以记丐于余。

余谓沐公为定边之孙、黔宁之曾孙也，学兼文武，崇德象贤，拜右军都督同知，握征南将军印，以总戎事；郑公以经纶之才，弘达之识，廉方公正之操，参赞其事，累升至佥都御史兼巡抚之寄；相济同道，以绥靖此方，又能兴历代之遗利，以成累世欲为之志，使兵民蒙惠于无穷，实君子之事也，乌可以不记？……。[1]

---

[1] （明）陈文《南坝闸记》，载（明）刘文征撰、古永继校点天启《滇志》卷一九《艺文志十一》，云南教育出版社，1991，第634页。

据陈文《南坝闸记》所言，明代滇池最大的入湖河流盘龙江上最重要的控制性水利工程有如下特点。

第一，南坝闸的位置在盘龙江河道上，东南"距城五里许"，今昆明市盘龙区仍有南坝地名，而且南坝闸仍为盘龙江下游控制性分水工程，今天承担着调节盘龙江水位功能。

第二，元代盘龙江松华坝分水后形成两流，一为金汁河，二为"由商山之麓过云津桥，皆趋于滇池"的盘龙江主干河，元代曾经在云津桥附近筑土坝分水灌溉，但"然前此为堰，不过兴有时之利，而于经久之计"，元代的南坝堰水利效能相对较小。

第三，明朝平定云南，实行大规模的卫所镇戍屯田，实施大规模屯田和对滇池流域进行农业开发，自洪武以来历朝地方长官都有兴修南坝闸的动议，但均因边疆战事和准备条件不成熟而搁置，即"惟我皇名混有区宇，云南南侍远弗庭，洪武于戌，黔宁王时为西平侯，奉命率师平之，留镇其地，定以经制，昭以威信，厚以惠利，伸兵民并力于田亩，耕获不违其时，而南坝之修，岁有恒役。后定边伯继领镇事、思弘前绪，谋造石闸以蓄泄，为经久利。方储材命工，值边境多事，未就其志"。

第四，景泰年间以总兵官都督沐璘向朝廷奏报获准，并且进行了充分准备，景泰四年正式开始建造南坝石闸控制性水利工程。

第五，该工程不仅为云南总兵官首倡，而且得到云南布政司、按察司各官府的鼎立支持，由云南官府主持修建，"景泰癸酉，今总戎继轩公乃图成于参赞思庵郑公，议定而后会焉，时布政司左使贾公、按察司按察使李公暨二三同志皆力相也。既而上其事于朝，亦不易其初议"。

第六，工程开工前准备充分，而且得到当地民众的普遍支持，甚至大力捐助，"乃计旧储之材增以十倍，而凡富人之乐助者亦不拒之"。

第七，工程组织有序，以镇戍快门城的卫所军官分工负责组织建设，主要力夫为屯田卫所官军，"仍择将校之有智计者田凯、李振、郭进董其役。其条画之出、用度之宜，则沐、郑二公自主之"，人力物力得到充分保证，因此工程进行非常顺利。

第八，南坝闸水利工程规划严谨，功能完备，建设规格较高，还配建了其他纪念性建筑，作为劝民力耕的教育基地，即"瓷石为闸而肩以木，视水之大小而时其闭纵。又因其余材，相闸之西为庙，以祠神之主此闸者。其东为亭，与庙相直，而春秋劝省耕获，则体于其中"。南坝闸工程大约于景泰四年八月动工，次年三月完成，用工"合之凡八万二千九百有奇"，超过元明海口河工程的动用民力量，"于景泰甲戌八月十有三日始役，而以明年三月一日卒事。其所用之工力，合之凡八万二千九百有奇"。

明代盘龙江控制性水利工程"南坝闸"修建完成后，水利效能极其显著，当时"既成，云南之兵民无少长皆悦曰：'自今以始，田不病于旱潦'"①。为滇池北岸湖盆平原的大规模开发创造了条件，同时极大地消除了昆明城区水害隐患。"南坝闸，距郡城五里许……景泰癸酉，今总兵管都督同知沐璘谋于参赞军务右佥都御史郑颙，会众以议请允，乃甃石为闸，设以守者，因水之盈缩而时其启闭，民甚便之。"② 在盘龙江上的水利工程核心是"南坝闸，在府城南，盘龙江所经，亦赛典赤修。总兵沐璘、巡抚郑顺甃石为闸，添设守者，因水盈缩，时其启闭，民甚便之"③。与之配合的还有"四道坝闸，亦在盘龙江下，弘治间置。漾田小北闸、堕直闸，俱在盘龙江上"④。可见明代基本完成了盘龙江上的控制性或关键部位的水利工程，为明末清代进一步开发南坝闸以南的地区创造了条件。故黄士杰《云南省城六河图说·盘龙江图说》称：

> 盘龙江在会城东北，来自嵩明州邵甸里。其源有三：一自黄龙洞，流百里；一自黑龙潭，一自冷水洞，各流二十里，至三家村，入石峡；合流三十里，至松华坝。此坝建自元时，咸阳王赛典赤于凤岭、莲峰二山箐口，水出川原之间，建松华坝，以时启闭。自松华坝，由莲峰山麓会城东门南坝一带，至雄川阁，共计七十里许，由罗公闸入昆海。又自松华坝莲峰山麓凿开一河，名金汁河，此盘龙江之分支也。其

---

① 以上所引均见（明）陈文《南坝闸记》，（明）刘文征撰、古永继校点天启《滇志》卷一九《艺文志十一》，云南教育出版社，1991，第634页。
② 景泰《云南图经志书》卷一《云南府·山川》，李春龙、刘景毛校注本，云南民族出版社，2002，第6~7页。
③ （明）刘文征撰、古永继校点天启《滇志》卷三《地理志·堤闸·云南府》，云南教育出版社，1991，第121页。
④ （明）刘文征撰、古永继校点天启《滇志》卷三《地理志·堤闸·云南府》，云南教育出版社，1991，第121页。

盘龙江自松华坝流三十里许，至分水岭分为二支：一支向南流里许，又分一支，名采莲河，向西流入草海，又流里许，至南坝闸，西流里许，分三支：一名金家河，向南流入草海，一名太家河，一名杨家河，俱向西流入草海。又自分水岭，一支向西流里许，又分二支：一向西流，出马蹄闸，名永畅河，西流入草海；一向北流里许，至柿花桥，又分一支，名板坝河，向西流入草海，其正支流里许，至小泽口，下又分一支，名西坝河，流由兜底闸，入草海，又自小泽口下，向北流入护城河，向西流里许，至小西门外牛心闸①，流半里许，又分一支，名涌莲河，向西流入草海，又一支自涌莲河向西北至红庙，名鱼翅河，向西流至土堆，转向南流入草海。此盘龙江之源流也。②

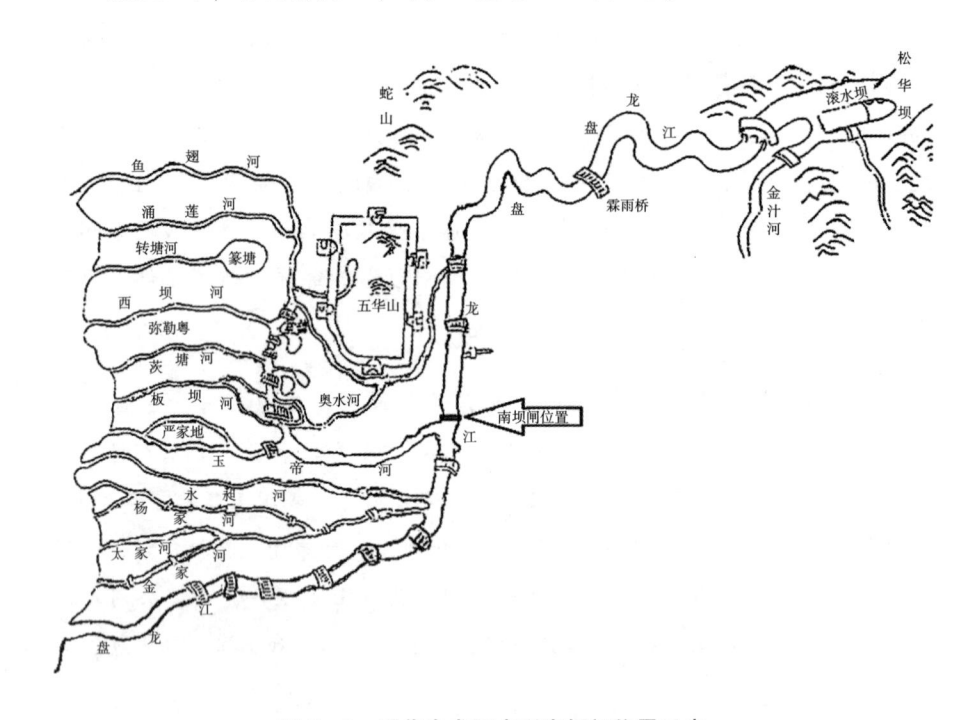

图 7-1　明代盘龙江水利南坝闸位置示意

注：本图以（清）黄士杰《云南省城六河图说·盘龙江图》为基础定点。见台北成文出版社有限公司 1974 年影印本。

---

① 按《盘龙江图》，牛心闸在大西门外。
② （清）黄士杰：《云南省城六河图说》，台北成文出版社有限公司，1974 年影印本。

第七章 明代滇池控制性水利工程与水环境变化

明代中期滇池流域最重要的入湖河流盘龙江上修建的控制性南坝闸,在明代的文献中虽看不到其深远的水利效能,但在明代后期和清代滇池北岸湖盆平原的开发中,其功能是相当巨大的,见清代黄士杰《云南省城六河图说》的描述和盘龙江水利体系图,从图7-1所示南坝闸分水口以南的盘龙江下游"一源十尾"河渠灌溉体系中,不难看出南坝闸修筑后,利用滇池湖滨平地的"海沟"或直接疏挖,形成了扇形状十条河渠展开的灌溉水系,从而促进了昆明南郊大面积的农业开发(时间在明代后期至清代中叶)。促使滇池北岸湖盆平原加速进入发展的"壮年时期"和"暮年时期",代表性的特征是盘龙江"一源十尾"及其南部滨湖农业灌溉区的形成。

滇池北部湖盆平原盘龙江南坝闸以南的"一源十尾"河渠灌溉体系是南坝闸修建才发展起来了,这是滇池地区独特的水利灌溉体系借助北岸湖盆平原成陆过程中形成了海沟、沼泽复杂地理环境,即"平原中部,河渠错综,复有多数沼泽,星罗其间,每年雨季,因草海值水位增高故洪水恒沿海沟倒流,可直达梁家河及沙沟尾以北,即在干季,各海沟间仍有积水常存,可行小舟,藉以运肥料于海田,足征此平原之大部与滇池之水面高度,相差甚微"[①]。值得注意的是南坝闸以南今天被我们称为入湖河流的,实际是南坝闸修建后,利用"海沟"自然地理条件或人工开挖的分水灌溉"河渠",即"盘龙江一源十尾:盘龙江南至县城东分水岭后共分土壩,金家,太家,杨家,玉带,永昶,摆渡,西坝,永宁及鱼翅十支河,故有一源十尾之称"[②],也就是说今天还存在的昆明滇池北岸地区的金家河、太家河、杨家河、玉带河、永昶河、摆渡河、西坝河、永宁河、鱼翅河等10条支河并非独立的入湖河流,而是灌溉河渠。"河渠,以其近似季节河。夏秋多雨,流量较丰,冬春干季,流量本小,河渠上游将水全部用于农田灌溉。致下游只有干涸之河渠存在。"[③] 这是滇池地区的另一独特现象,即河流水系和灌溉体系交织。

还有一点值得注意,所谓"十尾"之河,在明代文献中几乎没有记载,

[①] 冯绳武:《滇池西北岸水道考》,《地学集刊》,1943,第272~282页。
[②] 冯绳武:《滇池西北岸水道考》,《地学集刊》,1943,第272~282页。
[③] 范金台、孙承烈:《昆明银汁河区的灌溉及土地利用》,《地理学报》,1941。

而在清代文献中才集中出现，说明"十尾"灌溉河渠的建设和发展主要发生在明代后期和清代中叶以前，根据笔者对云南聚落地名的研究，汉族姓氏聚落地名，是比较集中地在明末清代发展起来的。① 盘龙江南坝闸以南的"十尾"河渠中的金家河、太家河、杨家河等也应当与云南汉族姓氏聚落地名的发展一致，多发展于明末清初，由此，以南坝闸以南河渠体系的出现和分布，基本上可以考虑滇池北部湖盆平原的开发在明末清初以南坝闸以南滨湖地区河渠灌溉体系形成推动了农田开发，这一观点是成立的。

第三节　西湖与龙院村"横山水洞"灌溉工程

明代滇池水环境与今天大相径庭，甚至清代人都难以清晰描述。除了上节讨论的南坝闸修建与滇池北岸湖盆平原南部在明代仍处于海沟、湖沼和成陆平地交织状况外，更典型的还有今昆明主城区西北片区，明代也同样处于水退逐渐成陆的过程中。明初这一片区是滇池的一部分，明代云南府方志中常常会提到与滇池完成勾连的"西湖"或"西湖"胜景，所指的就是这一片滇池水域。正德《云南志》说："西湖，在府治西，周四里，蒲藻长青，人多泛舟游赏，即滇池上流，俗呼为草海子。中有黔国莲池。"② "西湖，在滇池上流，又名积波池。周五里许，荇藻长青，兰挠画舸所之。多产衣钵莲花，千叶蕊，分五色。外丰茵芙，内阜川禽，俗曰青草湖。近城可一里，有亭榭曰鱼池，实莲池也，颜其亭曰'君子'。"③ 由此可见，明代滇池西北地区的"西湖"，又名"积波池"或"草海子"，在云南府城（今昆明市主城）西面，该区域尚未完全成陆，是一片"蒲藻长青，人多泛舟游赏"的景观，其中有黔国公沐氏家族修建的休闲游乐建筑亭榭和莲池。

西湖的位置在何处，志书没有清晰记载，但明末崇祯年间徐霞客在滇

---

① 陆韧：《云南汉族地名发展与民族构成变迁》，《云南民族大学学报》2005年第6期。
② （明）周季凤纂修正德《云南志》卷二《云南府》，载方国瑜主编《云南史料丛刊》第6卷，云南大学出版社，2000，第125页。
③ （明）刘文征撰、古永继校点天启《滇志》卷二《地理志二·云南府·山川》，云南教育出版社，1991，第73页。

池地区考察，却留下了比较清晰的记载和描述。1638年，农历十月二十九，我国历史上著名的地理学家徐霞客来到滇池，作了详尽的考察。那天，他从棋盘山东向滇池，坠坡直下，其记录如下：

> 抵山之麓，为石鼻山，聚落甚盛，盖当草海之西，碧鸡关大道即出其下也。由此北一里半，有村当堤之冲，曰夏家窑。① 过此遂遵行湖堤之冲。盖当草海之余，南连于滇他，北抵于黄土坡，西濒于赤甲鼻山②之麓，东抵会城。其中支条错绕，或断或续，或出或没，其濒北者，志又谓之西湖，其实草海也。昔大道迂回北坡，从黄土坡入会城。傅元献为侍御时，填注支条，连为大堤。东自沐府鱼塘，西接夏家窑，横贯湖中，较北坡之迂省其半焉。东行湖堤一里半，复有岗有桥，有栖舍介水中央。半里，复遵堤上东行湖中，适顾四周山色，掩映重波间，青蒲偃水，高柳漾堤，天然绝胜。但堤有柳而无花，桥有一二而无二六，不免令人转忆西陵耳：又东二里，湖堤既尽。乃随港堤东北二里，为沐府鱼池。又一里半，抵小西门。③

对此，于希贤先生进行了考证和研究，复原了明代滇池"西湖"的位置，探讨了明代滇池水环境基本情况。笔者认为其研究是成立的，故采用之。于希贤讨论说这一段游记把300多年前滇池西北角的"西湖"景观展现在我们的面前。当时滇池的湖岸线是沿今赤甲壁山麓、海源寺、黑林铺（堡）、黄土坡、小西门直到云津渡、南坝延伸的。徐霞客由夏家窑到土堆走过的湖堤，是通往迤西的大道。这条石堤，至1963年犹在。它全由大石块堆砌而成，路面宽两米左右，已显出久经年月的苍老面容。只不过是昔日两旁皆水涯，而今湖水退落，两岸尽为稻田了……（滇池西湖）向东南延伸，当时的湖岸线还可以从临濒于水边的滇池渡口，如南坝、官渡（海拔1890米左右）来确定。滇池东南角，湖岸线经过了牛恋乡。徐霞客记录说："海水中有石突丛丛，是为牛恋石。涯上村与乡俱以牛恋名。"另

---

① 于希贤注说：此地海拔1893米。
② 于希贤认为今此山下有车家壁。
③ 朱惠荣：《徐霞客游记校注》，云南人民出版社，1985，第839~840页。

外，今滇池东岸上的河泊所，昔日徐霞客的记录说它建在近岸水中的岛屿之上。依此，可以确定，1638年前后，滇池的水位，约当今海拔1890米。明代很多次疏浚海口河，滇池之水不至洪流淋漫，但汛期水发，仍有泥滥之虞，环湖农田还不十分稳固，徐霞客《滇游日记》崇祯戊寅（1638）十二月二十九，由石鼻山（今马街子石咀）循大道经夏家窑（夏窑）转路回昆明城，记曰："过夏家窑，遵堤行湖中，堤南北皆水洼，堤界其间，盖其洼即草海之余，南连滇池。……支条错进，或断或续，或出或没"，这是从夏窑经土堆、倪家湾、潘家湾到小西门的大道。游记又说："昔大道迂回北坡，从黄土坡入会城，傅元献为侍御时，填洼支条连为大堤，东自沐府鱼塘，西接夏家窑，横贯湖中，较北坡之迂省其半焉。"（按：傅元献即傅宗龙，昆明人，任御史在万历末年，修筑这条大路的时间，在徐霞客来之前不到二十年，因比走黄土坡路近得多，成为昆明赴滇西常行的大道。）方国瑜先生自1922年后，多次来往昆明，随马帮走这段路，有许多处路基，高三尺许，如河堤，上铺石板，印着马蹄痕迹，逐处有之，可见马帮经过的次数之多。其路线自夏家窑至潘家湾，略与今人民路平行。故所谓沐府鱼塘，当是万历《云南通志》卷二"西湖"所说"黔国莲池"，在今昆明主城西北麻园村以南的菱角塘一带，水面较广，曾被镇守云南的沐氏霸占作为沐府私家鱼池，到清代仍产菱角，后来水面缩小成积水塘，因而得名"菱角塘"（今菱角塘小区）。由此可见，今昆明城西部和西北部地区，原是滇池水大时淹没的最西北隅，历经明代后期和清代，逐渐涸干，水域退缩到大观楼、明家地一线。今昆明市主城西部的潘家湾、棕树营、六合村、刘家营一带地面，海拔高度约为1886.7米，明末时代一旦滇池水涨，即被淹没，水退则成为密集分布着洼塘沼泽。可以说这一区域是历经清代二百多年的演变才成为固定的陆地的。至于徐霞客所说的旧大道，是出大西门经黄土坡、黑林铺、夏窑、石咀、车家壁至碧鸡关，与现在滇缅公路这段路线相同。地面标高，黄土坡一九〇〇公尺，夏窑一八九三公尺，石咀一八九〇公尺，地势较高，滇池水没有淹到，自古即为大道，可以推测古时滇池以这一线为北岸。……滇池的"西湖"是什么时候才平衍为陆地的呢？清代雍正年间，云南督粮水利副使黄士杰，于1730年前后编写《云南六河总图》，明白标明"湖堤"北边的"西湖"已干涸为

第七章　明代滇池控制性水利工程与水环境变化 • 159

陆地了。湖堤之南，也即从土堆到夏家窑一线以南，仍然是滇池的一部分。今大观楼（当时叫近华蒲）那时也还在滇池水中央。到了19世纪之后，滇池水域急剧退缩，便逐渐形成了今天的湖貌。① 王苏民、窦鸿身主编《中国湖泊志》也认为，滇池"明清两代湖水时涨时落，清雍正年间昆明西北黄土坡以西的草海淤成陆地，但大观楼还处于滇池水域的包围中"②。这一论述也证明了明代今昆明主城西北片区五华区的黄土坡、海源寺以南地区仍然处于滇池水域，到明末崇祯年间徐霞客来到昆明时所见到的是这一区域正处于逐渐涸干的过程中，已经有小路可通行，但凡到雨季则成泥沼，因此，是一种湖沼状态。

明代何景明一组四首诗《游黔国鱼池四首》描述了沐府鱼池的面貌与景色：

其一，小岸城边上轻舸，一溪宛转向鱼池。水藤蒙蒙荷叶暗，榇入中流总不知。

其二，池边二十五亭台，个个朱窗向水开。亭下扁舟荡双桨，打鱼送酒几回来。

其三，半苧斜日疏蒲明，两岸人语凫不惊。菱叶拂衣香袖举，秋风吹浪绿舟轻。

其四，三阵两阵打雨荷，一点两点明水萤。笙歌留客不知夜，灯火回舟直到城。③

该组诗描绘了明代中期滇池西北角沐府园林鱼池，建筑之豪华，令人惊叹。沐府鱼池与"西湖"相连，最为靠近当时明代的云南府城（昆明城），有水路与城内相通。地理位置大约在今昆明医学院、昆明一中和潘家湾一带。④ 明代滇池水环境见于希贤、于涌《沧海桑田：历史时期地理环境的渐变与突变》。

---

① 均见于希贤、于涌《沧海桑田：历史时期地理环境的渐变与突变》，广东教育出版社，2002，第172~174页。
② 王苏民、窦鸿身主编《中国湖泊志》，科学出版社，1998，第368页。
③ 《何景明诗选》，人民文学出版社，2009。
④ 于希贤、于涌：《沧海桑田：历史时期地理环境的渐变与突变》，广东教育出版社，2002，第173页。

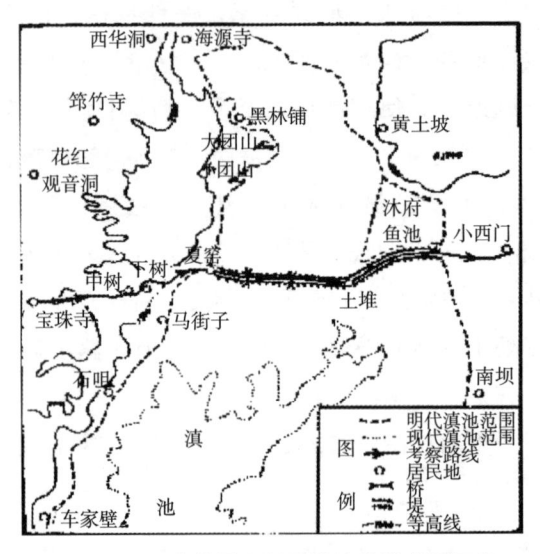

图 7-2 明末徐霞客所见滇池北岸范围示意

虽然明末清初滇池水域发生了巨大的变化,但是滇池水域的面积仍然大于今天的状况,今天昆明西北和西部片区仍属于滇池水域范畴,只是已经处于逐渐淤浅和涸干过程中,这个过程在明末清初大大加快了。

明代今昆明城西北片区基本属于"西湖",尚未完全成陆,那么滇池西北地区就没有农业开发了吗?并非如此,明代在"西湖"之北的部分地区已经开始了农业开发和灌溉水利的建设。有两个水利碑记描述了龙院村(今仍名)一带的水利建设,可视为滇池西北片区的农业开发和水利的重要记录,一是明罗元祯的《横山水洞记》,二是明人徐中行的《横山水洞记》,都记载了一项重要的水利建设。

明嘉靖年间,"西湖"以北山缘地带的龙院等八村仍在滇池之滨,但是"去会城而西几三十里,为龙院诸村。村凡八,村之田凡若干顷,田税岁输县官凡若干石。村故枕山而襟水,水即滇池也。池抵村,地势隐起,差具倾倚伏,可立上游走丸,以故池水不可逆引而仰溉。村之负山而田者,无论愆阳,即旬日不雨,土脉辄龟裂,岁辄不登;中岁,他境稔而兹境不厌半获,民苦之。村逸西三十五里为白石崖,崖故有泉,其山形隐起,则又高龙院诸村什九。度崖泉可引而东以灌,然横山墙立于前,岸然

第七章　明代滇池控制性水利工程与水环境变化 • 161

峭阻"①，说明横山山下的龙院等八村土地狭小，靠近山区，虽然南临滇池，但水低田高，无法取滇池水灌溉，原来靠天吃饭，完全依赖降雨灌溉，即便有水源也是山区泉水，有"横山"横亘，难以引灌。于是最初由村民共谋商议进行水利建设，"议凿山之凹为渠，引泉逾山而东，乃其山石脊而土麓，石坚不可凿；议凿其麓，自西以跨于东，五十有八丈，村农合力率作，纷若蚁之营垤，逾岁，讫无成绩。方伯敬亭陈公以省耕至，问焉，众告之故。公曰：'兹吾事而以疲若等，吾为若成之。'乃谋诸同寅，计其费可三十金"②。虽然当地民众愿意出工出力捐资兴修水利，但工程技术和组织薄弱，报告于地方官，得到地方官府支持，得以统筹规划，进行建设，"移议御史台，报可。公檄掾尹德先、何献荣、刘升，先后继董兹役，曰：'德先，汝往视疏凿，相度规画，以树尔功。洞可高五尺，广二尺，断木如高广之数，以支颠纪，功成，徐易以石。'以帑储如议数授之，上下其工之值以廪焉。曰：'献荣，汝往卒德先功。'曰：'升，汝其嗣德先献荣，以督诸役之力者不力者。'已，又檄舍人袁应登，佐掾以辖群工。应登简工之不习者，请以矿夫代，公可其请，召朱祯辈二十人以属应登。余时参藩政，同公往视，指授向道，分东西凿，凿几半而道不值。予当人贺，行念前功，恐或弃之者。公请于抚台曹公云山、巡台许公保其宇，佥曰：'政在利民，毋惜费，毋惮劳。往督诸掾役，毋缭前功。'各捐赎金佐工，诸掾役矜奋如命，道果值。实隆庆壬申之二月十一日也"③。开工两岁而完成，"洞中可堰塞行。公复起掾役寻源，引白石崖沟，山腰连山奄，亘得泉二十二道，蜿蜒紫纡四千一百八十三丈，广盈尺，深逾咫。泉抱山而东赴，若带而绾，若自龙挟雨偕山势俱来，若玉虹下饮潜入洞口，由洞而东出，喷薄沦涟，溰溰而渠分。村之耕者需濡，稼者需溉，植者需滋，畦者、圃者需润，不雨而泽，不祷而免于旱稿，民甚便之，而得诸公之功，乃歌曰：'横山之麓，可屋可田。白崖之泉，可引可沿。山麓可凿，

---

① （明）罗元祯：《横山水洞记》，载（明）刘文征撰、古永继校点天启《滇志》卷一九《艺文志十一》，云南教育出版社，1991，第635页。
② （明）罗元祯：《横山水洞记》，载（明）刘文征撰、古永继校点天启《滇志》卷一九《艺文志十一》，云南教育出版社，1991，第635页。
③ （明）罗元祯：《横山水洞记》，载（明）刘文征撰、古永继校点天启《滇志》卷一九《艺文志十一》，云南教育出版社，1991，第635页。

伏流潺湲。兹麓既辟，不淤不颠。溉我稼穑，充凛盈窭。我公之绩，亿斯万年口易蛆豆之，以输我虔？'"① 该水利工程为山区引水灌溉工程，"亘得泉二十二道，蜿蜒萦纡四千一百八十三丈，广盈尺，深逾咫"，在当时的历史条件和技术水平下，是非常艰巨的，在开凿横山洞时，曾遇磐石坚硬，不得不由官府从易门调来数十名矿工，运用炸药开山炸石，才得以凿通沟渠②，这说明滇池西北片区靠近山区地带的农业开发是非常艰难的，这一水利工程也是明代滇池流域农田水利灌溉体系的典型代表，明代在昆明西郊所开的横山水洞，现名长山沟隧洞，是一个有特色的灌溉引水隧洞。洞长五十八丈，洞高五尺，宽二尺，经几代人的艰苦努力，最终于乾隆年间才建成通水，灌溉龙院村等数千亩稻田。③ 明人徐中行在《横山水洞记》中称：

> 其旁池肥饶，多蓄产之富，安知泉流灌濩，所以育五谷，为通沟渎以备旱计也？自成义侯造起陂池，迄元咸阳王辈，复为陂池及屯田求源泄水，始知蚕桑。明兴，方伯陈公乃开昆明横山水洞。洞在县西乡，源自城西清水关外龙泉，汇为干海子。东行八里为白石崖，十五里为横山、龙院等八村，军民定垦田四万五千六百余亩。其地高平，比之岐峻缘崖播石不同，泉流不及，旱为焦土，有可用溉，则沃野也。
>
> 嘉靖乙未，李文温等开崖导山七十三曲，为水凡十三，条邸横山，止于石丘。隆庆己巳，大旱，杨应春等凿丘为东西洞，约穿三十丈，未穿者如其数。四月，公以右使治道遇之，其徒累累告疲。公悯而省其山，以请于都御史江陵陈公、御史内江刘公，咸曰"此功一成，为利万世"。乃命兴工。洞高广各三尺有咫，仅仅容一人反身屈膝以镌，用二人递舂所镌而出入之，弥坚难而解焉。声冲冲若咫尺，东西竟不相植。初以.九旬为期，又九旬，公乞归。人惧弗卒，公曰："噫乎！泰山之雷穿石，渐靡使然也。人而凿空，其弗然乎？'以舍人

---

① （明）罗元祯：《横山水洞记》，载（明）刘文征撰、古永继校点天启《滇志》卷一九《艺文志十一》，云南教育出版社，1991，第635页。
② （明）徐中行：《横山水洞记》，载（明）刘文征撰、古永继校点天启《滇志》卷一九《艺文志十一》，云南教育出版社，1991，第635页。
③ 周继新：《四百年前的输水隧洞》，《云南水利志通讯》1985年第1期。

袁应登视之，乃用易门矿夫二十人，明年三月，公为左使，工周岁，弗给。请于都御史宜兴曹公、御史安肃许公，咸曰："功既垂成，费安惜乎？"给之如初。九旬又请，公谢事，不以请。右使长乐陈公摄之，又借公帑以给。矿夫马廷弼乃止其西，从东。又明年二月八日，长乐公代为左使，公曰："去志久矣，为此水而止。今未卒业，幸诸大夫图之，敬诺。"越三日，公出祖。数万人泣留遮道，忽传水道穿，欢呼若雷而神之。……凡用不满三百两，为日六十五旬余，盖费省劳暂，利矩而贻休远也。民共立祠横山，属余记之。

……横山不下离堆，公每旦必斋祷，虽舍人亦然。洞穿与行会，偶然耶？滇田号雷鸣者，匪雷雨周秋，八村之有龙泉，沛若雷雨矣。允惟岳牧，实代天工，以百世祀。[①]

第四节　松华坝加筑与松华闸修建

滇池最大的湖盆平原即滇池北岸湖盆平原农田灌溉水利工程，是元明清滇池地区开发的重点。元明时代水利效能最明显的莫过于该湖盆北部的松华坝、金汁河、银汁河三大工程，虽然这三大工程都始建于明代以前，但其巨大的效能则是在明代三大工程的逐渐完善过程中逐渐发挥出来的。

松华坝是元代修筑的位于盘龙江上游的重要水利工程，通过修筑一道拦蓄盘龙江来水的坝体，将盘龙江水位抬高后，经在滇池坝子东部山缘较高处人工开挖的灌溉河渠金汁河对盘龙江以东地区万亩良田进行灌溉，"滇城东北郭，故有松华坝。邵甸之水走盘龙江者，便东注于河，河曰金棱，土人呼曰金汁，由金马麓过春登里，七十余里而入海。沿河肢流以数十，递而下，涵洞如级，田以次受灌，不知几万亩也"[②]。可见，元代起修筑松华坝后，在昆明主城以北以东区域盘龙江与金汁河形成了不同的水利

[①] （明）徐中行：《横山水洞记》，载（明）刘文征撰、古永继校点天启《滇志》卷一九《艺文志十一》，云南教育出版社，1991，第635页。
[②] （明）江和：《新建松华坝石闸碑记铭》，载（明）刘文征撰、古永继校点天启《滇志》卷一九《艺文志十一》，云南教育出版社，1991，第637页。

功能。从地势上看,金汁河在东部山缘,地势较高,沿河修建堰塘闸渠,形成对盘龙江以东区域农田的灌溉体系;盘龙江地势较低,是盘龙江的主河道,承担昆明主城生活用水、东护城河以及部分航运功能。由于滇池北部坝区东西山缘地带人工开挖的金汁河、银汁河两条灌溉河渠,地势高于盘龙江,在春耕季节,通过松华坝将拦蓄的盘龙江水分流到金汁河灌溉农田,到雨季汛期,金汁河、银汁河又将过剩的洪水排泄到盘龙江,由此在昆明主城的滇池北部坝区形成完善的灌溉泄洪体系,而这个体系中,关键性的部位和工程是松华坝及松华坝闸。从文献资料看,元代松华坝工程着重于坝体修筑,限于当时的人力物力和技术条件,元代修筑的松华坝以木桩固定坝基,夯土修筑土坝,而且松华坝闸也比较简陋,"堤坝故支以木、筑以土而无闸,势若堵墙,遇浸辄败,岁修,费阃司桩钱不赀,有司草草持厥柄,力庞而功暇,仅同筑舍。盖费于坝者尚付之乌有,况其不至于坝者也!于河奚资焉,而反以病"①。历经元代至明中叶两百多年,松华坝坝体低矮,功能局限,已经不能满足明代滇池北部大规模的农业开发和人口增加后的水功能需要,特别是每逢汛期,松华坝拦蓄洪水功能不足,松"小嘆易涸,而河不任受畜;小涨易溢,而河亦不任受泻。畜泻不任,则腴田多芜,而民与粮逋。河资坝,所从来矣"②,松华坝功能下降,常常导致洪水淹没农田,冲毁昆明主城及其以北村庄的房屋,造成人民生命和财产的重大损失。例如,因滇池水灾缘故,明王朝不得不"免云南府卫成化十四年秋粮子粒共二万三千八百石有奇"③。万历二年(1574),滇池流域水害,金汁河、银汁河灌区粮食减产严重,于是"省城饥,斗米银三钱"④。万历十四年(1586),松华坝拦蓄洪水功能不足,省城等地"大水"⑤。除了洪灾之外,由于松华坝坝体低矮,无法增加蓄水量,每遇大

---

① (明)江和:《新建松华坝石闸碑记铭》,载(明)刘文征撰、古永继校点天启《滇志》卷一九《艺文志十一》,云南教育出版社,1991,第637页。
② (明)江和:《新建松华坝石闸碑记铭》,载(明)刘文征撰、古永继校点天启《滇志》卷一九《艺文志十一》,云南教育出版社,1991,第638页。
③ 《明宪宗纯皇帝成化实录》卷二〇六,成化十六年八月辛亥。
④ (明)刘文征撰、古永继校点天启《滇志》卷三一《灾祥》,云南教育出版社,1991,第1023页。
⑤ (明)刘文征撰、古永继校点天启《滇志》卷三一《灾祥》,云南教育出版社,1991,第1023页。

旱，金汁河无水灌溉，常常导致大旱大饥并发，万历三十八年（1610）省城昆明就因大旱而大饥①。万历四十四年（1616）兵部因滇池水灾而上表请求朝廷救灾②。万历四十八年（1620）以来，滇池地区连年水患，松华坝以下甚为严重。"据松华坝老人萧凤朝禀称，六月二十八日午时，左山烟雾弥天，民居尽暗，少顷，迅雷腾空，山上起蛟，浪涌数丈，其山倒裂约三十余丈。"③盘龙江上游松华坝附近山体坍塌，致使土石冲淤于金汁河，"土石填压金汁河二十余丈"，洪水"横溢至省"，波及整个滇池北部坝区，造成严重损失，据记载，昆明"城外左卫地方淹倒民房五十四间；中卫地方淹倒民房五百二十七间，溺死男子二名；前卫地方淹倒民房四百九十八间，溺死男妇五名口，被水冲去房二所又二十一间；后卫地方淹倒民房八百零三间，淹死二名，被水冲去七户又户五间，人口房屋无存；广南卫地方淹倒民房八百一十二间，被水冲去三间，死伤男妇六名口。又水入东门内绣衣街、水塘铺，淹倒民房一百四十九间。省城通共倒房二千八百七十二间，冲去九户，溺死知姓名十五名，漂没米粮财物家火不计其数。又勘得源头松华坝各闸，冲倒拨岸二十五丈，震倒官厅数间，冲没民房十间，倒山一半"④。为此，明代万历年间对松华坝水利枢纽进行了一次重大规划建设。因此，到了明代中期，松华坝"非坝，则小暵易涸，而河不任受畜；小涨易溢，而河亦不任受泻。畜泻不任，则腴田多芜，而民与粮逋。河资坝，所从来矣。第坝故支以木、筑以土而无闸，势若堵墙，遇浸辄败，岁修，费阃司桩钱不赀。有司草草持厥柄，力庞而功暇，仅同筑舍"⑤。可见，到明万历年间，历经两百多年，元代修筑的松华坝年久失修，水利功能丧失大半，松华坝已经是遇小旱则涸，金汁"河不任受畜"，无水输送灌溉；一遇洪涝，"小涨易溢"，盘龙江无力泄洪"而河亦不任受

---

① （明）刘文征撰、古永继校点天启《滇志》卷三一《灾祥》，云南教育出版社，1991，第1023页。
② 《明神宗显皇帝实录》卷五四一，万历四十四年正月戊子。
③ （明）刘文征撰、古永继校点天启《滇志》卷二三《艺文志·类报水患灾伤乞加轸恤疏》，云南教育出版社，1991，第791页。
④ （明）刘文征撰、古永继校点天启《滇志》卷二三《艺文志·类报水患灾伤乞加轸恤疏》，云南教育出版社，1991，第791页。
⑤ （明）江和：《新建松华坝石闸碑记铭》，载（明）刘文征撰、古永继校点天启《滇志》卷一九《艺文志十一》，云南教育出版社，1991，第637页。

泻",元明时期滇池北部坝区开发的数万亩农田,均因松华坝只是简陋的土木结构土夯坝,几百年下来破败不堪,"势若堵墙,遇浸辄败","畜泻不任,则腴田多芜,而民与粮逋"。官府虽然年年组织维修,但限于缺乏规划和财力,"力庞而功暇,仅同筑舍"①,于事无补。万历年间连续出现的惨重的水旱灾害,均因松华坝水利功能不足,加重了灾害程度,迫使明代云南官府启动松华坝大修工程。

明代松华坝水利枢纽工程由加固增高松华坝坝体工程和新修松华坝闸两项工程组成。首先,明代一直重视松华坝水利建设,多次加筑坝体,增大蓄水量,但万历四十六年(1618)由管水利道按察副使朱芹条议大修②工程最为重要。此次松华坝工程,是在明代云南布政使司、云南都指挥使司、云南按察使司和云南总兵共同领导和规划下进行的,除了官府外,当时云南的地方官纷纷解囊捐修,"爰捐助银一百六十余金,潘公遂捐一百金,抚院河源李公亦捐二十金。迄新抚院归安沈公、按院南昌杨公至,申请如前,三公皆如议,交给以费。藩习嘉兴施公、闽司金陵尹公扣征停挖木桩之逋负者,又得四百九十余金。计若钜若细,悉从金出,而世镇沐公又慨然以近闸石山任其采用,于是,吏人各如橛起程"③。此次松华坝工程由两个部分组成。

第一,加固增高松华坝坝体。原来松华坝"坝枳而东,如龙饮泉,爪攫翠张,百道蜿蜒。割流膏野,万畦濡沾,土耶木耶,昔何阙然!萧苇捍冲,岁縻金钱"④,元代仅以土木构筑的坝体极其容易被雨水浸湿和冲刷,从而消弱坝体,降低蓄水能力。所以,万历年间先以土夯增高松华坝坝体,加大蓄水能力,再用石材进行坝体加固,即"皆冲流也,胥石乃固"⑤,如此则将元

---

① (明)江和:《新建松华坝石闸碑记铭》,载(明)刘文征撰、古永继校点天启《滇志》卷一九《艺文志十一》,云南教育出版社,1991,第637页。
② (明)刘文征撰、古永继校点天启《滇志》卷3《地理志·堤闸》,云南教育出版社,1991,第121页。
③ (明)江和:《新建松华坝石闸碑记铭》,载(明)刘文征撰、古永继校点天启《滇志》卷一九《艺文志十一》,云南教育出版社,1991,第638页。
④ (明)江和:《新建松华坝石闸碑记铭》,载(明)刘文征撰、古永继校点天启《滇志》卷一九《艺文志十一》,云南教育出版社,1991,第638页。
⑤ (明)江和:《新建松华坝石闸碑记铭》,载(明)刘文征撰、古永继校点天启《滇志》卷一九《艺文志十一》,云南教育出版社,1991,第638页。

代的土木坝改变修筑为木桩固定，土夯填实，石材固边的石土坝，"壁如屹如立"① 极大地增强了松华坝的坚固性，改善了蓄水条件，形成了滇池北部平原"前面良田数千百顷，松华修坝水横绕若带然"② 壮美农业开发区。

第二，新修了松华坝闸。在文献资料上，元代修筑松华坝的记载上没有松华坝闸修建的记载，说明元明主要完成了松华坝的修筑，未修建控制松华坝与金汁河、盘龙江排放水量的水闸。故万历四十六年（1618）云南府水利道水利佥事朱芹奏请整治松华坝同时，提出坝闸并修的方案，"予谓坝而不闸，畜泻何恃？即木而匪石，终漂梗耳。与其岁糜多钱而民无利也，孰与合数岁之费而瓮以石通以闸"③。故而建议此次整修松华坝，应"瓮以石通以闸"，最重要的是创建松华坝闸，规划设计为金汁河、盘龙江的分水闸，"创闸口高一丈三尺，长三丈二尺五寸，广一丈七尺五寸"，闸口宽4.16米，高3.2米，闸身长9.6米。闸墩的迎水端如牛舌状，修筑了侧向溢流堰，全长117米，高3.84米。闸系大条石砌筑，"长短相制，高下相纽。如犬牙，如鱼贯，而钤以铁，灌以铅"。闸门为叠梁门。"闸仿诸漕，扁以巨枋，启闭如式，东西两涯之间，骈珉壁屹，水龙若控。经始于万历四十六年七月二十六日告成，仍名曰'松华闸'。"④ 松华坝闸修筑完成后，官府特别设专人守护，"事成，设以守，时其翕纵而周防之，如漕闸然，此百世利也"，"地有安流而天不能灾"⑤。明代万历年间的松华坝和松华闸工程对滇池北岸农业发展起了重要作用，工程完工后，当年就获得大丰收，于是立碑刻铭文以纪念之。

汤汤金棱，邵甸溯源，建瓴忽分，东西决川。坝积而东，如龙饮

---

① （明）江和：《新建松华坝石闸碑记铭》，载（明）刘文征撰、古永继校点天启《滇志》卷一九《艺文志十一》，云南教育出版社，1991，第638页。
② （明）刘文征撰、古永继校点天启《滇志》卷21《艺文志·涌泉寺新建涌泉亭记》，云南教育出版社，1991，第708页。
③ （明）江和：《新建松华坝石闸碑记铭》，载（明）刘文征撰、古永继校点天启《滇志》卷一九《艺文志十一》，云南教育出版社，1991，第638页。
④ （明）江和：《新建松华坝石闸碑记铭》，载（明）刘文征撰、古永继校点天启《滇志》卷一九《艺文志十一》，云南教育出版社，1991，第638页。
⑤ （明）江和：《新建松华坝石闸碑记铭》，载（明）刘文征撰、古永继校点天启《滇志》卷一九《艺文志十一》，云南教育出版社，1991，第637~638页。

泉，爪攫翌张，百道蜿蜒。割流膏野，万畦濡沾，土耶木耶，昔何阙然！萧苇捍冲，岁糜金钱，自公之来，嘉与更始。亦有施公尹公，悉赋成美，杨公承之，动有经纪，禀成诸台，规兹永利。

金石岩岩，当其射激；闸门言言，时其启闭。闭视其洹，水弗外泒；启视其涨，水弗内溃。畚授于农，农隙乃至；工食于官，官厚其饩。再阅春冬，经始勿亟；乃奏厥功，乃立安既。①

天启《滇志》记载明代松华坝与松华闸工程称颂曰："松华坝，在府城东北滇池上流。元赛典赤·赡思丁增修为坝，分水以溉东亩万顷。立有石将军庙，即赡公像也。万历四十六年，水利道按察副使朱芹条议大修，虽衰金不一，而水利频年，节缩之费取给为多；月再三躬往，省试不倦，鸿工庀材，无不精坚。民不劳而久逸，官经费而永宁。厥功茂哉！"②

第五节　金汁河灌溉体系的发展

明代松华坝和松华闸水利工程的效能不是单独反映出来的，松华坝加筑和松华闸的修建，目的是提高金汁河的灌溉功能。因为金汁河的渠首在松华坝，渠尾在前卫公社宏德村以南，流经龙头街、金马寺、东站、状元楼、侔家湾、双桥村注入滇池，全长35公里，可通过流量10秒立方米。"松华坝"之前身，指明金汁河是靠松华坝提高水位后，引盘龙江水灌沿东部山地修筑河渠来灌溉明代云南府城盘龙江以东、以北的广大田亩。

元代为筑松华坝土埝不牢，常被洪水冲毁，无法保证灌溉需要，明代滇池地区进驻数万卫所官军屯田，屯田区域主要集中在滇池北岸湖盆平原的北部，即云南府城南坝闸以北地区，金汁河是当时最大的灌溉河渠，所以明代松华坝加筑和松华闸修建，直接提升了金汁河的水流量，松华坝

---

① 徐和：《新建松华坝石闸碑记铭》，载（明）刘文征撰、古永继校点天启《滇志》卷一九《艺文志十一》，古永继校点本，云南教育出版社，1991，第638页。

② （明）刘文征撰、古永继校点天启《滇志》卷三《地理志·堤闸·云南府》，云南教育出版社，1991，第121页。

"以时启闭",金汁河的灌溉效益才得以保证。据记载,唐代开始分流盘龙江,形成金汁河的一段。元初在盘龙江上筑松华坝,开挖金汁河,金汁河从松华坝分流而出,沿东部山麓往南流入滇池。明代进行过十余次金汁河的疏浚,特别是明代洪武十四年至弘治九年(1381~1496)间又数十次整修金汁河,改土坝、土堤为石堤、石坝,继而筑石堤、石坝80余里,使金汁河成为明代滇池地区最大的灌区。

滇池区域水利灌溉的特点是水车灌溉法、沟渠灌溉法和蓄水灌溉法,蓄水灌溉法亦为利用地势灌溉之一种,其法先选择适当之地址,筑成堰塘,当雨季多水时由河渠或山谷中导蓄之,至干旱时,即酌量放出灌田。[①]金汁河是典型的蓄水灌溉法,金汁河靠松华坝蓄水,松华闸调控水流,金汁河系取盘龙江水,从松华坝起沿莲峰山麓开挖蜿蜒折向西流的河渠,经金马山麓流经东郊状元楼,出吴井桥,过双桥流入枧槽河,汇于大清河入滇池,全长35公里。金汁河灌溉以闸堰修筑实现分水到田的灌溉方式,明代滇池地区河流记载闸堰最多的是金汁河,有"戴金闸、大韩冕闸、小韩冕闸、小坝闸、桑园闸、金棱闸、燕尾闸,俱在府东金汁河"[②],而且盘龙江上的漾田小北闸、堕直闸也是金汁河灌区的辅助河闸,说明金汁河的农田灌溉体系的建设是明代的重点之一。我们将明代金汁河上的闸堰定点于清代《金汁河图》上,基本可看出明代金汁河闸是金汁河灌溉体系的控制性工程。

今天金汁河流经上坝村等42个自然村,是滇池北部村落最密集的区域,同时也是明代卫所屯田的重点区域。正德《云南志》记载了明代云南府昆明县的卫所屯田点情况,可判断为金汁河灌区的军屯点有"金马山屯、官渡河尾屯、四道坝边屯、不墩村屯、回流湾屯、松花坝屯、北庄口屯、石虎岗屯,俱云南左卫。西板桥屯、波罗村屯、金马山屯、狗街子屯、黄土坡屯,俱广南卫。以上俱昆明县地方"[③],此外,仅从中段的老李山至云溪村口约4公里地段上就分布着老李山泉(又叫清泉村)、黄龙潭、

---

① 冯绳武:《滇池西北岸平原区之人地景》,《地理》1943年第1~2期合刊。
② (明)刘文征撰、古永继校点天启《滇志》卷三《地理志·堤闸·云南府》,云南教育出版社,1991,第121页。
③ 周季凤纂修正德《云南志》。

波罗村东边的清龙潭、小龙潭、刘家营村的金沙龙潭、白龙寺村的白龙潭、云溪村的小龙潭等出水量在一车（木制提水工具）以上的泉水，水量在一车以下的就更多了。这些龙潭泉水日夜不停地注入金汁河。

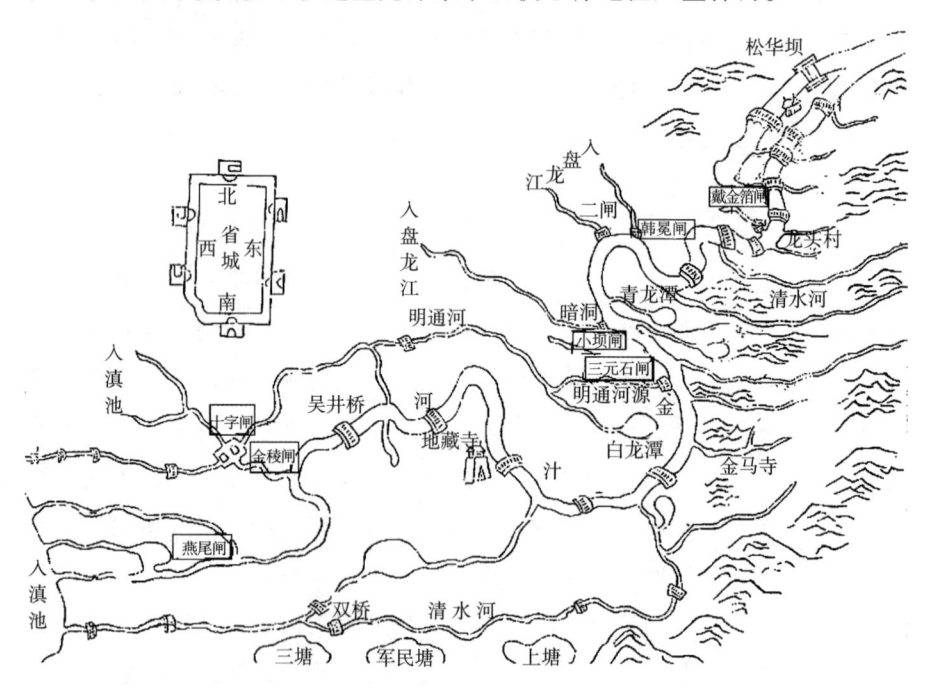

图7-3　明代金汁河流域所建水利工程位置示意

资料来源：（清）黄士杰：《云南省城六河图说·金汁河图》，台北成文出版社有限公司，1974年影印本。

注：用方框标注天启《滇志》所记明代金汁河闸位置，说明明代的金汁河灌区主要在城东、城北并相城东南发展。

第六节　银汁河灌溉区的形成

银汁河与金汁河一样，最早出现在南诏大理时期，到元代有了一定的发展，由于银汁河位于今昆明主城以北特殊的地理位置和利用黑龙潭等泉水源，从滇池北岸湖盆开发由北往南推进的特点，其灌溉体系应当在明代基本形成。

银汁河的渠首在黑龙潭，渠尾在马村附近，流经蒜村、上庄、岗头村，入盘龙江，全长 11.5 公里，可通过流量一秒立方米。明代陈文的《南坝闸记》中说："今所谓南坝，即萦城银棱河之所流也。"① 据此，在明代以前，银汁河已是名副其实的"萦城"银带了。由于银汁河灌区都在明代云南府城（昆明城）的北部，这一区域地势较高，是元明以来的重要农业区，加之明代文献上银汁河河首至河尾莲花池等地名均已出现，银汁河灌溉体系在明代则基本形成，银汁河从黑龙潭"其泉澌而东南流，溉田数百顷，民赖共利"②。从元明清发展到 20 世纪 40 年代，银汁河水利和土地利用情况是滇池流域研究得最清楚的。因为，20 世纪 30 年代，欧美地理学界兴起了"土地利用"研究高潮，主要利用调查和勘测手段，得到细致的土地利用情况，如农田、林地、堰塘、聚落等所占有的土地面积及其位置，一一考订，然后将其绘制在五万分之一的大比例尺地图上，展现出某个地区各种类型土地利用的基本状况和规律。这一学科兴起时，我国著名地理学家鲍觉民③在 30 年代留学英国，师从世界著名的地理学家斯坦普，也即土地利用研究的先驱，抗日战争时期，这批学成归国的地理学家在滇池流域进行了土地利用等调查与相关研究，土地利用调查在我国就是由鲍觉民教授及其指导下的学生在环滇池区域开始的，鲍觉民是我国第一位经济地理学博士，代表成果是参与指导呈贡洛龙河、银汁河区的土地利用调查，绘制了大比例尺的土地利用图，为我国土地利用学的建立以及土地利用图的绘制做了理论联系实际的开拓性贡献。抗日战争时期西南联大在滇池附近所进行的土地利用地理学研究有：鲍觉民、张景哲《云南省呈贡县落龙河区土地利用初步调查报告》，陈述彭《云南螳螂川流域之地文》，王云亭《昆明南郊湖滨地理》，范金台、孙承烈《昆明银汁河区的灌溉及土地利用》，程潞、陈述彭、宋铭奎、黄秉成《云南滇池区域之土地

---

① （明）陈文：《南坝闸记》，载（明）刘文征撰、古永继校点天启《滇志》卷一九《艺文志十一》，云南教育出版社，1991，第 634 页。
② （明）刘文征撰、古永继校点天启《滇志》卷二一《艺文志·龙泉山道院记》，云南教育出版社，1991，第 707 页。
③ 鲍觉民（1909~1994），1937 年春，鲍觉民参加中英庚款留学考试，以地质、地理、气象学科被录取，赴英国伦敦大学经济学院学习，师从曾任国际地理联合会主席及土地利用地理学开创者斯坦普教授学习经济地理和土地利用研究方法，1940 年以论文《中国交通建设与经济发展》顺利获得经济学博士学位，回国后被聘为南开大学教授兼西南联合大学教授，随西南联大到昆明，在呈贡开展土地利用研究。

利用》。特别是地理学家范金台、孙承烈等在滇池北部进行土地利用研究，撰写了《昆明银汁河区的灌溉及土地利用》[①]，全面展现了银汁河流域的水利与土地利用情况，虽然地理学家的调查是在20世纪40年代进行的，但是，考虑到明代银汁河流域开发已经比较充分，其重要的控制性水利工程和农田基本开发于明代，故这篇重要的文章值得重视。

银汁河源自黑龙潭，其自然河道仅为从黑龙潭南流2公里便汇入盘龙江。明景泰四年（1453）后开挖新的河道，从黑龙潭起沿昆明城北的蛇山东麓往西南，在城北小菜园一带汇入盘龙江，新河共长12公里。据明人李元阳《云南通志》所记，大约景泰四年明代官府曾组织人力大规模开挖银汁河，所谓新河即明代开挖的长12公里的河道。又据文献记载，景泰四年前银汁河仅是一条由盘龙江分支而出的短促河道，从景泰四年至成化十八年（1482）官府组织人力开挖疏浚新河和东西二沟，大约从松华坝、黑龙潭起至今昆明市小菜园再汇入盘龙江，经过30余年的开挖疏浚，银汁河在明代中期以后已成规模。

天启《滇志》说银汁河为距离昆明城"西十里曰银棱河，引乌龙潭水，由商山麓流过沙浪里南。昔堤卜多白花。今呼银汁河。[原书按语]此河存其名，其实渴谷也。相传胜国时赡氏开金汁河成，有人效之为银汁，欲引黑龙潭水而使北流，然高不善下，迄无成功，后见杀"[②]。所以银汁河是一条沿昆明市北部商山半山麓开挖的河流，与盘龙江形成并行的河渠，但银汁河所处地势较盘龙江高，形成一条高于该区田亩的自流灌溉河渠。自明代以后银汁河最大的特点是河渠高于农田，水流通过银汁河自流，分段建立堰闸，调控水量，分段灌溉。一般情况下，银汁河水流仅够夏季作物灌溉所用，为避免冬春干旱无水灌溉，常常在地势低洼的地方设置常年的或季节性的堰塘蓄水以备冬春灌溉。而夏秋雨量充分或者过多，多余的水则排入盘龙江，所以，银汁河区域由堰闸共同形成灌排体系加以控制。根据20世纪40年代地理学家的考察，银汁河的流量与坡度为"银汁河自承受了黑龙潭水以后，流往西南方向，在起初一段曲折很多，流到

[①] 范金台、孙承烈：《昆明银汁河区的灌溉及土地利用》，《地理学报》，1941。
[②] （明）刘文征撰，古永继校点天启《滇志》卷二《地理志二·云南府·山川》，云南教育出版社，1991，第74页。

第七章　明代滇池控制性水利工程与水环境变化 • 173

尚家营以西乃西折几乎成正西方向。流过约 500 公尺后又折向西南,此后流近山坡不再有什么曲折。到岗头村一带,作了几个弓型小湾,造成几个储水用的堰塘。到大涵洞以下,似乎是分出两支:一支南转了几个湾到小菜园入盘龙江;另一支自大涵洞西去不过一二百米就不见了。全河坡度很小,银汁河修筑的主要目的是在导引利用黑龙潭的水是无疑的,由地势与相对的位置及地形上可以推知,在未开此河或其他的水利工程之先,黑龙潭水所成的自然河一定是直率的南流,很快的在浪口、落梭坡一带就归入盘龙江"①。

银汁河的水源主要是泉水,最大的水源为黑龙潭,并非为盘龙江水,此外还有白龙潭、黄龙潭等龙潭泉水汇流而成,在银汁河的上游区域,岗头村、大麦西、茨壩等村附近,也有若干无名的小泉汇入,不断增大银汁河水量。银汁河水源的这一特点,与金汁河有很大不同,松华坝对银汁河的影响较小。而且"银汁河四季水利一定。虽因雨水略有涨缩,究竟有限得很。同时河堤颇高,雨季时也无泛滥至患。即今河堤倒塌河水外流,只要堰闸坝一开放,多余的河水马上便顺着沟渠,泄到盘龙江去"②。明代对银汁河的水利灌溉工程非常重视,成化年间曾经重新开挖了一条新的河道③,与元代的银汁河有所差异,"在景泰四年时(明景宗癸酉西历 1453)银汁河还是由盘龙江分支的旧道。到了成化十八年(明宪宗壬寅西历 1482)浚云南东西二沟从松华坝黑龙潭浚起,可知银汁河的新道必在成化十八年前早已筑成。然而必在景泰四年之后,所以必在景泰四年和成化十八年之间的三十年内"④。明代新的银汁河河道兴修完成后,极大地改善了灌溉条件,使银汁河河道高于需要灌溉的农田,形成非常顺畅的自流灌溉体系。抗日战争时期,西南联大学者对银汁河流域的灌溉和土地利用进行了细致研究,得出以下重要结论:

地形上的位置:银汁河河身的位置在地形上看是正在一个阶级

---

① 范金台、孙承烈:《昆明银汁河区的灌溉及土地利用》,《地理学报》,1941。
② 范金台、孙承烈:《昆明银汁河区的灌溉及土地利用》,《地理学报》,1941。
③ (明)刘文征撰、古永继校点天启《滇志》卷三《地理志·堤闸·云南府》,云南教育出版社,1991,第 121 页。
④ 范金台、孙承烈:《昆明银汁河区的灌溉及土地利用》,《地理学报》,1941。

(terrace）上，如果我们细察一下它各点的堤比它左右两方田地高出的差数则它的形势更见显明了：

（1）蒜村南河堤比田高出：——右（东）3m，左2m。
（2）尚家营西堤比田高出：——右（东）5m，左3m。
（3）西去转湾角比田高出：——右（东）4m，左3m。
（4）上庄东河堤比田高出：——右（东）5m，左2m。
（5）昆明苗圃堤比田高出：——右（东）7m，左同高。
（6）岗头村东堤比田高出：——右（东）6m，左1m。
（7）白龙潭东北比田高出：——右（东）4m，左1.5m。
（8）小马村文殊比田高出：——右（东）1.5m，左同高。
（9）大马村旁堤比田高出：——右（东）3m，左无堤。①

这种水高田低的灌溉体系，应当就是明代新开银汁河道后得到充分改善的情况。从银汁河的地理情况看，其灌溉区域在昆明东北部，是一带状低地的西半部，南端最狭不过百米左右，中间最宽有千余米，北部和西部较高，南部和东部较低。但由西北到东南坡度非常和缓，仅在黑龙潭、蒜村与落梭坡间一带有梯田，此外梯田较少。但山麓较田地仍较高。村庄和道路建筑在其较高的地段上面。在山麓和田地之间便是银汁河，所以银汁河在山麓的边缘。它的河床离田地相对较高，"我注意到的是本区内所有的可耕种的田地全落在河身的右（东）方，除了大麦西村东是有原因的例外。茨坝村一带因地势是黑龙潭水所流不到的，那么银汁河可以说是已经在它可能流到的最高地势上流泻了。它居高临下，所有需要它灌溉的田地都可以由它放水浇灌，完成它唯一的使命"②。这是一般的情形，其间也有例外。例如在上庄以北有些地方的银汁河和村庄之间也有水田存在③，明代文献上比较清晰地记载了银汁河的部分河闸，"王公堰闸、文殊寺闸，

---

① 范金台、孙承烈：《昆明银汁河区的灌溉及土地利用》，《地理学报》，1941。
② 范金台、孙承烈：《昆明银汁河区的灌溉及土地利用》，《地理学报》，1941。
③ 范金台、孙承烈：《昆明银汁河区的灌溉及土地利用》，《地理学报》，1941，第47~70页。

第七章　明代滇池控制性水利工程与水环境变化 • 175

俱在银汁河"。① 这说明明代基本完成了银汁河区域的农业开发，相应的水利工程也基本应当在明代完成。

  银汁河在会城东北，源发黑龙潭，由省城东北山麓回环纡流，灌溉城东北一带田亩。潭口东开一沟，名东龙须，向南流里许，入盘龙江；西开一沟，名西龙须，向西流里许，入盘龙江。又正河设一大闸，因时启闭，以资灌溉，并泻水入盘龙江。又西流数十丈，设一过洞，由河底泻水入盘龙江。又西流半里许，设十字流沙闸，泻五老山菁水入盘龙江，以免沙泥壅塞河身。又西流半里许，开一沟，名一瓦水；又西流半里许，开一沟，名牛吃水；二沟俱向南流，灌溉田亩，水入盘龙江。又正河西流里许，开一堰塘，名王公堰，每年春分，积水以资灌溉。又西流里许，河西岸有白龙潭，潭水东南流半里许，入正河，设白龙潭闸。又正河西南流二里许，有王俊闸。又西流二里许，设小营闸。又西南流半里许，开一堰塘，名龙王娘娘堰。又西流数十丈，开一堰塘，名惊蛰堰。又西南流里许，设文殊闸。又南流二里许，设分水闸。又南流半里许，开一堰塘，名古城堰。又自古城堰东向西流，汇入莲花池，泻水入盘龙江。银汁河自黑龙潭起，共计二十里许，入盘龙江。此银汁河之源流也。②

  银汁河上还有一种滇池流域常见并特有的"十字闸"，由两条河渠相交成十字形而不相汇，使甲河超过乙河之上，为滇池北岸平原中水流之另一特色。银汁河堤闸形成的沟渠灌溉，由一二人之力管理渠口之启闭，分派水量于各沟渠间，即可灌溉大部田亩。同时有蓄水灌溉，先选择适当之地址，筑成堰塘，当雨季多水时由河渠或山谷中导蓄之，至干旱时，即酌量放水灌田，实现"溉我稻区，奄为膏腴"③。

  明代银汁河是昆明地区最重要的军屯区，今仍保留着很多明代军屯的

---

① （明）刘文征撰、古永继校点天启《滇志》卷三《地理志·堤闸·云南府》，云南教育出版社，1991，第121页。
② （清）黄士杰：《云南省城六河图说·银汁河图说》，台北成文出版社有限公司，1974年影印本。
③ （明）刘文征撰、古永继校点天启《滇志》卷二一《艺文志·龙泉山道院记》，云南教育出版社，1991，第707页。

地名，如北仓屯、北堡屯、莲花池屯等。除了上述所论盘龙江、金汁河、银汁河水流与农田灌溉体系外，宝象河、洛龙河和晋宁地区的农田水利也逐渐发展起来，"大响水闸，小响水闸，俱在宝象河，新建，功利于民，与南坝同"①。

第七节　明代移民与滇池北部平原地区的开发

明代是滇池流域又一个重点的开发时期，如同以往历史时期滇池地区地区的重大开发一样，滇池流域的大规模开发往往因为大规模的移民而引发，明代是云南历史上最重要的汉族移民迁入时期，滇池流域的开发除了当地世居民族以外，由于汉族移民的进入，极大地增加了开发生力军。笔者在攻读博士学位期间完成了《变迁与交融——明代云南汉族移民研究》②，专门研究了明代云南汉族移民问题，得出如下结论："以实证的方式，考订了明代进入云南的汉族移民的类型、方式和数量等问题。认为明代进入云南的第一大类汉族移民是军事移民。论文对军事移民进入云南到时间、方式、组织形式、军籍管理制度及其人口的发展等作了细致考察。汉族军事移民第一代人口数约八十余万，是汉族移民的主流，主要在明代初期进入；明代中后期三征麓川和反对缅甸洞吾王朝侵扰时也有部分军队留屯云南，从而形成了一百二十余万人口的庞大的汉族军事移民。第二大类移民是罪徙移民，即贬谪安置或充军人口，终明一代都有大量的这类移民进入云南，对于这类移民进入云南的方式、分布定居的特点，论文都做了认真研究，但由于没有确切的史料依据，对其数量难以考说。第三类为民屯移民和自发式移民，主要有官府组织的民屯移民、因商而寓、因官而寓、因学而寓，以及内地人民逃避战乱和沉重的赋税负担而避居云南的移民，而且这类移民的数量相当巨大。"③ 当时研究核心的成果是明代云南汉

---

① （明）刘文征撰、古永继校点天启《滇志》卷三《地理志·堤闸·云南府》，1991，第121页。
② 陆韧：《变迁与交融——明代云南汉族移民研究》，云南教育出版社，2002。
③ 陆韧：《变迁与交融——明代云南汉族移民研究·摘要》，博士学位论文，云南大学，1999。

族军事移民人数达到 120 余万，从而导致云南民国结构的重大变迁，而进入云南的汉族移民以军事移民为主，在云南进行屯田农业开发，与当地世居民族相互融化，共同开发云南。在这个研究中，滇池地区是明代吸纳汉族移民最多的地区，滇池流域的明代开发与军事移民的屯田活动密切相关。

明代进入云南的军事移民是随着平定云南的军事行动展开的。自元代开始以中庆路为主滇池流域就是云南的政治、经济、军事、文化和交通中心，元代中庆路城（今昆明主城）也是云南行省会城，是元代云南行省的政治军事统治核心。因此明初平定云南的军事活动首先是以夺取和掌控云南政治军事经济中心昆明而展开，因而昆明成为明初平定云南最主要的镇戍重镇，滇池流域也成为明代最早的军事移民定居地。明代滇池流域的军事移民是伴随着平定云南的军事行动展开和增强的。从军事移民的角度看主要有以下几次大规模的进入。

进入滇池地区的军事移民是随着洪武十四年（1381）九月至洪武十五年（1382）闰二月平定云南军事行动开始的。洪武十四年九月，朱元璋调集 30 万官军[①]起程征讨平定云南，洪武十五年闰二月基本平定了云南。朱元璋最初为平定和统一云南制定了快速集结、强力征讨、少量留镇、"分兵散守"[②]、主力撤回的战略，并打算在云南平定以后，只将征南大军中的少量兵力留镇于云南重要战略要地，主力则全部撤回内地。然而，云南的情况远比朱元璋所想的复杂得多。云南地处西南边疆，攻之不易，守之更难；云南民族众多，社会经济发展程度差异极大，明朝虽然取得了统一云南的军事胜利，但各民族势力据险自守，时常发动反抗明朝统治的斗争，威胁着明朝在云南的统治。为此，朱元璋果断调整了治滇方略，命其养子、征南右副将军沐英率部分征南军主力留镇云南，并采取"大军屯聚"[③]于重要战略城镇、交通干线，实施重臣镇守、留屯大军、移民实边的特殊措施。这一战略调整和沐英率领部分征南大军留镇云南，拉开了明朝对云南军事移民的序幕。昆明城就是当时最重要的镇戍重心，迅速建立起第一

---

① 据《明太祖洪武实录》卷 138、139、142。
② 《明太祖洪武实录》卷 146。
③ 《明太祖洪武实录》卷 144。

批军事卫所。洪武十五年（1382）正月，征南大军攻占省会云南府城（今昆明市），在城内设置云南左、云南右、云南前、云南后4个卫。在明朝初年平定云南的第一批设立的9卫1千户所中，40%以上的官军镇戍于昆明城，形成明代最早、最集中的军事移民区。

同时明朝政府于洪武十五年二月建立了云南都指挥使司和云南布政使司，管理云南的军政事务，明朝云南统治机构驻地云南府城（今昆明），云南府城实际成为明代统治云南的政治经济军事中心，各种统治机构逐一建立。

洪武二十八年（1395）陕西西河中护卫整卫调入云南，长期屯驻扎于云南府城（今昆明城）①，设置云南中卫。永乐元年又将广南卫迁于云南府城（今昆明城）中。② 在平定云南和设置卫所的过程中，明代云南的卫所，从洪武十五年开始设置，到明朝中叶，各种规制基本建立起来，卫所的建制逐渐完善。明朝的军事制度，"大率五千六百人为卫，千一百二十人为千户所，百十有二人为百户所"。③ 在卫所设置的过程中，由于镇戍的需要、卫所所在地屯田土地的多寡、气候、水利等条件及各地社会经济发展程度的差异等因素的制约，云南的军卫建制不可能统一，各卫领辖的千户所数量差异很大。云南府城是明代重点镇戍的地区，其卫所编制超过明朝正规员额，每卫官军竟达9000余人，大大超过5600人的正规编制，充分体现了明太祖在云南实行"大军屯聚"、重兵驻守的方略。④ 如此，明代昆明城区除了汇集了云南行政、军事和司法最高机构：云南布政使司、云南都指挥使司、云南按察司外，也是云南驻军最集中的地区，昆明城内分布着云南左卫、中卫、右卫、前卫、后卫和广南卫六个卫指挥机构，六卫官军及其家小不啻十余万人驻扎或环城进行军屯，使滇池地区成为明代云南最大的屯田区，而且六卫数万屯田官军不仅分布于滇池流域的云南府，而且在相邻的澄江府屯田，农田水利成为推进屯田和巩固云南政治经济稳定

---

① 参见《明史·兵志二》卷90，《明太宗永乐实录》卷22。
② 陆韧：《明朝统一云南、巩固西南边疆进程中对云南的军事移民》，《中国边疆史地研究》2005年第4期。
③ 《明史》卷90《兵志·卫所》。
④ 陆韧：《明朝统一云南、巩固西南边疆进程中对云南的军事移民》，《中国边疆史地研究》2005年第4期。

的先决条件。

当云南卫所制度和军政统治机构逐渐建立起来后，依照明朝内地的规制，设治必筑城，屯驻于昆明的卫所官军开始了滇池流域最大规模的筑城和城市建设活动。明代昆明城的筑城和城市建设是以汉族移民为主力展开的。由于云南为明朝新征服平定的地区，所以要求云南府城（今昆明城）务必城高池深，使城成为既能卫民安居，又能据守屯防的军事堡垒。明代云南府城昆明，南诏为东都，元代设行省治所于其中，遂逐渐发展为云南政治、经济、文化的中心。云南形成了设卫即筑城，筑城则大规模屯兵、移民充实的规制。洪武十五年云南布政司调卫所军士和云南府民夫在元代中庆路城的基础上进行大规模整修，该城的最大特点是云南前、后、左、右、中、广南等6卫与云南府城同城（今昆明市），隶属云南都司，选址的地理特点具有注重军事防御性、具有制内与御外的功能，水利条件好、交通便捷的特点，北靠蛇山，"东有金马山，与西南碧鸡山相对，俱有关，山下即滇池。池在城南，周五百里，其西南为海口，至武定府北，注于金沙江。又东有盘龙江，西注滇池"①。明代云南府城于"洪武十五年（1382）筑，周回一里三百二十四步②、周围九里有奇，开六门，东曰咸和、曰永清，南曰崇正，西曰广威、曰洪润，北曰保顺，上各有楼，其崇正门之楼则铜漏在焉，而重楼战格雄于南纪。西城上有钟楼。其演武之地有二处：一在崇正门外，曰小教场；一在保顺门外，曰大教场。环城有池，可通舟楫。前有坊四，曰忠爱（在正德年间后建）、曰安远、曰金马、曰碧鸡。其外有重关楼凡九，各跨衢市之隘，万历庚申按御史潘俊建"③。其规制符合内地省城规制，城墙周围近5公里，开六门，各门有城楼，并有护城河，城外有重兵布防以及演武场。

---

① 《明史》卷46《地理志七》，第1172页。
② （明）周季凤撰修正德《云南志》卷一《云南等处承宣布政使司》，载方国瑜主编《云南史料丛刊》第6卷，云南大学出版社，1998，第108页。
③ （明）陈文纂修景泰《云南图经志书》，李春龙、刘景毛校注，第9页；（明）周季凤撰修正德《云南志》卷一《云南等处承宣布政使司》，载方国瑜主编《云南史料丛刊》第6卷，第108页；（明）邹应龙修、李元阳撰万历《云南通志》卷五《建设志第二》，载方国瑜主编《云南史料丛刊》第6卷，第526页；（明）刘文征撰、古永继校点天启《滇志》卷五《建设志第三》，第181页。

明代昆明城城内规制模仿内地省会城市的规制，具有镇山、中轴线和重要军政机关的布局特点，其以五华山为镇山，以今正义路至南门（今近日楼百货大楼附近）为中轴线，重要的军政机构，如黔宁王府、云南布政司署、云南都指挥使司署、云南提刑按察司署都集中在正义路、威远街一带。同时还有云南前、后、左、右、中、广南等六卫的卫指挥机关"散置于城中，各有经历司，卫镇抚，左、右、中、前、后及中左六千户所，其千户所亦各有所镇抚一、百户所十"[①]。于是昆明城内三司并置，省、府、卫同治，在昆明城周围屯聚6卫31个千户所，仅汉族军事移民就可达十余万人[②]，昆明城不仅是云南的政治、经济、军事、文化中心，而且因其城市规模宏大，城防体系完备，屯兵力度最大，成为明代汉族移民定居最多的都会。

明代云南始终贯彻军事征战、卫所设置与屯田镇戍相结合的治滇方略。洪武十九年（1386）九月，云南镇守总兵沐英上奏建议在云南"宜置屯，令军士开耕"，实施卫所屯田。沐英的建议被明太祖采纳。[③] 云南开始实施卫所屯田。"云南屯田最为重要，盖云南之民多夷少汉，云南之地多山少田，云南之兵食无所仰。不耕而待哺，输之者必怨；弃地以资人，而得之者益强，此前代之所以不能乂安此土也。今诸卫错布于州县，千屯伦列于原野。收入富饶，既定以纾齐民之供亿；营垒连络，又足以防盗贼之出没，此云南屯田之制所以甚利最善，而视内地相倍蓰也。又内地各卫俱二分操守，八分屯种，云南三分操守，七分屯种。"[④]

明代云南府城（今昆明主城）汇集了镇戍6卫的指挥机关，而十余万人的卫所官军军事移民在昆明城筑城镇戍，出城屯田，滇池流域就是其最早、最集中的屯田区，以"云南三分操守，七分屯种"而论，则有7万~8万卫所官军进行屯田。而滇池北岸湖盆平原自元代赛典赤进行海口河、松华坝、金汁河的水利建设，已经成为最具潜力的农业开发区，于是"皇

---

① （明）陈文纂修景泰《云南图经志书》，李春龙、刘景毛校注，第9页。
② 明制每个千户所1120名军士，每名军士携1个军余驻营屯田，军士和军余都带有家小，故能形成庞大的军士移民群体。参见王毓铨《明代的军屯》，中华书局，1965。
③ 《明太祖洪武实录》卷179。
④ （明）周季凤纂修正德《云南志》卷二《云南府》，载方国瑜主编《云南史料丛刊》第6卷，云南大学出版社，2000，第126页。

明平滇阳,环山皆为屯"①,滇池北部坝区为云南府城的 6 卫官军屯田提供了重要的条件,城的南门正处于成陆过程中,尚不能稳定地进行农业生产。沐英率领的滇池地区卫所屯田后,开拓农田与兴修水利并举,"岁校屯田所入增损以为赏罚,计远近垦田至九十七万亩。以滇池末浅狭,霖雨泛滥濒池之田不可以稼,乃督万丁,自池口入渠滥川中浚而大之,无复水患"②。由于明代中期以前滇池北岸只有云南府城(今昆明主城)的北面和东面具备了农业开发的条件,因此较早的卫所屯田主要分布在当时云南府城的北部、东部和南部晋宁州。据正德《云南志》记载,明代中叶滇池附近的集中屯田点就达 100 多个:

> 金马山屯、官渡河尾屯、四道坝边屯、不墩村屯、回流湾屯、松华坝屯、北庄口屯、石虎岗屯,俱云南左卫。
> 大西门外屯、黄土坡屯、西海子屯、金马山屯、黑林铺旁屯、马村屯、岗头村屯,俱云南右卫。
> 官渡屯、首蓿厂屯、南坝屯、南海子屯,俱云南中卫。
> 小西门外屯、西板桥屯、老者村屯、金马山屯、南海子屯、西海子屯、小东村屯,俱云南前卫。
> 北门外莲花池边屯、小西门外鱼池傍屯、白庙屯、官渡屯、西海子屯,俱云南后卫。
> 西板桥屯、波罗村屯、金马山屯、狗街子屯、黄土坡屯,俱广南卫。已上俱昆明县地方。
> 阳城堡屯大堡上、中、下营屯,俱晋宁州地方,俱云南中卫。
> 东三岔口屯,左卫。渔灯村屯,中卫。前卫屯,已上俱在呈贡县地方。
> 中所屯,在县东,左卫。左所屯,在县西,中卫。马军铺屯,在县西,广南卫。塘头屯,在县南,中卫,已上俱归化县地方。

---

① (明)刘文征撰、古永继校点天启《滇志》卷二一《艺文志·龙泉山道院记》,云南教育出版社,1991,第 707 页。
② (明)刘文征撰、古永继校点天启《滇志》卷二一《艺文志·黔宁昭靖王庙记》,云南教育出版社,1991,第 696 页。

中卫屯，在州东滇水边。前卫屯，在州治南。广南屯，在州西南。已上俱昆阳州。

校古里河西屯、邵甸里山后屯、高仓马军营屯，俱左卫。邹甸里路南屯、撒甸屯、庄果前屯、大营屯、水碓营屯，俱右卫。月丰寺前屯、校古里摇铃山下屯、依顺里□□□屯、中和里对龙寺前屯、弥□里东山□屯、梁王山下屯、邵甸里东山边屯、盐井屯、□拖屯、牧羊屯，俱前卫。崇正乡莫沙冲屯、古里东屯、四坝屯、阿古陇屯、黑口子屯、丁百户屯、金马里东山下屯、罗傍屯、猴街子屯、腰站屯、塘房屯、果子园屯、陇喜村屯、甸头屯、落郎村屯，俱杨林千户所。日足里宽郎屯、旧马街子屯，俱木密所。已上俱嵩明州地方，各屯俱有仓，散在村落。弘治十六年都御史陈金并归镇市。

小屯：明代军屯营地，初名中营，后建仓在此囤积粮食得名小屯。

马军场村：位于昆明平坝的东缘，金马山西南麓。明代马军驻地。①

由于明代中叶加大了滇池农田水利建设，以卫所官军为滇池水利建设的主要劳动力和农业开发者，明代海口河深挖疏浚工程、南坝闸工程、金汁河堰闸工程、银汁河新河道疏挖和堰闸建设工程、松华坝加固工程、西院横山水洞灌溉工程等一系列控制性水利工程都是在屯田卫所官军与当地百姓的共同配合下进行的，即"环海卫所州县，若云南六卫屯戍之籍以及安宁、易门两守御所"②等滇池地区驻防屯田卫所成为治理滇池和兴修水利的主力，极大地改善了滇池流域的农业条件，使滇池流域的农业开发向更广、更深的领域拓展，而明代卫所屯田的主要分布区正好处于图7-4及图7-5所示滇池水利工程收益的区域，如银汁河灌区、金汁河灌区、宝象河灌区、盘龙江南坝闸以北灌区、横山水洞灌区等，由此可见，明代滇池流域开发的驱动力有两个重要因素：一是大规模的汉族军事移民进入

---

① （明）周季凤纂修正德《云南志》卷二《云南府》，载方国瑜主编《云南史料丛刊》第6卷，云南大学出版社，2000，第126~127页。
② （明）刘文征撰、古永继校点天启《滇志》卷二四《艺文志·海口修浚碑》，云南教育出版社，1991，第822页。

和屯田；二是大规模的滇池水利建设。正是这两大因素的互动作用，滇池地区当地百姓与汉族移民的相互交融，共同促进了滇池流域的开发，其人地关系实现了和谐发展，并为清代的农业水利条件的完善和滇池全流域的整体开发创造了条件。

图 7-4 明代滇池北部、东部坝区卫所屯田分布示意

注：本图由马琦根据上述论述绘制。

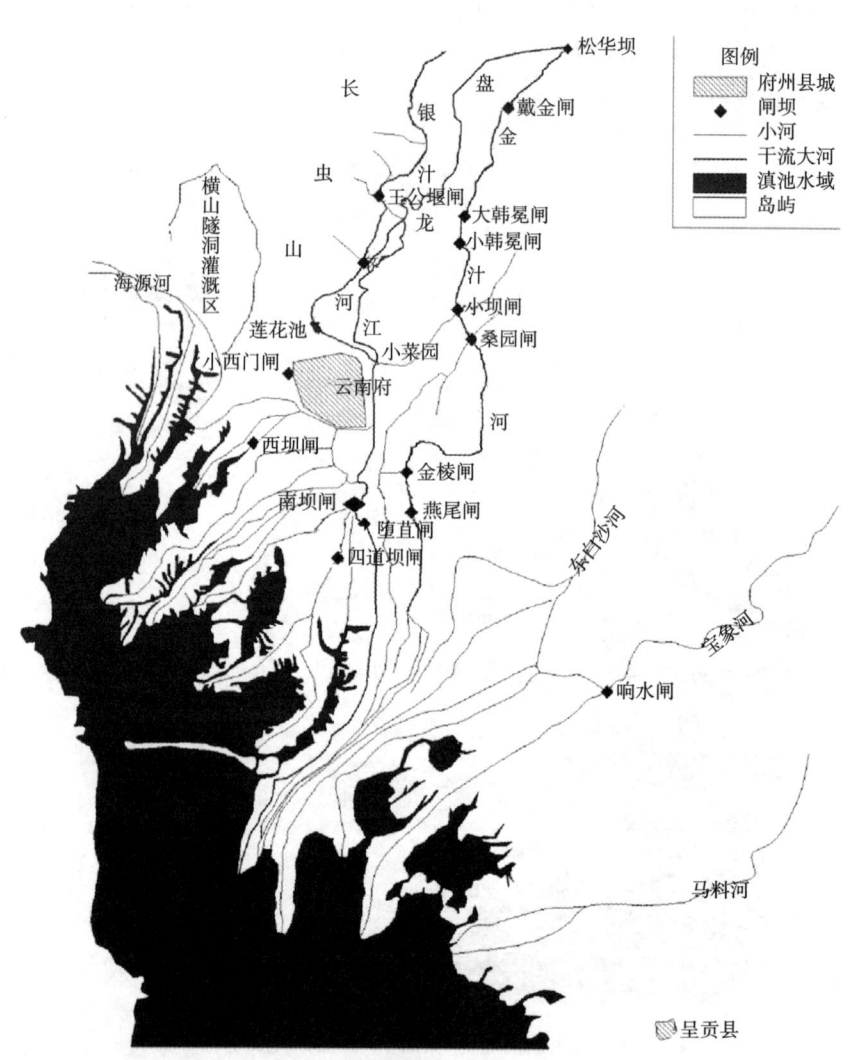

图 7－5　明代滇池流域主要水利建设分布示意

注：本图由马琦根据本章研究绘制。

第八章

清代滇池流域的水系与水利

因高原盆地地形的限制和湖泊型水系的关系，河流众多、水系发达的滇池流域一直存在水患的威胁，故元明时期滇池流域的水利开发主要集中在滇池出水通道海口河和入滇河流盘龙江的干流之上，而其他河流则不见于记载。清代，随着农业开发的深入和区域的扩展，人们对水资源的需求日益增强，滇池北岸南部湖滨平原逐渐涸干成陆过程中，特别是在明代控制性水利工程南坝闸的河渠分流灌溉体系逐渐形成，原来的滇池退水"海沟"经过人工疏浚演变成灌溉河渠，形成"一源十尾"水系特征，这些水利建设形成的灌溉体系，在清代的人们对滇池流域水系认知中，均以河流名之，故见于记载的河流有20余条。清代在明代的基础上，进行大规模的水系改造和水利设施的兴建，使滇池流域的水利灌溉体系趋于完善。同时，随着人口增加对耕地的需求，围湖造田日趋激烈，滇池流域的水陆变迁亦较为明显。本章即梳理清代滇池流域的水系改造过程，复原其水利灌溉体系，重点阐述滇池流域的水陆变迁过程。

第一节　清代滇池流域的水灾与河道疏浚

作为滇池流域的主要河流在清代进行过多次河道疏浚，堤、坝、闸、涵洞、沟、渠等水利设施亦不断增多。清代之前，盘龙江已有不少闸、坝、涵洞，实现防洪灌溉之目的。如景泰《云南图经志书》载，南诏大理时期就已在盘龙江河道两岸修筑河堤，且"尝筑土石，托神灵护之，号佑文、来镇二堰，高下之田受灌溉者数十万亩，元平章政事赛典赤增修之"，明景泰四年云南总兵官沐璘改建南坝为石闸。① 但至清初，河道大多壅塞，洪水泛滥。康熙《云南府志》载："松花坝，在城东北山下……本朝康熙五年以来，屡次水泛堤决，巡抚袁懋功、李天裕题请岁支盐课银葺之，名曰岁修。二十年大兵平滇，坝已倾毁。"② 盘龙江水利失修也与人为破坏有关。如康熙二十一年（1682）云南巡抚王继文称："自变乱之后，沿河之堤、埂、坝、闸未经修葺，日久倾颓，上年大兵困逆，周围壕堑不得不拆毁挑挖，以致水利阻塞，灌溉不通，田亩荒芜，居民失业。"③ 因此，规定每年修护松华坝，额银八百两，每年十一月起次年三月止，即松华坝的"岁修"规定。

至雍正年间，河道再次失修，河水泛滥。雍正八年（1730），云南总督鄂尔泰奏请对海口河及昆明六河进行大规模河道疏浚与水利设施建设，命云南水利粮储道副使黄士杰总理，由沿滇池的昆明、呈贡、晋宁、昆阳四州县具体负责，分段实施。④ 黄士杰将各河"疏导深通，砌石岸坝闸，增开子河，新筑堤埂"⑤。同时，规定了盘龙江各段河道维修的管理、人工及经费："至修理事宜，自小东门至分水岭，由马蹄闸、桂香桥转小泽口、鸡鸣桥，入护城河，两岸关系民居者，民自修理，关系田畎者，官管修理；又自分水岭下，正河、支河各堤岸，俱系田畎，官管修理，如石工椿木，官为动项买备，其土工人夫，各按田畎派出。"并于太家河河头增建分水滩，禁止在转塘河内撒秧苗，保证河道通畅⑥。雍正十年（1732），滇池流域河道疏浚完成，总督鄂尔泰进一步奏请："至如盘龙江、金棱、银棱、宝象、海源、马料、明通、马溺、白沙等河，俱与海口相近，宜建闸

---

① 景泰《云南图经志书》卷一《云南府·山川》。
② 康熙《云南府志》卷四《建设志·堤闸堰塘》。
③ 康熙二十一年云南巡抚王继文《请修河坝疏》，康熙《云南府志》卷十八《艺文志二·奏疏》。
④ 云南总督鄂尔泰《奏为海口兴工神龙示现事》，雍正八年三月二十六日，《雍正朝汉文朱批奏折汇编》第十八册，第287页。
⑤ 雍正《云南通志》卷十三《水利》。
⑥ （清）黄士杰：《云南省城六河图说·盘龙江图说》。

筑坝，令云南府水利同知巡查。并请于昆阳州、添设水利州同一员，驻劄海口，以专责成。再，通省有水利之处。凡同知、通判、州同、州判、经历、吏目、县丞、典史等官，请加水利职衔，以资分办。"① 规定沿河各州县官兼职水利事务，随时巡查、疏浚，以维护水利，并将水利兴修扩展至云南全省。②

虽然规定沿河州县官随时疏浚河道，但因雨季雨水集中，河水仍不时暴发。乾隆四年（1739）七月，云南巡抚张允随奏："各属丰收，惟省城于七月初雨后水发，冲决宝象河堤，田亩被淹，民房坍塌。"③ 乾隆十三年（1748），云贵总督张允随又奏："滇省六月中旬，连日大雨，河水泛溢，昆明县淹没田亩兵民房舍，并云南府属之昆阳、嵩明、安宁、富民、宜良、呈贡、晋宁、罗次、禄丰、曲靖府属之平彝、澂江府属之河阳、路南、广西府属之弥勒等州县。……又七月初十、十一等日，大雨水涨，昆明、安宁、呈贡、晋宁等州县有续被水淹之处。"④ 本次水灾影响甚大，遍及滇池流域。孙髯翁叙述此次水灾时称："故乾隆戊辰岁（十三年），久雨江沸，举凡环江之屋，倾坏者十之四五，致使老少男女失所飘零，婴童处子负携巷哭，涉水褰裳，泥途襟肘，竟至釜甑无存，寄栖萧寺，而观者于兹无不酸心楚鼻也；况禾又大伤，人无宁宇，其何以堪乎？"⑤ 清廷不得已赦免昆明、呈贡、晋宁三州县田赋银 1180 余两、米谷近 1000 石。⑥ 此次水灾也冲毁滇池流域各河堤坝，河道壅塞，水流不畅。故次年五月，云贵总督张允随奏请紧急启动滇池流域河流疏浚和水利维修工程。⑦

乾隆四十年（1775）、四十二年（1777），盘龙江水再次冲击昆明城。

---

① 《大清世宗皇帝实录》卷一百十七，雍正十年四月辛丑，工部议复云贵广西总督鄂尔泰疏。
② 《大清世宗皇帝实录》卷一百十七，雍正十年四月乙卯，工部议复升任云贵广西总督鄂尔泰疏。
③ 《大清高宗皇帝实录》卷九十七　乾隆四年七月甲戌，云南巡抚张允随奏。
④ 《大清高宗皇帝实录》卷三百二十一，乾隆十三年七月丁丑，上谕。
⑤ （清）孙髯翁：《盘龙江水利图说》，道光抄本。
⑥ 《大清高宗皇帝实录》卷三百三十九，乾隆十四年四月戊戌，免云南昆明、晋宁、呈贡三州县粮赋。
⑦ 《大清高宗皇帝实录》卷三百四十一，乾隆十四年五月壬申，工部议准云贵总督张允随疏。

孙髯翁称:"乾隆乙未、丁酉二年,江水大泛,漫高堤岸一、二尺,又加黄龙庙傍,堤岸内崩,其水淹高伏魔寺戏台之上,将山门外石狮冲倒;及各处宫观庙宇,尽皆倾倒,惟存台阁高殿;民间房屋,片瓦无存;东、南、西三城竟成汪洋,二十四铺皆为大海,三市街撑船往来,城门口俱用大木枋闸之。如此水势,可叹万民遭飘零之苦、受破家荡产之灾;其中惨苦,言之不尽。"乾隆四十二年(1777),云贵总督李侍尧称:"云南省城自六月初四至初六日,昼夜大雨,山水汇注盘龙江,宣洩不及,城厢内外水深三、四尺,居民房屋致多倒塌。"虽然"人口田禾均无伤损",但"城厢内外仓卒被水,虽不致成灾,然被水各户一时栖身无所"。因此,除了各属查勘灾情,抚恤民众外,李侍尧奏请:"至盘龙江应设坝闸,以资启闭蓄洩,自应即时确勘兴修。"① 沿河各官虽兼水利职责,但因政务繁忙,经费有限,并不能使力疏浚河道。如雍正九年(1731)所设昆阳州州同一员,专司海口河水利,"但自设立以来,除修理河务之外,终年无所事事,而该州同并不管辖村庄,额设书役无多,一切雇夫办料未免呼应不灵,转滋掣肘"。乾隆四十三年(1778)云南巡抚裴宗锡认为:"微员廉俸有限,每年领项修浚,恐未必功归实用,尽合章程,以致旋浚旋淤,河流不能通畅,本年夏间,雨水稍多,乡间有漫溢。"②

滇池流域历次水利,多侧重于培修河堤,而河道逐渐淤积,导致河床抬升,水患仍旧不断。如乾隆四十八年(1783),云南巡抚刘秉恬奏:"云南省城之六河,昆明一带田亩藉以灌溉,历来岁修但培堤埂,未浚河身,日渐壅塞。臣于去冬履勘金汁、银汁、宝象、海源、马料等五河,委员修理。惟盘龙江为六河巨津,宜及春时修浚,现饬挑挖深通,并培堤、砌闸、筑坝、分段定限报竣。"③ 可见,六河水利修护,不但要修培堤坝以免满溢,而且需深挖河床,疏导水流,还应与沿河闸、坝等调节设施配合,才能趋利避害。但盘龙江水患并未完全消除。嘉庆十年(1805)八月上

---

① 《大清高宗皇帝实录》卷一千三十七,乾隆四十二年七月己卯,上谕军机大臣等。
② 云南巡抚臣裴《奏为请裁冗该之州同以专责成事》,乾隆四十三年正月三十日,《内阁大库档案》,编号:000133729。
③ 《大清高宗皇帝实录》卷一千一百七十五,乾隆四十八年二月[日期不详],云南巡抚刘秉恬奏。

旬，云南府阴雨连绵，滇池水位上涨，满溢滨湖地带，昆明县止善等十六里、昆阳州循礼等三十五村、晋宁州金沙等九堡十六村、呈贡县江安等十一村均不同程度受灾。灾后统计：共计淹没农田86680亩、房屋倒塌5000余间、灾民6万余口。①

道光三年（1823），大水再次袭击滇池流域，环湖四州县被淹耕地6.3万亩，政府不得不豁免相关地区粮赋七成，共计丁银2744两、秋米2018石。② 咸同军兴以后，政府忙于战事，无暇顾及各河。光绪二十年（1894），云南巡抚谭钧培奏称："军兴后各河停修二十余年，陆续沙壅，直无完善之区。"③ 因此"滇省光绪八年分重修，昆明六河石土堤岸，并挑挖昆阳海口各子河、沙塘等工程，共动支粮储道库米粮银二千八百四十四两七钱九分五厘六毫"④。

虽然松华坝、海口河有岁修之例，但工程资金非常有限，而滇池流域各河之疏浚亦非常例。"溯查乾隆三年起至嘉庆五年，共大修过海口九次，六河七次，所用银两自一千数百两至七千数百两不等。"⑤ 可见，每隔8年左右，即需大修一次，而每次所投入的资金仅数千两而已。而据前所述，每次六河及海口河的大规模疏浚和修护，均为遭遇水灾之后，作为政府应急补救工程。故每次大修之后，各河相对安稳一段时间，水利之重要性被逐渐淡化。但因政府资金投入和工程规模所限，数年之后，各河道壅塞、河堤溃塌、水利失修，河水再次泛滥，又引起政府关注而大兴水利。

---

① 云贵总督伯麟《奏为勘明昆明等四州县被水情形分别抚恤恭折具奏仰祈圣鉴事》，嘉庆十年十一月［日期不详］，《内阁大库档案》，编号：000012077。
② 户部《奏为蠲免被水州县应征条公银两事》，道光三年十一月十六日，《内阁大库档案》，编号：000019886。
③ 云南巡抚谭钧培《奏报滇省重修昆明湖及挑挖昆阳州各河动支经费事折片》，光绪二十年八月九日，《军机处档折件》，编号：000135289。
④ 云南巡抚黄槐森《奏为光绪八年分重修昆明六河石土堤岸并挑挖昆阳海口等工程共动支银两实支实销并无浮冒等由附片》，光绪二十三年五月五日，《军机处档折件》，编号：000139918。
⑤ 云贵总督伯麟《奏为请动河工积余银两挑挖昆阳海口以泄蓄水而俾农田仰祈圣鉴事》，嘉庆十年十一月［日期不详］，《内阁大库档案》，编号：000012047。

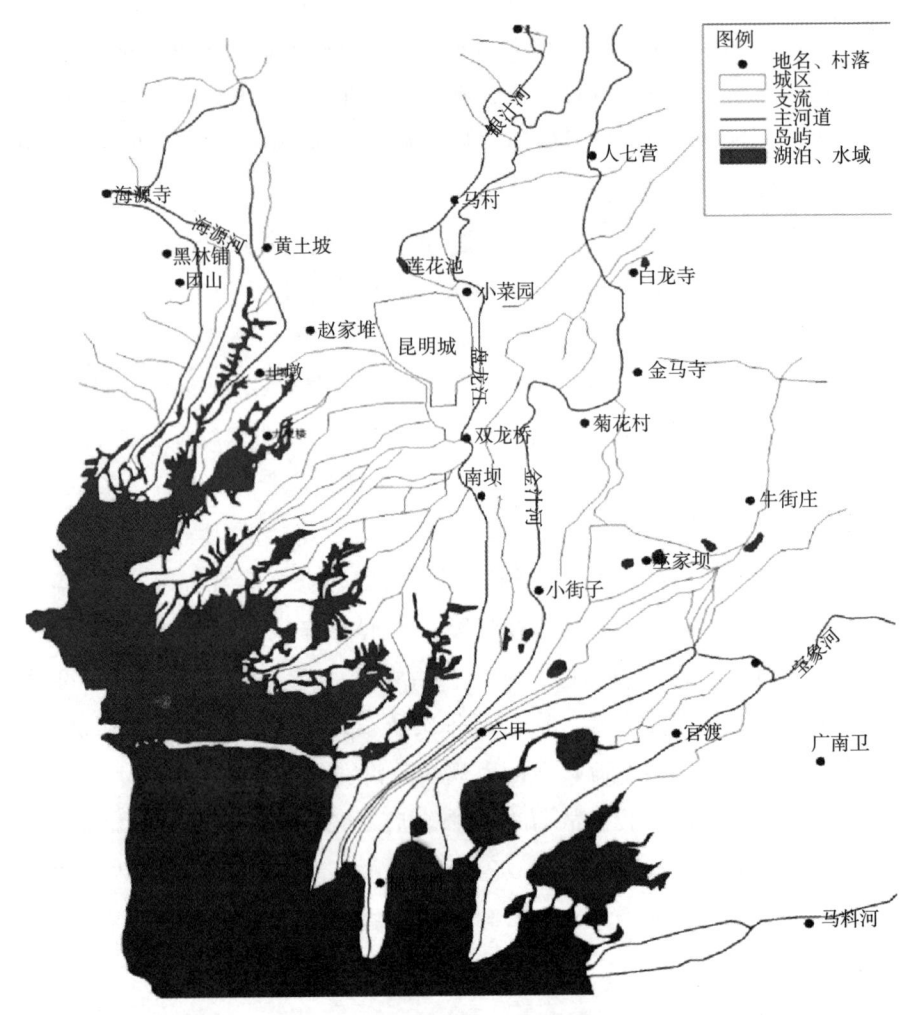

图 8-1　滇池湖盆北部地区水系分布

第二节　盘龙江、金汁河的水系与水利

盘龙江，又名滇池河，是滇池流域的第一大河流，元明时期已有记载。如明景泰《云南图经志书》称："盘龙江，在郡城东，源出屈偿、昧样、邵甸山中，凡九十九泉，混混然与诸涧会而为一，蜿蜒滂湃，南入滇池。"[①] 但

---

① 景泰《云南图经志书》卷一《云南府·山川》。

是，清代以前关于盘龙江的记载非常简略，仅涉及盘龙江的位置、水源及松华坝、南坝等闸的兴建。① 清代对盘龙江水系的认识更加丰富，河道的人工改造和水利设施的增修，使盘龙江区域灌溉系统趋于完善。

一 盘龙江、金汁河水系

雍正朝以前，对盘龙江源的认识仅限于嵩明州邵甸的九十九泉。② 雍正八年（1730），云南总督鄂尔泰奏请疏浚滇池海口及昆明六河，委云南水利粮储道副使黄士杰负责。"考黄公于雍正八、九年间任督粮水利副使，时制府鄂文端公、中丞张文和公兴修水利，委任甚专，其于六河、海口诸水，穷源溯委，考核精详，而疏浚、修筑、启闭闸坝一切规条，法良意美。"③ 黄士杰所著《云南省城六河图说》载："盘龙江在会城东北，来自嵩明州邵甸里。其源有三：一自黄龙洞，流百里；一自黑龙潭，一自冷水洞，各流二十里，至三家村，入石峡；合流三十里，至松华坝。"④ 其后所编的雍正《云南通志》亦载："盘龙江，在城东，源出嵩明州牧羊水，南流六十余里至甸南，汇旧邵甸县龙潭河，蜿蜒二十余里至松华山。"⑤ 黄龙洞所出牧羊水为正源，在"甸南"汇合冷水洞所出龙潭河后称盘龙江。经过乾隆、嘉庆年间多次疏浚，人们对盘龙江源头的认识进一步深入。道光《云南通志》载："滇池之源出嵩明州西北六十里东葛勒山，西南朵格卧宗龙黄龙潭，南流经牧养村为牧养河，又南流至高仓，左会邵甸河水为盘龙江。""邵甸河，源出嵩明州西北三十里梁王山，即东葛勒山，西南旧邵甸县之甸头冷水洞龙泉百泓，西南流十余里由甸尾至高仓，与牧养河会。"⑥ 参照现代调查，牧羊河源头在嵩明县梁王山北麓的喳啦箐，经黄石岩南流入官渡区小河，长54公里；冷水洞所出为龙潭河，今称小河，源头在嵩明

---

① 参见景泰《云南图经志书》、正德《云南志》、天启《滇志》等相关文献。
② 康熙《云南府志》卷一《地理志·山川》。
③ 道光十八年，云南粮储水利道沈兰生《六河图说跋》，黄士杰：《云南省城六河图说》，光绪六年重刊本。
④ （清）黄士杰：《云南省城六河图说》之《盘龙江图说》。
⑤ 雍正《云南通志》卷十三《水利》。
⑥ 道光《昆明县志》卷一《山川》。

县龙马寺山箐,穿白邑坝子、甸尾峡谷,经苏家坟南流入官渡区小河,长29公里,两河在官渡区小河村岔河嘴汇合,向东经蟠龙桥、三家村流至松华坝。盘龙江源头及上游河道与今天大体一致,所不同的是两河交汇地,不论是甸南还是高仓均与今天有所出入,可能与松华坝水库的改建有关。

松华坝以下的盘龙江经昆明城北、东、南三面入滇池,支流甚多,以金汁河最为著名。景泰《云南图经志书》载:"(盘龙江)至松花坝则分而为二,其一由金马山之麓流过春登里,其一由商山之麓流过郡城。蒙段氏时,由金马者,堤上多种黄花,名绕道金棱河;由商山者,堤上多种白花,名紫城银棱河。尝筑土石,托神灵护之,号佑文、来镇二堰,高下之田受灌溉者数十万亩。"[①] 金汁河是南诏大理时期人工开凿的河道,自松华坝引盘龙江水,经金马山山麓,沿滇池坝子东北缘绕行,可视为盘龙江水系的支流之一,但河道具体走向不明。雍正时期黄士杰的查勘也包括金汁河。"金棱河,在城东十里,俗称□汁河,自松华坝分水,经金马山麓,绕春登里东乡,至海约六十里,两岸俱石堤,盘亘高大,许束水于中,分砌涵洞以均引灌。"[②] 清代昆明县春登里东乡约在今昆明市东站、董家湾、吴井桥一带,即金汁河已由东北面的金马山麓南绕行至昆明城东南。

金汁河虽引盘龙江水所开凿,但河道并非单一。据《金汁河图说》记载,金汁河由盘龙江自松华坝闸分水,经南面莲峰山麓向西流一里至大将村南下。大将村今已不存,参照民国时期地图,其位置在松华坝与竹园村之间,应在今盘龙区龙泉街道办回龙村附近。金汁河沿东山麓东南行三里、十里、十五里处,各设闸开河,通盘龙江;再南行十五里至小坝(今小坝立交桥东有金汁河桥),分一渠西南流至昆明城东门外消失。金汁河在小坝南里许,另开一河,为明通河,该河经东门外由塘子巷南流,三十里至滇池,夹于盘龙江和金汁河之间。金汁河南流五里至金马山,分一渠西南流入王宝海(在今宝海公园内)。金汁河南流里许,开广南卫沟,亦汇入王宝海。金汁河在此折向北流,二里至地藏寺(今拓东路古幢公园内),又南流二里至吴井桥(今吴井桥街道办),再南一里分一渠西流,过

[①] 景泰《云南图经志书》卷一《云南府·山川》。
[②] 雍正《云南通志》卷十三《水利》。

明通河十字闸入盘龙江。金汁河南流七里，开军民沟，引水入三塘九围。三塘地名今已不存，参照民国地图，应在今官渡区小街附近，而九围则为积水堰塘。金汁河南流三里分为二支，一支东南流，经三塘下游，南流入滇池，另一支西南流入滇池。① 可见，金汁河不但主河道曲折迂回，河尾一分为二，而且接分出明通河、广南卫沟、军民沟等灌溉沟渠，并与周围王宝海、三塘九围等湖泊、堰塘相连。道光《昆明县志》进一步记载，金汁河沿途之莲花箐水、桃源村水、青龙潭水、黄龙潭水、白龙潭水和清水河、杨妈妈河、杨清河均通过闸坝汇入金汁河，又有专门河道与盘龙江相通。② 这些季节性河流、溪谷及山泉水，在旱季可以弥补盘龙江水之不足，而雨季亦可泄洪入盘龙江。至此，盘龙江中游以东诸水经过人工改造，与金汁河融为一体，变成一个自然与人工河道结合、灌溉与防洪并举的综合性水网。

除银汁河外，松华坝以下的盘龙江还有众多支流，流向错综复杂，俗称"一河十尾"。据《盘龙江图说》记载，盘龙江自分水岭（在今双龙桥附近）可分出一支，绕昆明城西南行，入护城河，称为玉带河，沿途又分出永畅河、西坝河、涌莲河、鱼翅河，流经昆明城西南部，在大观楼周边入草海；盘龙江主河南行，又分出一支，为采莲河，西南流入草海；盘龙江过南坝闸后，又分为金家、太家、杨家三河，分别注入草海，主要分布于螺蛳湾西南地区。③ 乾隆年间，孙髯翁概括盘龙江水系称："滇会有盘龙江者，发源于嵩明州之邵甸，潘曲迤逦，经嵩华，度云津，经双龙，过南坝，遂南注而入滇池，此主派也。而有支派焉，近城处分出二大支：一支自城南五里许南坝翰林闸上流，西分一支，为金、太、杨三河之源，三河终始，详载于图，今不多赘；又自城南二里许双龙桥分水口，西分一支，环城如带，与城河会，名曰玉带河，此河为永昶、板坝、西坝、鱼翅诸河之源。"④ 道光年间，盘龙江水网更为密集，如玉带河又分出中沟、龙须河、丰家沟、摆渡沟等河沟；而金汁河所分明通河又接纳小白龙潭水和白

---

① （清）黄士杰：《云南省城六河图说》之《金汁河图说》。
② 道光《昆明县志》卷一《山川》。
③ （清）黄士杰：《云南省城六河图说》之《盘龙江图说》。
④ （清）孙髯翁：《盘龙江水利图说》，道光抄本。

沙河（由响水闸分金汁河水）①。

二 盘龙江上的水利设施

天启《滇志》载，盘龙江上调节水势的蓄泄闸坝有松华坝、南坝、西坝、四道坝、漾田小北、堕苴、小西门七处。② 清康熙年间，盘龙江上又新增永昌河、王公二闸，而漾田小北闸则不见于记载，可能与河流改道有关。③ 这些水利设施的位置和功能，与盘龙江水利息息相关。

据康熙《云南府志》记载："西坝闸，在摆渡村河中。四道坝闸，在盘龙江下，明弘治年置。永昌河闸，在城南土桥外，康熙二十三年重建。堕苴闸，在城南土桥外，俗名堕多闸。王公闸，在城南小泽口。小西门闸，在城小西门外。"④ 西坝闸的位置，应与摆渡河有关。《盘龙江水利图说》载："柿花桥畔西北隅有一沟，名摆渡河，其沟甚大，源开涵洞，下达积波池……且此沟即昔日之板坝河也。""至柿花桥，又北走数步，至板坝河，此坝今废为涵洞。"⑤ 摆渡河即板坝河，乃玉带河于柿花桥（今柿花巷口玉河边）处所分支流，上引"此坝"应为西坝，在玉带河分流处，然乾隆年间已废弃。四道坝、永昌河、堕苴三闸均在昆明城南土桥外。"永昌河闸，在城南三里土桥外，本朝康熙二十三年水利道孔兴诏置。堕苴闸，在城南四里土桥外。四道坝闸，在城南五里土桥外，明弘治间置。"⑥ 此三闸均在昆明城南门外土桥附近，土桥在今东寺街与玉带河交叉口，距离南城门约二里，则永昌河、四道坝、堕苴三闸分别在土桥外一里、二里和三里地。盘龙江"又自分水岭，一支向西流里许，又分二支：一向西流，出马蹄闸，名永畅河，西流入草海"⑦。分水岭在今双龙桥北，其西流一里分出永昌河，分流处为马蹄闸。按照距离和方位，马蹄闸的位置应在

---

① 道光《昆明县志》卷一《山川》。
② 天启《滇志》卷二《地理志·堤闸》。
③ 康熙《云南府志》卷四《建设志·堤闸堰塘》。
④ 康熙《云南府志》卷四《建设志·堤闸堰塘》。
⑤ （清）孙髯翁：《盘龙江水利图说》，道光抄本。
⑥ 雍正《云南通志》卷十三《水利》。
⑦ （清）黄士杰：《云南省城六河图说》之《盘龙江图说》。

今东寺街与环城南路交叉口，北距土桥正好一里地，故推测马蹄闸即永昌河闸。今前卫街道办有地名四道坝，在南坝以西，乃金家河、太家河、杨家河分流处。按方位与距离推测，堕苴闸应在今黄瓜营与豆腐营之间，此乃采莲河分流处。王公闸在城南小泽口，为玉带河通护城河处，约在今沿河路与顺城街交叉口附近。小西门闸"在桥下，启闭壕水"①。即小西门外桥下，今小西门立交桥附近。

以上各闸均位于各支流分水口处，其功能在于调节水量，旱季放水入支流，利于灌溉，雨季封闭，防止江水过大，淹没支流沿岸农田庐舍。此外还有松华坝闸和南坝闸，松华坝闸建于元代，乃盘龙江上游蓄水设施，金汁河由此分流，在今盘龙区龙泉街道办上坝村松华坝水库。南坝闸在今官南立交桥南，明代改筑石坝，乃盘龙江下游江水蓄泄设施。盘龙江八闸，一直持续至清末。

三　金汁河上的水利设施

天启《滇志》记载："戴金闸、大韩冕闸、小韩冕闸、小坝闸、桑园闸、金棱闸、燕尾闸，俱在府东金汁河。"② 虽然简略，但表明至少在明末，金汁河上的这些水利设施就已存在。康熙《云南府志》所载，除了上述七闸外，又新增"新建闸"，但乃"康熙二十七年总督范承勋重建"③，可能始建于明末。雍正年间，金汁河上又增"三元闸"④，共计九闸。

戴金闸"在城外二十五里桃园村"⑤。桃园村今仍存，属盘龙区龙泉街道办。大、小韩冕闸"俱在城东北十五里任旗营，相距百步"⑥。任旗营在今盘龙区北辰小区附近。"以上各闸，水大则开闸枋，将水送盘龙江，以免漫溢；水小则闭闸枋，将水收入金汁河，以资灌溉。"⑦ 此三闸均为泄洪

---

① 天启《滇志》卷三《地理志·堤闸》。
② 天启《滇志》卷三《地理志·堤闸》。
③ 康熙《云南府志》卷四《建设志·堤闸堰塘》。
④ 雍正《云南通志》卷十三《水利》。
⑤ 康熙《云南府志》卷四《建设志·堤闸堰塘》。
⑥ 雍正《云南通志》卷十三《水利》。
⑦ （清）黄士杰：《云南省城六河图说》之《金汁河图说》。

闸，分别有河道直通盘龙江，防止金汁河水量过大而影响堤坝。以上三闸，雍正八年（1730）疏浚时，添修石堤，乾隆四十九年（1784）将韩冕闸坝改为滚水石闸。① 小坝闸"在城东十里小坝村，杨妈妈河水由过洞灌小坝村田"②。小坝村在今小坝立交桥附近，其旁有金汁河桥。杨妈妈河在此于金汁河相交，此闸的功能，旱季引杨妈妈河水补充金汁河水源，以资灌溉，雨季时杨妈妈河水穿过金汁河，泄入盘龙江。新建闸"在城东五里小坝闸下，康熙二十七年总督范承勋重建，蓄水灌溉，民甚利之"③。其位置应在小坝立交桥南白邑寺附近。因该闸重在蓄水灌溉，金汁河西岸应有灌溉河道与此闸相连。三元闸"在城东十里，分水为明通河"④。其位置约在今新迎园丁小区附近，该闸功能与新建闸相同。桑园闸"在城东八里白龙寺，导白龙潭水入河"⑤。白龙寺今仍存，在西南林业大学校内，白龙潭水自石闸入金汁河，桑园闸应在今石闸立交桥附近，其功能与小坝闸相同。金棱闸"在城东南五里伲家湾，水盛泄入盘龙江，以防堤溃"⑥。伲家湾地名今仍存，在今云铝小区附近。金汁河于此处开一河道，西流过明通河上的十字闸入盘龙江，金棱闸的功能为泄洪。燕尾闸"在城南八里南村界，分水为西岔河"⑦。南村今已不存，按金汁河走向及距离推测，燕尾闸的位置可能在今双桥村附近。金汁河由此分西岔河，燕尾闸的功能应重在分水灌溉。

以上九闸位置不同，功能各异。戴金箔、大韩冕、小韩冕、金棱四闸的功能重在泄洪；小坝、桑园二闸在于引导沿途河流，补充水源，雨季时肩负泄洪功能；新建、三元、燕尾三闸主要重于分水灌溉。

第三节　银汁河、海源河的水系与水利

银汁河发源于昆明市北郊黑龙潭，于莲花池泄入盘龙江。海源河发源

---

① 道光《云南通志稿》卷五十二《建置志七之一·水利一》。
② 道光《昆明县志》卷一《地理志·山川》。
③ 康熙《云南府志》卷四《建设志·堤闸堰塘》。
④ 雍正《云南通志》卷十三《水利》。
⑤ 雍正《云南通志》卷十三《水利》。
⑥ 雍正《云南通志》卷十三《水利》。
⑦ 道光《昆明县志》卷一《地理志·山川》。

于昆明市西北郊海源寺龙潭,南流入滇池。此二河流域位于今昆明市盘龙江以西、市区北部和西部,均属于清代昆明"六河"之列,然今已不存,复原其水系和水利状况是了解清代滇池流域水土资源利用的基础。

一 银汁河的水系与水利

银汁河的开凿时间可追溯至大理国时期。明洪武二十九年(1396),王景常作《龙泉山道院记》言:"逾昆明二十里,有山曰龙泉,山之下有穴焉,广二寻,深称之……其泉㶁而东南流,灌田数百顷,民赖其利。"[1] 明初如此的灌溉规模,表明这一地区早已存在大型水利体系。景泰《云南图经志》记载银汁河水系的来源:"南坝闸:距郡城五里许,其东北所出诸泉咸会于盘龙江,至松华坝则分而为二,其一由金马山之麓流过春登里,其一由商山之麓流过郡城。蒙段氏时,由金马者,堤上多种黄花,名绕道金棱河;由商山者,堤上多种白花,名萦城银棱河。尝筑土石,托神灵护之,号佑文、来镇二堰,高下之田受灌溉者数十万亩。元平章政事赛典赤增修之。"[2] 银棱河开凿于大理国时期,"由商山(今长虫山)之麓流过郡城",与今银汁河的流向大体一致。然天启《滇志》又记载了另一种来源:"(云南府城)西十里曰银棱河,引乌龙潭水,由商山麓流过沙浪里南。昔堤广多白花。今呼银汁河。此河存其名,其实渴谷也。相传胜国时赡氏开金汁河成,有人效之为银汁,欲引黑龙潭水而使北流,然高不善下,迄无成功,后见杀。"[3] 可见,银汁河的开凿应不晚于元代,引黑龙潭水经商山山麓西南流,至府城外汇入盘龙江,银汁河河道大致确定。

其后,在历次修治中,银汁河水系逐渐丰富。如清雍正十年(1732)四月,云贵总督鄂尔泰称:"又次及银棱河,其源出于城北二十余里龙泉观之黑龙潭,会白龙潭水,经商山麓,亦绕城东南曲折入海,今开通子河并岔河,分入盘江。据委安宁州知州杨若椿查勘,估报银棱河即银汁河,自黑龙潭至马村,通计上下流约二十余里,蒜村、一瓦水、白龙寺、文殊

---

[1] 王景常:《龙泉山道院记》,该碑位于今黑龙潭公园碑亭内。
[2] 景泰《云南图经志书》卷一《云南府·山川》。
[3] 天启《滇志》卷二《地理志一之二·山川》。

寺等闸并两岸堤埂俱应加修，需物料人夫口粮盐菜等项共银四百一十六两。"① 参与此次水利修筑工程的粮储道黄士杰，在其《云南省城六河图说》中详细记述了银汁河的水系状况②：自黑龙潭至盘龙江，沿途吸纳白龙潭、文殊泉诸水，经东龙须、西龙须、一瓦水、牛吃水等灌溉支渠分流入盘龙江，又有王公、王娘娘、惊蛰、古城、莲花池等堰塘蓄泄。据民国时期范金台、孙承烈的调查，银汁河主河道自黑龙潭西南流，河道曲折，至尚家营西折向正西，500公尺后折向西南，流抵长虫山脚，然后沿山脚西南流，经岗头村至马村，大含（涵）洞一下分为两只，一只往南，曲折流经小菜园入盘龙江，另一支自大涵洞西流，二百米后消失。③

可见，从元代至民国，银汁河以山泉为水源的特征并无明显变化。在人类利用水资源的过程中，长虫山山麓各条泉水被整合为统一的河道，不断增加的支渠和堰塘，使银汁河水系逐步成形和完善。银汁河水系所覆盖的区域也基本稳定，即以银汁河为中心，东以盘龙江为界，西至长虫山山麓，北自黑龙潭，南达莲花池、小菜园一带，成一东北西南向斜长地带，南北长约11公里，南端最窄处仅百米，中间最宽处约千余米，面积约12平方公里。

明清以来，在修治银汁河的过程中，逐渐修建了大量的闸、坝、堰、塘、沟、渠、涵洞等设施，形成了较为完善的水利系统，实现了防洪灌溉的主要目的。天启《滇志》载："王公堰闸、文殊寺闸，俱在银汁河。"④ 清代银汁河上的闸坝较多。据康熙《云南府志》记载："猓猡闸，在城北左卫营。王公堰闸，在城北涌泉寺下。白龙潭闸，在城北上庄村。小营闸，在城北小营村。文殊寺闸，在城西北文殊寺。王俊闸，在城北马村后。以上六闸均银汁河水所经，源发于府城正北山下黑龙滩。"⑤ 此六闸中，王公堰闸与文殊寺闸修建较早，其建造年代应不晚于明代后期。涌泉寺基址今仍存，在今三环北路岗头山隧道东口北侧。据笔者近期考察，泉

---

① 鄂尔泰：《奏为报明修浚海口大修六河并请定章程酌留需费以兴水利以济民生事疏》，雍正《云南通志》卷二十九之六《奏疏·本朝三》。
② （清）黄士杰：《云南省城六河图说》之《银汁河图说》，光绪六年重刊本。
③ 范金台、孙承烈：《昆明银汁河区的灌溉与土地利用》，《地理学报》，1941，第60页。
④ 天启《滇志》卷二《地理志一之三·堤闸》。
⑤ 康熙《云南府志》卷四《建设志五·堤塘堰闸》。

水自涌泉寺顺流而下，至在永丰寺前汇入一深约 6 米、面积约 300 平方米的圆形深坑，附近村民言，此乃王公堰所在，然因泉水稀少，堰底已建有民房。文殊寺在今小马村，位于马村立交桥南约 30 米路西，因属城中村拆迁范围，现寺已不存，文殊寺闸应在其附近。其余四闸亦见于康熙《云南通志》[①]，该书成于康熙三十年（1691），推测修建时间应为明末清初。四闸位置，雍正《云南通志》所载银汁河闸更为详细："文殊寺闸，在城西北八里小马村。小营闸，在城北八里小营村。白龙潭闸，在城北十里上庄；王俊闸，在城北十里马村后。王公堰闸，在城北十二里涌泉寺下。猓猡闸，在城北二十里左卫营。大闸，在城北二十五里蒜村。"[②] 上庄村今仍存，隶属于盘龙区红云街道办，村南约百米有白龙潭，其旁为白龙寺，泉水清澈，顺流而下至上庄与银汁河交汇，白龙潭闸应位于此。马村地名今仍存，王俊闸应位于其附近。小营村地名无法确定，然依其与城距离，小营闸应在上马村附近。左卫营地名今无存，按其与城距离推测，应在今尚家营附近。除了以上所列六闸外，雍正《云南通志》新增大闸，位于蒜村。蒜村地名仅仍存，故大闸应位于蒜村附近。大闸的修建时间应为康熙朝后期至雍正朝末年之间，可能与雍正八年大修六河有关。

参与雍正八年六河修治工程的云南粮储道黄士杰在《云南省城六河图说》中详细记载了银汁河的水利系统，兹摘录如下：

>银汁河在会城东北，源发黑龙潭，由省城东北山麓回环迁流，灌溉城东北一带田亩，潭口东开一沟，名东龙须，向南流里许入盘龙江，西开一沟名西龙须，向西流里许入盘龙江，又正河设一大闸，因时启闭，以资灌溉，并泄水入盘龙江，又西流数十丈，设一过洞，由河底泄水入盘龙江，又西流半里许，设十字流沙闸，泄五老山箐水入盘龙江，以免沙泥壅塞河身，又西流半里许，开一沟名一瓦水，又西流半里许开一沟名牛吃水，二沟俱向南流，灌溉田亩，水入盘龙江，又正河西流里许，开一堰塘名王公堰，每年春分积水以资灌溉，又西流里许，河西岸有白龙潭，潭水东南流半里许入正河，设白龙潭闸，

---

① 康熙《云南通志》卷八《城池·附闸坝堰塘》。
② 雍正《云南通志》卷十三《水利》。

又正河西南流二里许，有王俊闸，又西流二里许设小营闸，又西南流半里许开一堰塘，名龙王娘娘堰，又西流数十丈开一堰塘，名惊蛰堰，又西南流里许，设文殊闸，又南流二里许设分水闸，又南流半里许开一堰塘，名古城堰，又自古城堰东向西流，汇入莲花池，泻水入盘龙江。银汁河自黑龙潭起共计二十里许入盘龙江，此银汁河之源流也。①

黄士杰所记银汁河上有七闸，分别为大闸、十字流沙闸、白龙潭闸、王俊闸、小营闸、文殊闸、分水闸，与雍正《云南通志》的记载有异，有流沙闸、分水闸而无猓猡闸、王公堰闸。王公堰闸设于涌泉寺下，因王公堰而得名，王公堰纳涌泉水，余水泄入银汁河，故设有王公堰闸，与白龙潭闸的功能相同。然随着泉水的减少，王公堰除蓄水灌溉外，已无余水泄入银汁河，王公堰闸功能消失，日久废弃。十字流沙闸设于银汁河与五龙山溪水交汇处，携带泥沙的溪水从银汁河底通过，泄入盘龙江，该闸的设置与五龙山溪水水量增加有关。分水闸位于文殊闸与莲花池之间，而据前文民国时期范金台、孙承烈的调查，银汁河自大含（涵）洞以下分为两支，一支往南经小菜园入盘龙江，另一支西流200米后消失。大含洞与分水闸的位置大致相当，且符合分水闸的本意，推测此闸的设置当与银汁河下游分流入江有关。猓猡闸位于左卫营，与十字流沙闸所处位置相近，推测两者一废一兴，应与五龙山溪水变化有关。而王俊、小营、文殊三闸的主要功能在于调节银汁河水量。

银汁河闸坝的功能不尽相同，除了为灌溉支流蓄水、保护主河道外，均有泄洪渠通盘龙江，肩负防洪功能。如道光《昆明县志》引《六河考》言："六河又有旁通诸水，银棱河之通盘龙江者，凡十一支，曰东龙须、西龙须、大闸、流沙闸、一瓦水、牛碦水、白龙闸、王俊闸、小营闸、文殊闸、分水闸。"② 银汁河通盘龙江的11条支渠中，除了七闸所开泄洪渠外，东龙须、西龙须、一瓦水、牛碦水四渠虽亦通盘龙江，然灌溉作用更为明显。

---

① （清）黄士杰：《云南省城六河图说》之《银汁河图说》。
② 道光《昆明县志》卷一《地理志·山川》。

山泉是银汁河的主要水源，然水量有限，农闲蓄水以备农忙之用，故堰塘的重要性不言而喻。黄士杰所记银汁河上堰塘有四，即王公堰、龙王娘娘堰、惊蛰堰、古城堰。前文已考证，王公堰在今岗头村。据黄士杰所言，龙王娘娘堰距小营闸东北半里，前文考证小营闸在上马村附近，则龙王娘娘堰约在今上马村东北。惊蛰堰在龙王娘娘堰西十丈，亦应在今上马村东北。古城堰在分水闸南半里，前文考证分水闸位于大含洞，民国时期昆明地图中所标大含洞在今马村南、沙沟埂东，约在今下马村东，故定古城堰在今下马村南。以上四堰分布于岗头村至下马村之间，此段银汁河紧贴长虫山脚西南流，地处银汁河区域西部边缘，沿途亦无泉水、溪流汇入，堰塘的设立便于蓄水灌溉。与下游不同的是，银汁河自蒜村至岗头村，由东北流向西南，几乎横穿银汁河区域，且沿途有白龙潭、兰龙潭泉水及五龙山诸溪水，自西向东汇入银汁河，泉溪水的河道成为天然灌溉支渠。

堰塘闸坝等水利设施因地而设，因时而变。如东龙须沟，因"水底田高，沟水不能入田，建龙潭箐闸，蓄水灌溉"；再如下游河尾灌溉不易，"于文殊闸上建三箐坝，又于杨宣坡箐回开莲花池，又于北校场上开黑泥塘，积秋冬余水，灌溉下六排田亩"。诸如白龙潭水道上"送水鸡舍"、老张箐沟口"逼沙闸"、莲花池右的"和尚闸"，不一而足。[①]

清代后期云南方志关于银汁河的记载，大多沿用旧志。如道光《云南通志稿》关于银汁河水利设施的记载就引用康熙《云南府志》和雍正《云南通志》的资料；光绪《昆明县志》关于银汁河水利的记载与道光《云南通志稿》相同。[②] 所以清代后期银汁河水利系统的具体变化无从考证。民国《昆明市志》所载银汁河水利设施有大闸、流沙闸、白龙潭闸、文殊寺闸、分水闸五座及东龙须、西龙须、一瓦水、牛碾水四条灌溉支渠，而该书水利部分仅言："银汁河在未入盘龙江以前，支流四出，灌溉东北郊之田亩至广。"[③] 银汁河水利系统的具体情形则语焉不详。

[①] （清）黄士杰：《云南省城六河图说》之《银汁河图说》。
[②] 道光《昆明县志》卷一《地理志·山川》；光绪《昆明县志》卷三《建置志第五·堤坝渠堰》。
[③] 民国《昆明市志》之《河湖泉》及《产业·农业水利》。

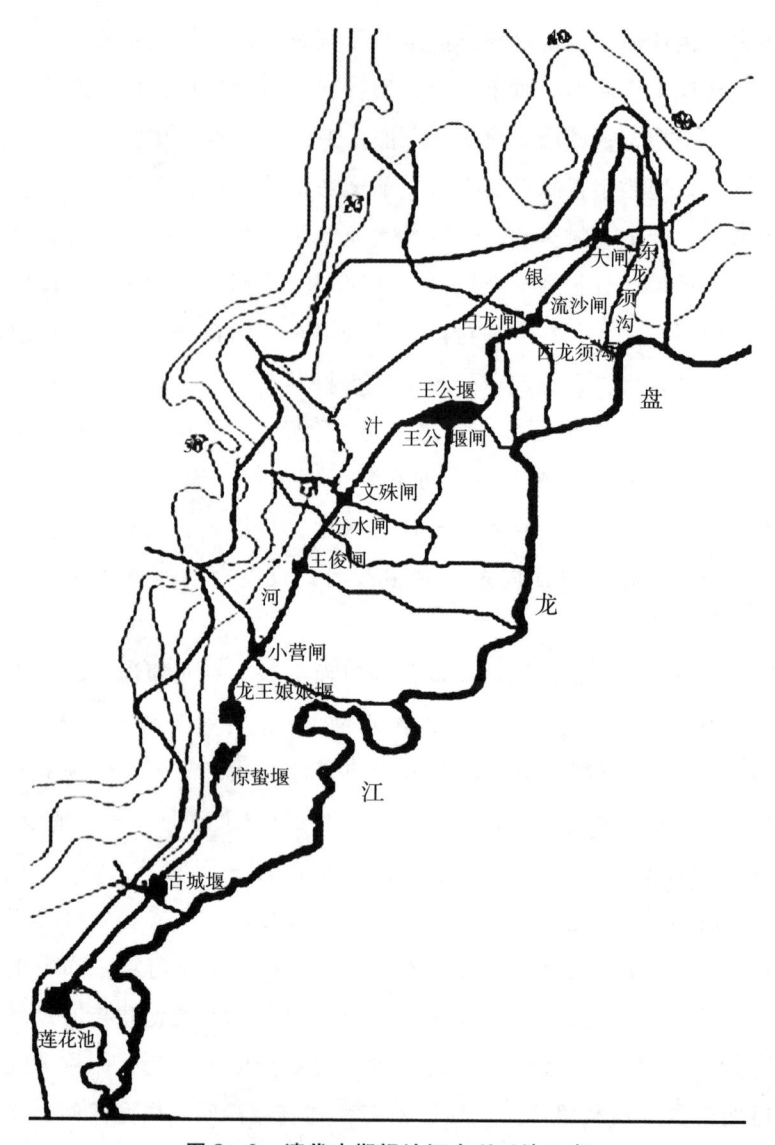

图 8-2 清代中期银汁河水利系统示意

注：本图以范金台、孙承烈所撰《昆明银汁河区的灌溉与土地利用》一文中所载地图为底图，附笔者考证银汁河水系及水利设施位置。

据 20 世纪 40 年代前后范金台、孙承烈的调查：银汁河自黑龙潭至蒜村段河身较浅，河堤高度与两旁田地基本持平；自蒜村起，河身与昆明至嵩明大路并行，一直延伸到马村才分开，河堤逐渐提高变宽，河身右岸（东侧）紧邻大路，堤宽 1.5 米以上，左岸河堤上有小路，相对较窄；河身最宽处约 2 米，以下逐渐变窄，马村一带仅有 1 米宽。与银汁河并行的水渠称为新沟，自岗头村东往西南流，至马村一带距离盘龙江仅 10 余米，流至大含洞以前汇入银汁河，其宽度由 2 米逐渐缩减至 1 米。银汁河区域内还有数条间歇性的自然河流，源于长虫山诸谷，自西向东流，与银汁河交汇时多架石桥或由河底涵洞穿过，泄入盘龙江，河道均修有人工堤。①

二 海源河的水系与水利

天启《滇志》记载："（府城）西二十里曰海源，在聚仙山下。其水流入清水湖为内池，滇水为外池，又曰鸳鸯池。"而"聚仙山，即西华洞，在城西二十里黑林堡"②。明代文献中有"海源"，而无"海源河"，据此推论海源河形成于明末清初。海源河发源于西华洞，在昆明城西二十里黑林堡，即今西山区黑林铺，南流入清水湖，即草海，至于河道走向及其支流则不得而知。直到雍正年间大修六河，海源河水系才有清晰的记载。

> 海源河在会城西北，发源海源寺龙潭，潭前建中、左、右三闸：左闸名东龙须，向北流，灌溉莲花池秧田，流里许，转东流，出十字闸，东流三、四里许，名江沧河，汇马军、南甸、茨桐、新闸、玉峰各沟水，东南流二里许，由许家闸下流二里许，入草海；右闸系向西南流，名西龙须，灌溉班庄等村田亩，自闸东南流四里许，至筇竹河口明桥，向南流十五里，至十字闸，转西南流三里许，入草海；中闸向东流五里许，至板桥关，设漫水闸，向东流三里许，西分一支，设梁家营闸，又流四、五里许，至海源桥，又流五、六里许，入草海，灌溉沿河两岸田亩。又正河自闸东南流半里许，有东北沙河汇普吉、漾田、钗村三山箐之水，至鸡舌尖汇入正河。水发时，一河不能容两河之水，因于金川桥旁开南甸、茨桐二沟，各设漫水闸；又于玉峰桥上设漫水新闸，闸下开新河；又改玉峰桥旁涵洞，以分沙河水势，免致冲决正河。海源河自海源寺起，共计二十里许，入草海。此海源河

---

① 参见范金台、孙承烈《昆明银汁河区的灌溉与土地利用》，《地理学报》，1941，第 60 页。
② 天启《滇志》卷二《地理志一之二·山川》。

之源流也。①

据上引黄士杰查勘，海源河发源于昆明城西海源寺龙潭，由潭外三闸分为三支。左闸流出为东龙须河，北流里许转东流，三四里后称江沧河，汇集沿途北面山谷溪水，东南流二里，过许家闸南流二里入草海。按其方位与距离推测，东龙须河北流至海源村附近折向东流，沿途吸纳溪水，称为江沧河，至大桥村附近东南流，经大塘子南流，在小屯立交桥以西入草海。右闸所出西龙须河西南流，经班庄（班庄村今仍存）后东南流，四里至筇竹河口明桥，转向南流十五里，转西南流三里入草海。西龙须河在今团山村西南流，约在普坪村附近入草海。中闸所出支流东南流，过板桥关至梁家河，分一支向西南流入草海；海源河主河东南流与东北来之沙河交汇，南流入草海。板桥关位置无法确定，但梁家河地名今仍存，在今人民西路与海源中路交叉口东侧。虽然不能清晰定位，但海源河三大支流的走向基本确定。

道光《昆明县志》关于海源河的记载更为详细。海源河的源头确定为昆明城西六十里的花红洞，会龙打坝水，潜流十余里，至聚仙山下涌出为龙潭，自龙潭东一分为三：北支为东龙须，经莲花塘东流为江沧河，汇沿途山谷溪水折东南流，过许家闸后入草海；中支为西龙须，东南流经班庄村，纳筇竹寺溪水，南流五里折西南流三里入草海；中支东流至梁家河闸分出一支西南流，即梁家河，南支东南流与沙河交汇，南流经海源洞、金川桥、玉峰桥入滇池，于金川桥分出南甸、茨桐二沟，又于玉峰桥分出玉峰沟入江沧河②。

关于海源河上的水利设施，明代文献没有记载。康熙《云南府志》载："左闸，在城西梁家河左沟。右闸，在城西梁家河右沟。中闸，在城西梁家河中沟。鸡舌尖，在城西海源寺。以上四闸均海源河水所经，源发于府城正西山下黄龙滩。"③ 左、右、中三闸均与梁家河有关，而梁家河地名今仍存，在今人民西路与海源中路交叉口东侧，则此三闸位置应在附

---

① （清）黄士杰：《云南省城六河图说》之《海源河图说》。
② 道光《昆明县志》卷一《地理志·山川》。
③ 康熙《云南府志》卷四《建设志五·堤塘堰闸》。

近。鸡舌尖在海源寺，海源寺今仍存，此闸应在寺内龙潭边。除此之外，黄士杰所言海源河上的十字闸、满水闸、许家闸及涵洞等水利设施，因文献记载简略，无法定位。

第四节　宝象河、马料河的水系与水利

滇池流域东部的河流主要有宝象河、马料河、洛龙河及捞鱼河，分布于今昆明市官渡区和呈贡区。宝象河、马料河属清代昆明"六河"之列，洛龙河与捞鱼河为呈贡县境内主要河流，均为清代滇池流域的重要水系。

一　宝象河水系与水利设施

天启《滇志》记载："（府城）南曰宝象河，源出上板桥，分泻至此，注入滇池。"[①] 康熙《云南府志》亦言："宝象河，在城南二十里，源出上板桥，分泻至官渡入滇池。"[②] 可知，宝象河源于上板桥，即今昆明市官渡区大板桥，于官渡区官渡古镇附近入滇池，但其水系及河道则缺乏详细记载。随着雍正年间大修六河时的大量查勘，对宝象河的记载逐渐丰富。黄士杰《云南省城六河图说》之《宝象河图说》载：

> 宝象河在会城东，其源有三：一自板桥驿城东岘（左山右内）山，泉水西南流六十里许，至板桥驿城东南，转西门；一自驿城北黄龙潭流五里许，合三十亩菁泉水；一自驿城西北分水岭，向南流三十里许，至黄龙潭前，与潭水会为一河，流五里许，至驿城西门明因寺前，会合岘（左山右内）山源水，向南回环流十五里许，西有小龙潭水及高坡山水，俱汇入正河。又正河西流十余里许，至祭虫山。又流里许，至大石坝，分西鸳鸯沟，又名铁索沟，向北流十数里许，汇白沙河头。又正河流半里许，至小石坝，分东鸳鸯沟，向西南流六七里

[①]　天启《滇志》卷二《地理志一之二·山川》。
[②]　康熙《云南府志》卷一《地理志三·山川》。

许，水仍归正河。其正河入蹼山中，向南流四、五里许，转西流里许，出老崔桥，向西流里许，分麻线沟，向西北流十里许，入旧门河。又正河流十里许，分羊堡头沟；又流半里许，分广济沟；又流半里许，分杨柳沟；俱向西南流入昆海。又正河自杨柳沟流半里许，至小板桥街之广济桥，分为二河：一名官渡河，向西南流；一名旧门河，向西流。官渡河自广济桥向西南纡回流六、七里许，至迎官坝，转西南流五、六里许，至龙石桥，又西南流七、八里许，至龙化桥，入昆海。又迎官坝北分一沟，流半里许，转西流，又分为三支：一支西南流，名余家河；一支正西流，名姜家河；一支西北流，名小村河；俱入昆海。旧门河自宝象桥与官渡河分流，至宝阳桥，向西流半里许，开芦包湾，开沧沟，俱向西流，入昆海。又流数十丈，分一支，名猓猡河，向南流十里许，入昆海。旧门河自猓猡河闸口向西北流，分清水沟，转西流二十余里，入昆海。又旧门河分泥鳅沟于北岸，向西北流六、七里，又转西流十里许，入昆海。又旧门河自泥鳅沟向西流半里，至天生桥，又半里许，至清明桥，又流五、六里许，至中闸，又流二十里许，入昆海。又宝象河自大石坝分西鸳鸯沟，由祭虫山下出老崔桥，向西北流十里许，至响水闸，汇白沙河头流三里许，至五马桥下，设头闸，又流半里许，设第二闸，又分一支，名岔沟，向西南流三、四里许，水入旧门河。又白沙河自第二闸流半里许，设第三闸，又分一支，名小白沙河。其白沙正河，俱向西南流三里许，至七星桥，二河仍合为一，向西南流十六、七里许，入昆海。又响水闸上有桃园坝，流三里许，至五马桥头闸，会合白沙河，由闸北分一支，名马溺河，向西北流六里许，至杨家桥，转南流六里许，至下首蓿厂，向西南流十里许，入昆海。宝象河自板桥驿起，共计七十里，入昆海。此宝象河之源流也。

据上所言，宝象河有三源，实则两源，正源在板桥驿城东屼（左山右内）山，泉水西南流六十里至板桥驿城西门外，支源出驿城西北分水岭，溪水南流三十里，与黄龙潭水汇合后南流五里，至驿城西门外明因寺前与屼岬山水合流，称为宝象河。今昆明市官渡区大板桥镇明因寺仍存，镇东大梁子山上有宝象寺，溪水西流至大板桥镇明因寺前，宝象河河源与今基本一致。宝象河自板桥驿南行十五里，沿途纳西面小龙潭水和高坡山水，西流十余里至祭虫山。今高坡、祭虫山等地名仍存，河道亦可确定。宝象河过祭虫山入大石坝，分出西鸳鸯沟，又名铁索沟，该沟向北流十余里，汇入白沙河河头；宝象河正河流半里至小石坝，分出东鸳鸯沟，该沟西南流六七里又入宝象河。大石坝、小石坝地名今仍存，宝象河主河道可以确定，但东西鸳鸯沟走向不明。宝象河南流转西流，经老崔桥西流，分出麻线沟，该沟西北流十里入旧门河；宝象河西流十里分出羊堡头沟，又西半里分出广济沟，又西半里分出杨柳沟，此三沟均西南流入滇池。老崔桥无法定位，而羊堡即今官渡区小板桥街道办羊甫村，则羊堡头沟、广济沟、杨柳沟的位置大致可以推出。

宝象河至小板桥街的广济桥一分为二：一支为官渡河，西南流六七里至迎官坝，再五六里至龙石桥，又七八里至化龙桥，入滇池，而自迎官坝北分出一支，北流半里转西流，由分为三支，西南流为余家河、西流为姜家河、西北流为小村河，均入滇池；另一支为旧门河，西流至宝阳桥，再西流半里，开芦包湾、沧沟二支流，均西流入滇池，旧门河又西流数十丈，分一支为猓猡河，南流十里入滇池，旧门河自猓猡河闸西北流，分出清水沟，该沟西流二十余里入滇池，旧门河又于北岸分出泥鳅沟，该沟西北流六七里，又转西流十里入滇池，旧门河西流半里至天生桥，又半里至清明桥，又西流五六里至中闸，又西南流二十里入滇池。这段属于宝象河河尾，河道曲折，支流丛出，正河分为官渡河、旧门河两条，官渡河又分出余家、姜家、小村三河，旧门河又分出芦包湾、沧沟、猓猡河、清水沟、泥鳅沟等支流，合为"宝象十尾"，分流入滇池。此段所涉地名众多，除小板桥的广济桥、宝阳桥（即宝洋桥）及中闸等少数地名仍存外，大多皆不可考，无法准确定位河道。大致而言，官渡河及其支流在今官渡古镇沿珥季路至宝丰附近，与今五甲宝象河水系基本吻合，而旧门河及其支流在今世纪城、云溪、六甲、福宝一线，与今六甲宝象河水系接近。

上述除宝象河外，还涉及白沙河、马溺河水系。宝象河支流西鸳鸯沟自老崔桥西北流十里，至响水闸汇入白沙河，白沙河西南流三里至五马桥，又流半里，分一支为岔沟，该沟西南流三四里入旧门河，白沙河自岔河分水口西南流半里，又分一支为小白沙河，与白沙河正河均西南流三里至七星桥二河为一，西南流十六里入滇池，而白沙河自五马桥北分一支为马溺河，西北流六里至杨家桥，南流六里至下苜蓿厂，西南流十里入滇池。以上地名大多不存，难以复原河道。道光《昆明县志》对白沙河、马溺河的记载较为详细："白沙河，源出昆明县东二十里金马山左右沟涧之水，出三家村、黑村至黄土坡，两涧水会南流，经十里铺、牛街庄至响水闸，左会西鸳鸯沟水，西流三里至五马桥，右纳桃源坝水，又西流经头闸，分一支为马溺河，又西流至二闸，分一支为岔沟，南流四里入旧门溪，又西流至三闸，分一支为小白沙河，南流，又分一支合岔沟，南入旧门溪，一支西流，折西北至七星桥，左纳三闸分流水，又西流十六七里入草海。""马溺河，源自五马桥西头闸分白沙河水北出，西流经勤濬、香条村、杨家、保丰四桥至苜蔬厂入草海。"① 白沙河源自金马山左右山溪，经三家村、黑村至黄土坡汇合，南流经十里铺、牛街庄至响水闸，纳左鸳鸯沟水西流至五马桥。金马山在今昆明市东郊，十里铺、牛街庄、五马桥地名今仍存，则白沙河上游即由今东白沙河水库沿东三环至牛街庄，纳左鸳鸯沟水后西流，在小板桥附近纳桃园坝水，后分出马溺河、岔河、小白沙河，西北经七星桥西流入滇池，七星桥位置无法确定，推测白沙河入滇池可能在宝丰与福宝之间。马溺河自五马河由白沙河分出，五马桥在今小板桥街道办红外路附近，香条村在今官渡森林公园，苜蓿厂在今关上街道办苜蓿村，则马溺河应西北流经关上，折西南，过日新、六甲，至福保附近入滇池。

宝象河水利设施始建于明末。天启《滇志》记载："大响水闸、小响水闸俱在宝象河，新建，功利于民，与南坝同。"② 但其具体位置无法确定。清初，宝象河上水闸增至六处："石坝闸，在城东三碗村。杨柳沟闸，在城东和甸营村。响水闸，在城过路村下。矣龙村闸，在城东。上桥闸，在城东临元大路。牛舌尖闸，在城东小板桥。以上六闸均宝象河水所经，源发于府城东南山下。"③ 和甸营村、矣龙村（雨龙村）、小板桥等地名今

---

① 道光《昆明县志》卷一《地理志·山川》。
② 天启《滇志》卷二《地理志一之三·堤闸》。
③ 康熙《云南府志》卷四《建设志五·堤塘堰闸》。

仍存，分别位于今昆明市官渡区关上、小板桥街道办，则杨柳沟闸、矣龙村闸、牛舌尖闸的位置不难确定。其他三闸，据雍正《云南通志》载："响水闸，在城东二十四里过路村下；石坝闸，在城东二十五里三碗村；土桥闸，在城东南八里石虎岗；以上闸堤本朝雍正八年重经修筑。"① 过路村地名今已不存，然按民国地图所示，过路村在大羊堡头与广南卫之间，即今羊浦与广南之间的义路村。石虎岗上设石虎关，在今官渡区关上街道办石虎关立交桥附近。三碗村地名今已不存，然按民国地图所示，应在今大石坝附近。除此六闸之外，宝象河还沿河开灌溉渠道、设过水涵洞，不一而足，因文献缺载，无法详细考证。

二 马料河水系与水利设施

马料河在明代文献中不见于记载。康熙《云南府志》载："马料河，在（呈贡）县北五里，发源从昆明流板桥入县境北郭，田亩赖其灌溉。"有猪圈坝、光村、新村、秧草坝四闸，"源发于府城东南白土村"②。清初的马料河发源于白土村（即今昆明市官渡区阿拉乡白土村），南流入呈贡县，转西流入滇池，该河上已间有闸坝等水利设施，灌溉清代昆明县、呈县贡两地农田。

雍正年间，对马料河的源流已有清楚的查勘。黄士杰《云南省城六河图说》之《马料河图说》记载："马料河在会城东南，源发黄龙潭，经昆明、呈贡两县境内，自潭南流四里许至白水塘水海子，转西南流二十里许，南分一沟名漾水沟，二里许入羊落堡堰塘，转西北流三里许，仍入堰河，堰塘东有山涧二道，建流沙桥过洞二座，送山涧沙泥入马料河，免致壅塞沟身，又正河西流六七里许入万朔村堰塘，转西流里许建猪圈闸，分为四闸，中闸系正河，南二闸一名上坝沟，一名左卫沟，俱向南流十余里入昆海，右闸名清明沟，向北流十余里入亮塘，又中闸正河西流里许，北分一支名河沙沟，流六七里许，水由亮塘向北流一支，名枧槽沟，俱向西

---

① 雍正《云南通志》卷十三《水利》。
② 康熙《云南府志》卷一《地理志三·三川》、卷四《建设志五·堤塘堰闸》。

流入昆海,又正河流五六里许,建新村闸,北分一支名老杨沟,向西流四里许建一小闸,又为二支,一名木龙村购,一名渔村沟,俱向西流三里许入昆海,又正河自新村闸西流三四里许至矣苴堡,转西南流三四里许至光村闸,流里许至回龙村,转南流入昆海。马料河自黄龙潭起共计五十里许入昆海,此马料河源流也。"道光《昆明县志》关于马料河的记载更为详细:"马料河,源出昆明县东六十里白土村黄龙滩,南流四里至白水塘水海子,折西南流,左纳豹子山水,又西南七里,左纳鼠尾山水,又西南三里,分一支南流,曰漾水沟〔漾水沟南流二里,羊落堡堰塘,左纳山涧水二,折西北流,三里仍入河〕,折西流六七里汇万塑堰塘,又西流一里至猪圈闸,南分一支出南闸,为左卫沟,又分一支出南闸,为上坝沟〔两沟并南流,十余里入滇池〕,北分一支为清明沟〔清明沟北流十余里,入亮塘,合河沙沟入滇池〕,其正支由中闸西流一里,又北分一支曰河沙沟〔河沙沟北流七里入亮塘〕,又西流二里,南分一支曰罗家沟,北分一支曰枧槽沟〔两沟并西流入滇池〕,又西流五六里至新村闸,北分一支曰老杨沟〔老杨沟西流,又分为二支,曰木龙村沟,曰渔村沟,并西流三里入滇池〕,又西流四里至矣苴堡,折西南流四里,至光村闸,又西南流一里至回龙村,折南流,源流共五十里,入滇池。"①

结合雍正、道光时期的记载,马料河发源于昆明城东南的黄龙潭,黄龙潭在今昆明市官渡区阿拉乡白土村附近,南流四里至白水塘水海子,即今阿拉乡海子村,西南流二十里,沿途左纳豹子山(今有金钱洞、豹子洞)、鼠尾山等山谷溪水,南分一支为漾水沟,入羊落堡堰塘,即今果林水库,再西北流入正河;正河西流六七里入万朔村(万朔村即今望朔村)堰塘(即今碓臼村塘子),转西流里许过猪圈四闸,则猪圈闸在望朔村西一里,正河于猪圈闸南分出上坝沟和左卫沟,均西南流入滇池,又与闸北分出清明沟,北流十余里入亮塘,亮塘约在今官渡区环湖东路与云秀路交叉口以东西亮塘湿地公园附近;正河西流里许,北分一支为河沙沟,北流六七里至亮塘,由亮塘向北流一支名枧槽沟,均西流入滇池;正河流五六里,过新村闸,北分一支为老杨沟,西流四里过一小闸,又分为二,名木

---

① 道光《昆明县志》卷一《地理志·山川》。

龙村沟和渔村沟，俱西流三里入滇池；正河西流四里至矣苴堡，矣苴堡即今官渡区矣六村，则光村闸西距矣六村四里，东距望朔村七八里，则新村闸在今呈贡区斗南镇麻窝村与小古村之间；正河折西南流四里至光村闸，又西南流一里至回龙村，再南流入滇池，回龙村地名今仍存，属官渡区矣六乡，紧靠滇池边，则光村闸位置应在今官渡区矣六乡矣六、小村、关锁三村之间。

可见，马料河沿途接纳山谷溪水、分出漾水沟支流，尤其是自猪圈闸后，分出上坝沟、左卫沟、清明沟、河沙沟、枧槽沟、老杨沟、木龙村沟、渔村沟等八条支流，自西向东分别入滇，而羊落堡、万朔村、亮塘等堰塘则起到调节水流、灌溉农田的作用。

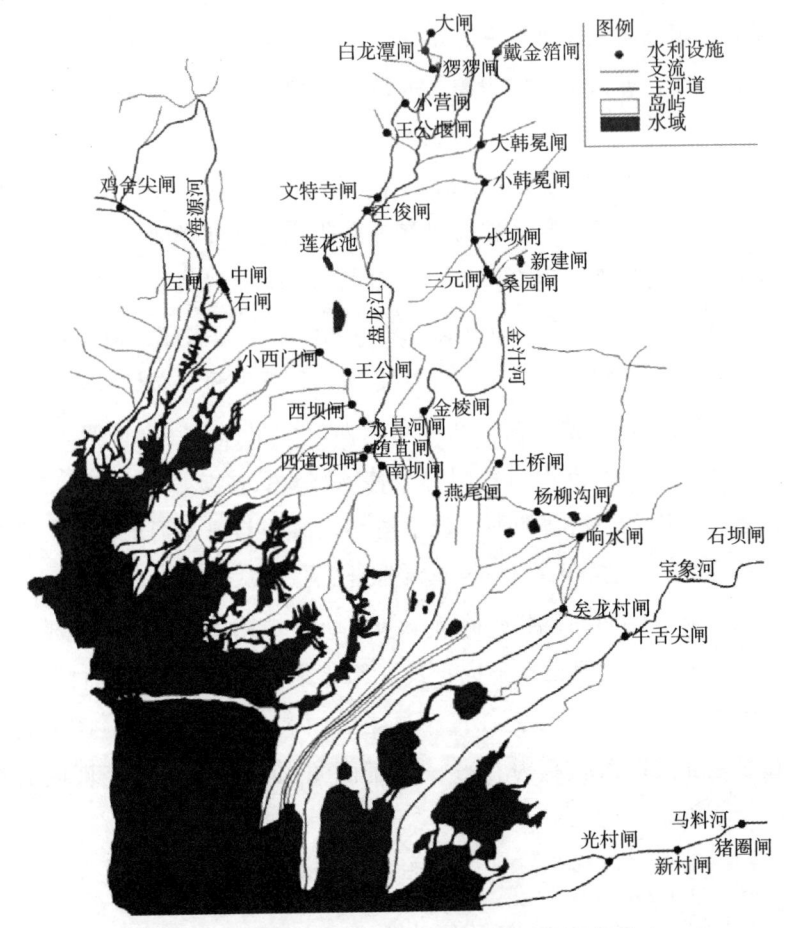

图 8-3　清末滇池北部湖盆平原重要水利设施分布

第四节　滇池盆地的水陆变迁

自元代以来，随着历次疏浚开挖海口河导致滇池水位下降，湖区面积缩小，滨湖平原不断扩展，沧海桑田，清代水陆变迁尤为明显，主要表现在滇池西北部西湖、东北部盘龙江河尾、东南部晋宁新街镇三大区域。

一　西湖的成陆过程

滇池西湖在明代文献中多有记载，于希贤先生通过考证复原明代西湖的位置和范围，即由车家壁山麓、海源寺、黑林铺、黄土坡、小西门向云津渡、南坝延伸，自昆明城向西土堆至夏家窑有石堤存在，将西湖与滇池分割[1]。也就是说，今昆明市西山区春雨路、西三环、玉案公路、普吉路、环城西路、二环南路至盘龙江以西部分在明代均属于滇池水域，而今人民西路以北部分被称为西湖。西湖西北部有一河流，名海源。天启《滇志》记载："（府城）西二十里曰海源，在聚仙山下。其水流入清水湖为内池，滇水为外池，又曰鸳鸯池。"而"聚仙山，即西华洞，在城西二十里黑林堡"[2]。海源河发源于西华洞，在昆明城西二十里黑林堡，南流入清水湖，即西湖。也就是说明末天启年间，黑林铺附近已经成陆，西湖已经向南、向东退缩，否则就没有海源河一说。清初，西湖与海源河的记载与明末并无明显的变化[3]，这一区域仍处于逐渐成陆的过程之中。

但是，雍正年间的记载已截然不同，西湖水域已大大缩小。黄士杰的查勘表明，海源河水系已经形成，其支流东龙须河北流至海源村附近折向东流，沿途吸纳溪水，称为江沧河，至大桥村附近东南流，经大塘子南流，在小屯立交以西入草海；另一支流西龙须河西南流，经班庄后东南

---

[1] 参见于希贤、于涌《沧海桑田：历史时期地理环境的渐变与突变》，广东教育出版社，2002，第 172~174 页。
[2] 天启《滇志》卷二《地理志一之二·山川》。
[3] 康熙《云南府志》卷一《地理志三·山川》。

流，四里至筇竹河口明桥，转向南流十五里，约在普坪村附近入西湖；正河东南流与东北来之沙河交汇，在今梁家河转南流，入西湖地点暂无法确定。但据海源河水系所经可以大致勾画出海源河流域，即在今海源、大桥、小屯、梁源、团山、马街、普坪等村庄所连接的范围之内，灌溉班庄、明桥、板桥关、黄土坡、洪家营、梁家营、许家闸等地农田。海源河流域的扩大意味着西湖范围的缩小，在北达小屯、东至篆塘、西临梁源的区域形成一个南北狭长的水域。

至清代后期，已经没有西湖的记载，这一区域的成陆过程基本完成。现存清末昆明地图所示，在大观楼、大河尾、积善村一线以北已不存在所谓的西湖，但是，在西白沙河、梁家河、海源河之间还存在南北狭长、直通草海的宽阔水道，这应该是西湖地区成陆的残留。[1]

二　盘龙江十尾与滇池北岸陆地扩展

前文所引于希贤先生的推论，东至南坝、西达近华浦的昆明城西南部，即今昆明市二环南路以南、盘龙江以西、草海以东区域，在明末属于滇池水域，仍未成陆，故清代以前的文献，对于盘龙江南坝以下河道的记载甚少。直到清雍正年间，对盘龙江下游的记载才逐渐清晰，形成一河十尾的复杂水系，如采莲河、金家河、太家河、杨家河、玉带河、永畅河、板坝河、西坝河、涌莲河、鱼翅河，从东北至西南，形成扇面，分别流入滇池。

从其功能而言，盘龙江是滇池流域最大河流，水量充沛，便于沿河地区旱季灌溉农田。《云南省城六河图说》载"又（盘龙江）自分水岭下，正河支流各堤岸俱系田亩，官管修理"[2]。雍正年间已经对盘龙江下游支流进行了人工改造，并修建河堤，开始灌溉田亩。但是，雨季的盘龙江经常威胁昆明城的安全，下游开河分洪，可减轻主河道的压力，是防御水患的

---

[1] 参见《昆明市县界域图》，引自《新纂云南通志》第一册，云南人民出版社，2007，第78页。

[2] （清）黄士杰：《云南省城六河图说》之《盘龙江图说》。

途径之一。乾隆年间孙髯翁亦言："昔者盘龙江本一源十尾，故势分而患少；今废其二，惟存八尾，迷失二尾，河渐浅而尾又差，此水患渐急之源也。"①清代中期的盘龙江下游支流，已经发挥着防洪、灌溉的作用，故不排除人工开凿的可能，但缺乏相应的文献记载。

明清时期，通过历次开挖海口河，降低滇池水位，使滇池范围逐渐缩小，盘龙江下游西岸才逐渐露出水面，与昆明城西南部滨湖平原相接。但是，受原湖底地貌的限制，水陆变迁的过程并非一次性完成，地势较高的地区最先成陆，而地势较低的地区仍为湖水覆盖，加之盘龙江所携带泥沙的沉积和沿河堤坝的修筑，河道逐渐升高，而原地势较低的积水区域则形成海沟或积水湖塘。王云亭先生专门对滇池特殊的海沟现象进行了研究和总结，认为海沟是滇池水域退缩过程中滇池湖盆成陆时退缩中的水域残留的现象。②因此，盘龙江十尾中的大多数很有可能是昆明城西南部滇池水域成陆过程形成的海沟。随着成陆面积的扩大和滨湖地区的开发，为了满足防洪和灌溉的需求，将海沟与盘龙江河道相连，形成一河十尾的水系。因此，盘龙江下游水系的形成与对海沟的改造利用有关，而一河十尾的形成过程则反映出昆明城西南部的水陆变迁。

三　晋宁新街镇的成陆过程

今昆明市晋宁区新街镇地处滇池东南岸，面积31平方公里，地处晋宁大河、柴河下游，为冲积三角洲平原。这一区域中，除东北部三合村、西南部小石嘴和金砂村三处海拔1900米外，其余地区海拔为1886~1887米，略低于滇池水面。这一区域原为滇池水域，又称金沙草湖，是在明清时期逐渐成陆的。

关于明代晋宁州西北部滇池水域的文献记载较少。明崇祯十一年（1638）十月初四，徐霞客由昆明南坝乘船，经白鱼口至安江村入晋宁。"……于是挂帆向东南行，二十里至安江村，梳栉于饭肆。"又言"大堡、

---

① （清）孙髯翁《盘龙江水利图说》。
② 王云亭：《昆明南郊湖滨地理》，《地理学报》，1941。

河涧合流于西界之麓,北出四通桥,分为两流:一直北下滇海;一东绕州北入归化界,由安江村入滇海"①。安江村不但是滇池渡口之一,而且是晋宁大堡河支流入滇池之处,故该村应紧邻滇池水岸。安江村今仍存,属于晋宁县新街镇管辖。十三日,徐霞客游晋宁金砂寺,路过四通桥(即大堡河分流处),记述州城以西山脉走向:"西界山东突濒坞者,为牧羊山;北突而最高者,为望鹤山,其北走之余脉为天城;又西为金沙,则散而濒海者也。""金沙之西,则滇海南漱而入,直逼大山;金沙之南,则望鹤山高拥而北瞰,为西界大山北隅之最。其西则将军山耸崖突立,与望鹤骈峙而出,第望鹤则北临金沙,天城、将军则北临滇海耳。黄洞山之西,有洲西横海中,居庐环集其上,是为河泊所,乃海子中之蜗居也。"即晋宁州西部金砂、天城、将军诸山的西面、北面皆濒临滇池,而河泊所地处滇池中沙洲之上。金砂山地名今仍存,在晋宁县上蒜乡金沙村东,天城山在今晋宁县晋城镇天城门村西,河泊所在今晋宁县新街镇河泊所村。也就是说,今金沙村以西、天城门村以北在明末仍属于滇池水域,而河泊所村附近原为滇池中的沙洲。二十四日,徐霞客由晋宁州城西行,经四通桥,过望鹤岭,"稍北,即濒滇池之崖",而东距州城不过五里;又经石将军、崖上牛恋乡、三尖村入昆阳界,沿途皆北临滇池。② 今晋宁县晋城镇乃明清晋宁州治,其西五里应在今上蒜乡大朴村北之孟获山附近,牛恋、三尖之名仍存,在今上蒜乡牛恋村、三尖村。根据以上论证和定点,可确定明末滇池东南湖岸线:由今晋宁县上蒜乡牛恋村东北向,经龙潭山、下石美、金砂山、晋城镇天城门村直达新街镇安江村、海宝山一线。也就是说,今牛恋村至安江村一线的西北部在明末仍属于滇池水域,而晋宁县新街镇的东南部已经成陆。

清初,这一区域的水陆界限没有明确记载。据康熙《晋宁州志》记载:晋宁州所辖五乡,共计24村,州西北部有村庄10处,其中,河东村与河西村隔河相望,河西村即今河西厂,土坯村在州城北一里,黄土坡在今福安村附近,西合村今分为上、下西河,天城门、金砂村、河泊所、大

---

① 朱惠荣校注《徐霞客游记》(下册),云南人民出版社,1985,第829页。
② 参见朱惠荣校注《徐霞客游记》(下册),云南人民出版社,1985,第840~842页。

西村、团山村等五村今仍存。① 除了土坯村外，其他村庄分布于今环湖东路以东、昆玉公路以西、新街镇驻地以南区域。也就是说，至康熙末年，滇池东南湖岸线已经向北推进至今晋宁县新街镇团山—新街—安江一线，这一线以南原滇池水域已经基本成陆，且有定居村落及农田存在，河泊所所在沙洲已经与滇池南岸连成一体。

但是，团山—新街—金砂—牛恋所连区域内并非全是陆地，还有一些湖泊存在，乃滇池水位下降后所遗水体而形成，即水陆变迁的残留。雍正《云南通志》记载："金沙草湖，在（晋宁）城西五里金沙村，周回十余里，即滇池滨也，自牛恋乡至河泊所，水中有石路，为滇池分界。"② 因牛恋至河泊所石堤的存在，金沙草湖已经与滇池水体分离。同时，这一区域河道纵横，沟湾密布，称为滨湖湿地比平坝更为确切。晋宁境内的盘龙、大坝、大堡三河州治西二里汇合，在四通桥下分为十条子河，分别流入滇池。"大河，在城西二里，总汇盘龙、大坝、大堡、三河之水，历东南，绕西北，逶迤入于昆池，旁开子河，东西各五，建闸蓄泄，分灌金沙下河等田，阖州水利莫巨于此。""白白坝，在城西二里小寨村，下子河之一，引灌金沙十五村田，旧分河水十之三，其七则归下河七十五村。"③ 大河十尾虽为人工所开，实则与盘龙江十尾相似，多为改造海沟而成。随着河流泥沙堆积，大河河尾区域海拔逐渐升高，成陆部分逐渐扩大，新的聚落和农田不断增加，所引大河河尾各子河分管金沙十五村及下河七十五村农田灌溉即为佐证。

至道光年间，虽然金沙草湖依然存在，但今晋宁县新街镇范围内的聚落数量进一步增加。道光《晋宁州志》记载，永宁、河东、河西三乡共有村庄109个，其中永宁乡的渔村、牛恋，河东乡的安乐、余家沟、黄家地、老荒滩、沙堤、团山，河西乡的江渡、佛墩、河泊所、西瓜嘴、花椒嘴、小梁王山、上海埂、下海埂、吴家堆，计17个村庄均"滨海"或"近海滨"④。这些村庄大多今仍存，在今晋宁县新街镇的北部、西部、西南部基

---

① 康熙《晋宁州志》卷一《乡村》。
② 雍正《云南通志》卷三《地理志·山川》。
③ 雍正《云南通志》卷十三《水利》。
④ 道光《晋宁州志》卷三《地理志·村屯》。

本沿环湖东路一线分布，即清代后期滇池东南部湖岸线。与清代前期相比，西南部、西部变化不大，但北部已从团山—新街—安江一线向北推进约 1.5 公里，到达沙堤—安乐—中村一线。

滇池东南部湖岸线由明末的牛恋—龙潭山—下石美—金砂山—天城门—安江村一线到清代前期的团山—新街—安江一线，再到清代后期的沙堤—安乐—中村一线，滇池水域不断向北退缩，今晋宁县新街镇区域逐渐露出水面，变成滨湖平原，整个成陆过程持续了两个多世纪。今天，晋宁区新街镇环湖东路以外至滇池岸边，距离在 300~1200 米不等，应为清末、民国至新中国成立后逐渐成陆而来。

第九章

清代滇池流域东南部的人地关系

在清代滇池流域的水系、水利与水陆变迁过程中，除了自然环境本身之外，人类活动亦发挥着重要的作用。快速增加的人口、人工改造的水系和水利设施的兴建为滇池流域的土地开发创造了条件，随着土地垦殖的扩大、水利灌溉的普及和聚落的扩展，清代滇池流域的土地利用方式和人地关系呈现出新的特点。本章以滇池流域东南部为例，通过人口、聚落、垦殖、土地利用等方面，探讨清代滇池流域的人地关系。清代滇池流域东南部主要指清代晋宁州的正东部和东南部，大致为今晋宁县的晋城镇、新街区、化乐区、上蒜区和六街区以及呈贡县全境，为便于论述，将上述区域分为滇池东岸和滇池南岸。

第一节 清代滇池东南岸的人口及分布

自明代开始的移民浪潮，持续到明末就只有陆陆续续的、零星的移民进入云南了。但是移民进入云南的现象并没有就此结束，只是那种空前的规模明末至清代并没有再出现了。考察清代以来滇池东南岸的土地利用不能不探究清代的人口状况和土地开发情况。

一 滇池南部的人口增长及地理分布

由于古代的人口记载与赋税制度、户口制度有着密切的联系，随着一次次制度和政策的演变，文献中的人口记载存在与之相对应的很大变化。清代前期的户籍制度在沿袭明朝制度的同时，还进行了一番整顿，尤其是少数民族不编户的政策有所调整。由于清王朝定制，各种人口，包括少数民族人口，都要编入地方户籍之内。云南省中部的各县由于早已完成改土归流的进程，人口统计相较前朝趋于实际。

由于明末清初的战争祸害，滇池南部人口同于整个云南府的变化，人口大幅度下降，即清初"编审清查户计四百七十八户，口计二千一十八口。迄今生聚日繁、修养已滋，其户殆倍于前"①。1659年清王朝平定滇南时的人口大大少于明末时期，但是经过五十余年的休养生息，至康熙末年，人口已是平定初期的几倍，人口发展的速度是比较迅速的。至康熙末年，晋宁州辖有的丁数是"丁差二千二百六丁；内上丁二百二十六丁，该银一百一十三两；中丁五百六十八丁，该银二百二十七两二钱；迯故并下丁一千四百一十二"②，屯丁则为"上丁四十一丁，该银二十五两四钱二分；中丁九十四丁，该银四十五两一钱二分；下丁六百一十九丁，该银一百七十三两三钱二分；土军丁五十五丁，该银二十七两五钱"③，即康熙年间，晋宁州人丁数为3015。

任何一个统治王朝最关注的就是国家财政收入，历代王朝最大的财政收入就是税收，清王朝初期也不例外地在人口统计的时候，仅统计的是汉族人口——交纳赋税或被征徭役的人口。由于清代人户分籍特征是"凡民之籍，其别有四：曰民籍；曰军籍，亦称卫籍；曰商籍；曰灶籍"，而按户来分，则有民户、军户、匠户、灶户、渔户、回户、番户、羌户、苗户、瑶户、黎户、夷户，其中男曰丁，女曰口，未成丁（男年十六为丁），亦曰口。丁口系于户，凡腹民计以丁口。④ 而且康熙年间为了尽可能增加赋税收入，还对人丁对象进行了调整，在康熙三十五年（1696），"复准：

---

① （清）杜绍先纂修《晋宁州志》卷一《户口》，康熙五十五年刻本，载《西南稀见方志文献》卷二十二，兰州大学出版社，2003，第436页。
② （清）杜绍先纂修《晋宁州志》卷一《户口》，康熙五十五年刻本，载《西南稀见方志文献》卷二十二，兰州大学出版社，2003，第436页。
③ （清）杜绍先纂修《晋宁州志》卷一《户口》，康熙五十五年刻本，载《西南稀见方志文献》卷二十二，兰州大学出版社，2003，第437页。
④ 《清史稿》卷一百二十《食货·户口》，中华书局标点本，1976，第3480页。

云南兵丁，除本身外，其兄弟亲族等余丁，悉令清出，编入丁数输税"。①尽管清代调整了户籍政策，但这仍不是全部的人口数字，仅是交纳赋税的人丁数，即16~59岁的男丁人数。以人丁占总人口的比重来推算，康熙年间甚至可以说至康熙末年，晋宁州的人口总数约为10048人。②

这也不是晋宁州的实际人口，尽管户口制度有回户、番户、羌户、苗户、瑶户、黎户、夷户等名目，甚至规定"云南省有夷人与民人错处者，一体编入保甲，其依山傍水自成村落及悬崖密箐内搭寮居处者，责令管事头目造册稽查"③。但是偏远的少数民族聚居区基本不编户却是事实，如开化府于"雍正九年分，编审额定附近阿迷、蒙自归入民丁二十五丁。本府俱系夷户，并未编丁"，普洱府亦同。④ 少数民族不编丁，这主要是与当时的赋税制度相一致的，即少数民族免纳赋税，实际的少数民族编户在道光之后才开始，并且编户与否没有定制。如光绪《钦定大清会典》中有规定称，"甘肃、四川番户，云南夷户，除耕垦官屯民田者仍按亩起科外，其所种番夷地，皆计户纳粮，免其查丈"，因此在云南户口统计中并没有确切的夷户的统计数据，自然总的人口数字中也不可能将其包括在内。

随着社会的发展，由于政策实施等有利条件，至乾隆中期，同于全国的形势，晋宁州的人口大幅度增加，文献记载的人口数字激增不少。至乾隆二十五年（1760）晋宁"实存州属城乡土著人民八千一百四十一户，男妇四万四千二百一十六丁内，大丁一万三千八百四十一丁，小丁八千九百九十一丁，大口一万二千八百七十四口，小口八千五百一十口"⑤。60年间，晋宁州属总人口增加到44216人，与8141户的规模是相吻合的。虽然人口数字有很大的增加，但这仍不是晋宁州的全部人口，晋宁州的编户情况存在漏缺的地方，远处村寨的倮㑩，由于"服言少异"、难以易化，而

---

① 《清会典》卷一百五十七《户部六》，自光绪戊申年（1908）商务印书馆刻印本录出，载方国瑜主编《云南史料丛刊》第8卷，云南大学出版社，2001，第177页。
② 路遇、滕泽之：《中国人口通史》（下），山东人民出版社，2000，第812页。根据该书作者等人推算，清代前期的人丁与总人口的比例为31:100。
③ 光绪《续云南通志稿·食货志》卷三十五，文海出版社印行光绪二十四年刊本。
④ 道光《云南通志·食货志》，自云南大学图书馆藏道光十五年刊本录出，载方国瑜主编《云南史料丛刊》第12卷，云南大学出版社，2001，第300页。
⑤ （清）毛燮等纂修《晋宁州志》卷九《户口》，清乾隆二十七年（1762）刻本。

没有纳入户口统计的范围。尽管存在些许的统计漏洞，但是乾隆年间的人口统计是比较接近于实际人口数字的。

人口的持续增长是毋庸置疑的历史事实，康乾盛世带来的相对稳定的社会环境保障了人口发展所需要的条件。至道光二十年（1840），晋宁"实存州属城乡内外土著人民五千八百三十一户，男妇九万一百六十四丁口内，大丁三万三千五百四十九丁，小丁二万三千一百九十五丁，大口二万六千六百九十五口，小口一万六千七百二十五口"[1]。与乾隆中前期的人口相比较，近100年里滇池南部人口成倍增长。从户口制度的另一方面——保甲制度来看，"道光二十年编查保甲州属人户，共编土著民屯二千零八十五牌，每牌设牌长一人，共设二千零八十五名，外寺观八十一所，僧道九十一人"[2]。将户口制度完善落实，是该地区同于内地管理设置的重要表现，也是这片地区得以大力开发的另一种表现形式。但是仍有缺陷的是，到了光绪年间南部的户口统计仍没有将所有人口都反映出来，"土著人民"指的是占有土地和政府征收赋税的对象，包括汉族人口和大部分当地少数民族，由于历史上的汉族移民当地民族化的现象十分普遍，已经统归于"土著"，而偏远地区的小部分少数民族，还没有在人口统计的范围之内。

清朝末年，由于政治动荡的因素，频繁的战争导致人口的减少，这是全国范围内的共同现象，由于文献记载的空缺，清朝末年的南部人口未有得见，但是近代人口统计的方法，可以作为推算清末这片地区人口的辅料。

在20世纪三四十年代的人口统计中，滇池东南部地区已经运用现代人口统计的方法，统计结果比较接近于实际的人口数字。"作为农村县份的晋宁县的人口数量，自1942年到1982年，四十年来由12.2万人增加到21.5万人，1982年人口数为1942年的1.8倍，比昆明城市（五华、盘龙）同期增加3.4倍，低得很多。四十年来，晋宁县人口数量平均每年增加

---

[1]（清）朱庆椿修、陈金堂纂道光《晋宁州志》卷五《赋役志·户口》，1965年云南大学传抄云南省图书馆藏清道光二十三年（1843）刻本，1926年铅印重刊本。

[2]（清）朱庆椿修、陈金堂纂道光《晋宁州志》卷五《赋役志·户口》，1965年云南大学传抄云南省图书馆藏清道光二十三年（1843）刻本，1926年铅印重刊本。

1.4%，远远低于环湖昆明市、县全部人口的年平均2.66%的发展速度"。[①]这样的人口净增长率并不高，晋宁县四十年来人口增长将近翻了一番，这样的数字单独提出来的话是比较高的，但是与同期的昆明来说又相对较低，甚至低得很多。这是由于晋宁处于农村，发展水平也相对落后。但是1942年的12.2万人和1982年的21.5万人数字都是行政区划调整后的晋宁县，即包括昆阳在内。1942年不包括原昆阳人口，仅原晋宁县人口为52952人[②]，如果以1.8倍和年平均增长1.4%的概率来推算40年前即1902年的人口数字，也能够得出清末滇池南部的大致情况。计算下来，无论是1.8倍的增长还是年平均1.4%的增长率，得出的数字是3万人左右。按照传统农业社会的发展状况，即使没有很大的人口迁出比例，由于生产力不足及农村社会的医疗卫生条件较差等因素，在清代中后期的人口发展过程中，年平均增长率达不到1.4%的速度，加上频繁的战争和疾病导致较高的死亡率，因此，清末的晋宁州人口数字要低于3万。又有，民国二十一年（1932），"晋宁县有9688户，49977人，其中男24500人，女25477人"[③]，再以这个人口数字进行相同的计算，得出约3.3万人口数字。由于清末民初的人口增长达不到年平均1.4%的速度，因此，清朝末年滇池南部人口大约为3万，较之道光年间9万余的庞大人口数字，清朝末年的人口锐减的幅度是相当巨大的。

按照上述论述，清代晋宁州人口发展呈现出三个态势，即清初低谷、嘉道年间峰值、清末回落。

二 滇池东部的人口增长与地理分布

明朝至清初期，呈贡、归化作为晋宁州下辖的二县，包含在晋宁州的人口数中。尽管在康熙七年（1668）才归化并入呈贡，但是此后的文献中

[①] 戴世光、陈旭光编著《1942—1982年昆明环湖县区人口的变动与发展》，云南大学出版社，1989，12页。
[②] 戴世光、陈旭光编著《1942—1982年昆明环湖县区人口的变动与发展》，云南大学出版社，1989，第3页。
[③] 晋宁县农业局编《农业志》（内部资料），1991年6月，第50页。

仍以"贡境""化境"来进行区分，因此在清代的人口统计中，呈贡县的人口统计要将两地合并。至康熙五十年（1711），呈贡"编审清出及新增共民丁七百七十丁；上丁九十五丁，每丁编银三钱八分；中丁一百一十五丁，每丁编银二钱八分；下丁五百六十丁，每丁编银一钱九分。通计丁银一百七十四两七钱"，归化"编审清出共丁九百二十二丁；上丁一百八十四丁，每丁编银三钱五分；中丁二百二十六丁，每丁编银二钱五分；下丁五百一十二丁，每丁编银一钱五分。通计丁银一百九十七两七钱"①。至康熙五十年呈贡县境内人丁为1692。

另外，康熙末年至雍正初年，呈贡"实在屯丁一百九十九丁；上丁十一丁，每丁编银六钱二分；中丁四十四丁，每丁编银四钱八分；下丁一百二十五丁，每丁编银二钱八分；土丁十九丁，每丁编银五钱。通计丁银七十二两四钱四分"②。归化"实在屯丁四百二十三丁内；上丁三十四丁，每丁编银六钱二分；中丁一百一十四丁，每丁编银四钱八分；下丁二百四十八丁，每丁编银二钱八分；土丁二十七丁，每丁编银五钱。通计丁银一百五十八两七钱四分"③。可见，至雍正初年，呈贡县内民丁、屯丁共人丁数为2314。同样以人丁数占总人口数的比重来计算，雍正初年滇池东部的呈贡县境内人口约为7465人。然而，清初这些丁口的数字，实际上是赋税对象的丁口，而不是实在人丁④，因此这里得出的人口数字也应与实际数字相距甚远。

历经清中期的发展后，至清咸丰（1851—1861）之后，呈贡县人口呈现大幅度下降，"呈贡丁口自咸丰六年丙辰七年丁巳军兴，咸丰十一年辛酉大疫，同治四年乙丑大疫，七年戊辰又大疫、兵兴，十二

---

① 光绪《呈贡县志》卷一《户口》，雍正三年朱若功修，光绪十一年李明鋆续修，据光绪十一年刻本影印，载《西南稀见方志文献》卷二十九，兰州大学出版社，2003，第170页。
② 光绪《呈贡县志》卷一《户口》，雍正三年朱若功修，光绪十一年李明鋆续修，据光绪十一年刻本影印，载《西南稀见方志文献》卷二十九，兰州大学出版社，2003，第170页。
③ 光绪《呈贡县志》卷一《户口》，雍正三年朱若功修，光绪十一年李明鋆续修，据光绪十一年刻本影印，载《西南稀见方志文献》卷二十九，兰州大学出版社，2003，第171页。
④ 〔美〕何柄棣：《明初以降人口及其相关问题：1368—1953》，葛剑雄译，上海古籍出版社，2000，第28~41页。

年癸酉又大疫，相继死亡过半"。① 可见，战争与疫病灾害是导致传统农业社会人口急剧减少的重要因素。咸丰年间连续的征战和"大疫"使呈贡县人口下降过半，由于缺乏清代中期盛世时呈贡县的人口统计数字，咸丰年间人口下降的具体数字也不得而知。

咸丰过后至光绪年间，经过数十年调养生息，呈贡县人口日渐剧增，光绪十年（1884）"（呈）贡境男共九千四百三丁，女共一万十六口；（归）化境男共四千五十一丁，女共四千二百三口"②，即呈贡县境内人约为27673人，同样此时呈贡县人口统计中也不包含少部分偏远地方少数民族人口。

清末民初的人口在未见文献记载的情况下，也只能以近代的人口统计数据加以推算。20世纪40年代，呈贡县人口约为71223人。③ 由于呈贡县与晋宁县在地理条件和历史发展上存在极大相似和相依性，同样作为农村社会的角色，以晋宁县40年间的年均发展速度来计算呈贡县的人口发展速度是具有可行性的。以1.4%的年均发展速度来计算，呈贡县1902年的人口约为4万。

清代中期呈贡县的人口状况不得而知，由于滇池东部地区与南部地区的地理环境的一致性和发展历程的相似及紧密关联性，也可从南部清代人口发展呈现三个不同态势的情形来推测，呈贡县的人口在清中期嘉道年间也应出现其峰值。嘉道年间晋宁州人口高达9万余人，至清末仅为3万，以此类推，呈贡县1902年人口在4万左右，推算嘉道年间人口应大致为12万，但是由于清代的发展步伐较之于民国年间稍缓慢，人口增长速度更达不到1.4%的年平均增长速度，故而呈贡县嘉道年间的人口约为10万，

---

① 光绪《呈贡县志》卷一《户口》，雍正三年朱若功修，光绪十一年李明銮续修，据光绪十一年刻本影印，载《西南稀见方志文献》卷二十九，兰州大学出版社，2003，第172页。
② 光绪《呈贡县志》卷一《户口》，雍正三年朱若功修，光绪十一年李明銮续修，据光绪十一年刻本影印，载《西南稀见方志文献》卷二十九，兰州大学出版社，2003，第172页。
③ 鲍觉民、张景哲：《云南省呈贡县落龙河区土地利用初步调查报告》，《地理学报》1944年第1期；戴世光、陈旭光编著《1942—1982年昆明环湖县区人口的变动与发展》，云南大学出版社，1989，第3页。

与滇池南部的发展进程和水平基本持平。

清代滇池东南缘的人口呈现出清初期为低谷、嘉道年间为峰值、清末回落的发展态势。清中期 9 万余人口激增的原因已有分析,清末人口回落又是由于怎样的原因呢?首先,自然灾害的影响。清末,滇池流域的自然灾害频繁、严重,同治至光绪年间水灾、旱灾使得大量田地荒芜,收成减少。如呈贡"同治十年辛未六月间,海水漫涨,淹坏田禾、民居无数"①,"光绪十七年(1891)二月……蠲免云南安平、呈贡两县被灾田粮","光绪十七年(1891)四月……豁免云南……晋宁……被水地方田粮"。② 灾害导致粮食歉收,民居破坏,死伤和逃亡的人口较多。另外,清末在云南广大范围内的杜文秀起义,是导致人口大幅下降的重要原因。杜文秀起义自 1856 年始至 1869 年被镇压,十三年的时间内,整个云南动荡不安,在张涛《滇乱纪略》中可见,"自咸丰六年丙辰起至同治八年己巳先后十四年,回汉死亡者十之七八,民间捐输助饷数万万,毓英奏以民间捐输千万,加广中额,特后数年之间耳,尚有未还借款,不在此数,民少而贫,元气大伤。乱定迄今又二十年,省城外仍一片瓦砾"。③ "云南自咸丰军兴后,灾疫饥馑,户口凋残,案册遗失,民数难稽,除广南、镇沅仍未编丁外,据各府厅州采访,无分汉夷军屯,光绪十年,实共七十五万六百五十五户,男妇大小二百九十八万二千六百六十四丁口。"④ 杜文秀起义后,云南总人口大幅减少,虽极少见呈贡和晋宁受灾情况的记载,但是作为滇池环湖的东岸和南岸区域,作为省城与南部的交通要道,在战乱中的受损程度可想而知。

从整个滇池东南部来看,清代人口变化浮动较大,人口增长、减少似乎毫无规律可言。其实不然,以历史事实和情理而言,在一段相对稳定的时期内,人口始终是保持持续增长的。我们所见到的传统社会中的人口变动,实际是文献记载中的人口数字的变化。文献记载中人口增加和减少的

---

① 光绪《呈贡县志》卷五《灾祥》,雍正三年朱若功修,光绪十一年李明鋆续修,据光绪十一年刻本影印,载《西南稀见方志文献》卷二十九,兰州大学出版社,2003,第 289 页。
② 《清实录·德宗景皇帝实录》卷 294,载昆明市志编纂委员会《昆明市志长编》卷六,内部资料,1984,第 811 页。
③ 昆明市志编纂委员会:《昆明市志长编》卷六,内部资料,1984,第 311 页。
④ 光绪《续云南通志稿·户口》卷三十五,文海出版社印行光绪二十四年刊本。

无常变化，是由多种因素相互作用导致的。

户口管理制度在清代有了很大的改变。在明代大量的汉族人口进入云南之前，在云南基本没有户口统计的概念，从明朝开始云南进入了中央的户口统计范围之内，但是都指挥使司和布政司之下的人口数字并不能包括所有的人口。清代初期，就对户口的统计、编审进行了多次整顿，"顺治五年准：三年一次编审天下户口，责成州、县印官，照旧例攒造黄册。以百有十户为里，推丁多者十人为长，余百户为十甲。城中曰坊，近城曰厢，在乡曰里，各设以长。每遇造册时，令人户自将本户人丁，依式开写，付该管甲长。该管甲长将本户并十户，造册送坊、厢、里各长；坊、厢、里各长，将甲长所造文册，攒造送本州、县。该州、县官将册比照先次原册，攒造类册，用印解送本府。该府依定式别造总册一本，书名画字，用印申解本省布政使司。造册时，民年六十岁以上者开除，十六岁以上者增注。十一年复准：每三年编审之期，逐里逐甲。查审均平，详载原额、新增、开除、实在四柱，每各征银若干，造册报部。如有隐匿捏报，依法治罪。十三年复准：五年编审一次"。[①] 但是，清初的户口编审实质性的原则没有变，变的是编审户口的时间频率，内容在不断完善，但始终不变的是以征银对象作为编户对象，这是人口统计中的一大漏洞。

另外，清代定制为户口统计包括各种人口，少数民族人口都要编入户籍，清代户口管理制度相较于明朝的进步在于户口统计范围的扩大，例如"晋宁编户，汉夷相杂，夫所谓汉者，随屯而居乃中原迁戍者也；若夷则有㱔人、有倮猡二种。㱔人易化，半居尘世与中原无辨；唯倮猡远处村寨，服言少异"。[②] 也就是说，文献记载中的人口数虽然包括了少数民族人口，但毕竟是极少数的，而且地处偏远难以易化的部分少数民族，仍未纳入户口统计的范围。

赋税制度自古以来就与户口的统计有着紧密的联系，因此赋税制度的调整对文献中人口数字的变化也有很大的影响。如前文所述，康熙三十五

---

① 《清会典》卷一百五十七《户部六》，自光绪戊申年（1908）商务印书馆刻印本录出，载方国瑜主编《云南史料丛刊》第 8 卷，云南大学出版社，2001，第 177 页。

② 唐尧官：《晋宁州风土记》，载毛毣等纂修《晋宁州志》卷二十七《艺文》，清乾隆二十七年（1762）刻本。

年（1696）对云南丁役的清理中，将原本附属于兵丁的兄弟、亲族全部编入丁数，即将其纳入征收赋税、徭役的范围内。这也是康熙末年人口数字剧增的因素之一。尽管清代前期对户口管理很严格，但是由于赋税沉重，隐匿丁口的现象也越来越严重，直至康熙五十一年（1712）提出改革，即新增人丁不加赋。随着新一轮赋税不均的加重，丁口逃亡现象更严重。人口变化的频率就在这些政策的调整过程中上下波动着，直至乾隆年间，"摊丁入亩"的实施使得大量隐匿的户口得以如实上报，加上很多少数民族地区已基本完成改土归流，历史上很多一向不见户口统计的地方也有了自身的户口数字。因此，乾隆时期人口数字的大幅增长是有其背景渊源和制度依据的。人口的增长与土地的开垦有着紧密的联系，从土地开垦的程度也可见一地域的人口增长状况。

第二节 清代滇池东南岸的土地垦殖

田地的清丈统计与政府税收紧紧相连，也象征国家实力水平，历史时期各王朝都很重视田地清丈和管理，为我们研究土地开垦状况提供了大量的资料依据。由于土地开垦的探究与本章所研究的土地利用紧密相关，尽管要考虑土地本身对开垦的诸多影响因素，但又由于本章所探究历史时期的情况，所涉及的因素可能并不全面。

一 清代滇池南部的土地开垦

明代大量的汉族军民进入滇池地区，当时军屯占三分之二以上，军屯与农户参错而居，一是军屯有组织、有领导地从事生产，对土地开发起了巨大作用；二是在开辟田亩、兴修水利、发展交通方面，军民休戚相关，民田受益；三是军屯使用内地先进生产技术和工具，促进了土地开发利用，民户也受到影响。至明代中期，钦定"凡天下之田地，须依形状、丈尺及田主姓名，造册为籍并附图"，农业生产力普遍提高，发展很快，明代后期，不少田亩被豪强霸占，沐氏勋庄的残酷剥削，使得屯户庄民纷纷外逃，不少田地荒芜。①

　　从制度上来看，清代整个云南的田有几大类，即民田、官田、学田、耤田、屯田、司田、僧田、公田。"民田：定制，凡民田，除祀产、义田外，业主得任意典卖之，但卖时须行过割税契。又祀产、义田虽同属民田，然前者为祖宗祭祀之田，后者为救济一族中之贫者而设之田，例须登记于县府公簿禁止族人买卖。但近年以来，人心不古，官禁亦弛，祀产、义田均已公开买卖。官田：由所在地方官署报佃耕种，以其租供地方官署公私之用。但自民元以后，已陆续提作省库正款矣。学田：以其租供学校费用，各县均有之。耤田：为京师及各行省行耕耤礼之田，平时仍使人民租种，但现在仅存其名。屯田：屯田乃元明两代或用土兵、或募人民使行屯种之田也，故有军屯、民屯之别。军屯由卫、所领之，民屯由州、县领之。但自清顺治、雍正间，即军屯亦已归并于州县，虽仍称屯田，然允许买卖，故实际亦与民田无异矣。司田：即土司田，沿边各土司均有之。僧田：各寺庙僧产均属之。公田：各地方、各团体之公有田均属之。"② 其中除民田、屯田需要交纳税银之外，学田基本只科征税粮，因此文献记载中的田地数目并不是一地区的所有开垦土地。

　　另外，除了土地制度对开垦田地的登记存在影响之外，土地丈量的具体政策和措施也对垦殖有重要作用，呈现出了不同朝代的土地丈量方式的阶段性特征。同时，田与地是清代文献记载中主要的土地开垦单位，田通常指水稻田；地主要为旱作地。其中云南的田"分上、中、下三则，滨海之田，沟浍流通，如箐在水者谓之箐田；凿地开沟，引水灌溉者谓之渠田；建闸筑堤、藉资干御宣泄者谓之坝田；高原之地，雷鸣雨沛始得播种者，谓之雷鸣田；海边涸出可以耕种者，谓之海田；积水为塘，藉资灌溉者，谓之塘田；水道、田塍俱皆现成而现在抛荒者，谓之熟水田；其地有水可引，宜种稻谷，始经开垦者，谓之生水田；只种杂粮不能开为水田者，谓之旱田；其形如梯级、如冰裂，其址如初月、如断核，尖凹曲折，非直方易治，此类之田，培塍补罅，役工尤锯而收成尤薄，统谓之

---

① 晋宁县农业局编《农业志》（内部资料），1991年6月，第72页。
② 李春龙、牛鸿斌等点校《新纂云南通志》卷一百三十八《农业考》，云南人民出版社，2007，第2页。

山田。近水者宜坝闸桥梁，近山者宜沟渠堰塘，大抵土性薄劣，怯于阴潦，植本极疏而穗短粒小，亦地力然也"①。田的种植需要充足的水源，因此在滇池地区田主要分布在取水便利的湖滨平坝地区，部分分布在半山及山顶平坝中，主要是挖塘蓄水以灌溉。地主要是山地，以半山区的开垦为主，多种植旱地作物，如豆类和玉米，同全国的玉米种植一样，滇池地区的玉米种植大大提高了粮食产量，同时，玉米种植对滇池地区的山地开垦具有很大的推动作用。并且和田一样，地也分为三等则，依田地而不以丁口收缴赋税，是摊丁入亩的主要方式，因此田地分等是进行赋税收纳的主要依据。

经过明末战乱，随着大量的兵士逃亡和人口流失，田地荒芜无人耕种现象普遍，滇池南部范围内的开垦田地已所剩无多，"旧志经制田三百五十五顷九亩二分五厘二毫有奇；地二百四十一顷八十二亩八分七厘三毫有奇"。②明末清初时期，南部范围内开垦的田地总数大约为597顷，在晋宁州总土地面积比例中开垦的田地数目所占比重较小，在清初的人口背景下，人均共田地大约为29亩，人均占有耕地面积是相当大的，这与清代初期人口统计存在很大漏洞有很大关系，实际的人均占有耕地并没有这么多。而且清初的耕地是明末状况的反映，战乱导致人口锐减也可从中明了。

到了康熙末年，晋宁州"成熟民地并新垦起科升科，共地一百七十六顷六十三亩七厘；成熟民田并新垦起科升科，共田三百六十一顷三十八亩一分八厘八毫七丝七忽八微九纤二尘九渺三漠"③，或有"原额成熟民田并开垦共田三百六十二顷二十七亩三分八厘八毫七丝七忽八微九纤二尘九渺三漠；成熟地开垦共地一百一十七顷九十四亩二分七厘。以上系康熙年间额"④。可见，随着土地兼并的日益加重，登记在册的民田、民地数目已大

---

① （清）刘慰三：《滇南志略》卷一，云南大学图书馆藏上海图书馆抄本，载方国瑜主编《云南史料丛刊》第13卷，云南大学出版社，2001，第42页。
② （清）杜绍先纂修《晋宁州志》卷一《田赋》，康熙五十五年刻本，载《西南稀见方志文献》卷二十二，兰州大学出版社，2003，第436页。
③ （清）杜绍先纂修《晋宁州志》卷一《田赋》，康熙五十五年刻本，载《西南稀见方志文献》卷二十二，兰州大学出版社，2003，第436页。
④ （清）毛鼒等纂修《晋宁州志》卷十《田赋、屯赋》，清乾隆二十七年（1762）刻本。

大减少。同时，还存在一定数目的屯地，"屯地三顷九十八亩七分二厘二毫；屯官并新垦共田六十四顷二亩二分九厘三毫；折色地二十四顷五亩三分六厘二毫"。① 这时的屯地虽保有旧名，但已同民田、民地无异。另外，在晋宁州还存在一些零散的学田，如"西合村甸内田四十四亩三分，租谷九石三斗四升；又田一十九亩五分，租谷三石五斗；又田一十三亩，租谷二石一斗五升；河西江尾甸内田一十五亩，租银四两五钱；塔后甸内田一十四亩租银五两"②。这些学田不编入里甲，仅是每年上缴一定的税粮。由此可知，至康熙末年，滇池南部共开垦田地631顷左右，与明末清初的耕地面积相差不大，并且田的数量超过了民地与屯地的开垦。以前文所推算的康熙末年人口数字的标准，康熙末年晋宁州的人均占有耕地仅为6亩，与清代初期有很大的差距，人均占有的耕地面积大幅减少，这从一方面也可反映出康熙末年晋宁州人口数字的大幅增长。

清代初期，水田多废不耕。清政府根据很多土地没人耕种的情况，将沐氏勋庄田地变价归私人垦种，并鼓励垦荒，到乾隆三十一年（1766），"谕：'滇省山多田少，水陆可耕之地俱经垦辟无余，惟山麓、河滨尚有旷土，向令边民垦种以供口食。而定例山头地角在三亩以上者照旱田十年之例，水滨河尾在二亩以上者照水田六年之例，均以下则升科。第念此等零星地土，本与平原沃壤不同，无所顾虑，倘地方官经理不善，一切又量查勘，胥吏等恐不免从中滋扰。嗣后滇省山头地角、水滨河尾，俱著听民耕种，概免升科，以杜分别查勘之累，且使农氓得以踊跃赴切，力谋本计。该部遵谕即行'。司经户部遵旨议定：凡内地及边者零星地土，悉听该处民人开垦种植。云南不计亩数，永远免其升科"。③ "水陆可耕之地，俱经垦辟无余"，开垦土地，扩大种植，发展到"水滨河尾""山头地角"，以"尽地利而裕民食"。④ 政府治策的调整是传统农业社会发展的重要保

---

① （清）杜绍先纂修《晋宁州志》卷一《田赋》，康熙五十五年刻本，载《西南稀见方志文献》卷二十二，兰州大学出版社，2003，第437页。
② （清）杜绍先纂修《晋宁州志》卷一《田赋》，康熙五十五年刻本，载《西南稀见方志文献》卷二十二，兰州大学出版社，2003，第441页。
③ 李春龙、牛鸿斌等点校《新纂云南通志》卷一百三十八《农业考》，云南人民出版社，2007，第9页。
④ 晋宁县农业局编《农业志》（内部资料），1991年6月，第72页。

证之一，由于土地与国家税收息息相关，土地"归私人耕种"的私有方式是增加土地税收的重要方式，但是也给土地兼并提供了良好的平台。乾隆年间，由于政治条件的保证，社会各方面的发展相对比较迅速，开垦田地也在不断增加，至乾隆二十五年（1760），实在"成熟民、沐（沐庄之田）并开垦共地一百八十顷二十五亩五分，又续垦地六亩，共地一百八十顷三十一亩五分内"①，其中的等则及其面积以及所课税粮、摊丁银见表9-1。

表9-1 乾隆年间晋宁州民地各等则情况

等则	面积	课税粮	摊丁银
上则地	122顷35亩，又续垦地6亩，共地122顷41亩	每亩课税粮4升，该税粮527石2斗5升	除续垦6亩不摊丁银外，其余地每亩摊征丁银6厘，该摊征丁银67两2钱9分3厘
中则地	4顷60亩	每亩课税粮3升，该税粮15石2斗3升	每亩摊征丁银4厘，该摊征丁银2两1钱1分8厘
下则地	53顷23亩，又续垦地6亩，共地53顷29亩	每亩课税粮2升，该税粮113石9斗2升	除续垦地2顷39亩不摊丁银外，其余地每亩摊征丁银3厘，该摊征丁银18两3钱5分4厘

注：原文地面积中亩以后仍有单位，为论述和阅读的便利，亩以后的单位均四舍五入。同样，税粮计至升，丁银计至厘。

其中，上则地的比重是最大的，下则地次之，中则地最次，三者之间的相互差距较大。等则越高则农产量也相对较高，与之相持衡的是较高的课税粮和摊丁银。

另外，"成熟民、沐并开垦共田三百六十三顷六十三亩六分七厘八毫七丝七忽八微九纤二尘九渺二漠，又续垦田九十六亩八分，共田三百六十四顷六十亩四分七厘八毫七丝七忽八微九纤二尘九渺二漠内"②，详细内容见表9-2。

---

① （清）毛焘等纂修《晋宁州志》卷十《田赋、屯赋》，清乾隆二十七年（1762）刻本。
② （清）毛焘等纂修《晋宁州志》卷十《田赋、屯赋》，清乾隆二十七年（1762）刻本。

表 9-2 乾隆年间晋宁州民田各等则情况

等 则	面 积	课税粮	摊丁银
上则田	118 顷 23 亩，又续垦田 97 亩，共田 119 顷 20 亩	每亩课税粮 6 升，该税粮 728 石 3 斗 4 升	除续垦田 2 顷 34 亩不摊丁银外，其余田每亩摊丁银 8 厘，该征丁银 88 两 8 钱 2 分 2 厘
中则田	166 顷 94 亩	每亩课税粮 5 升，该税粮 858 石 6 升	每亩摊征丁银 7 厘，该摊征丁银 110 两 1 钱 7 分 9 厘
下则田	78 顷 46 亩	每亩课税粮 5 升，该税粮 353 石 4 斗	每亩摊征丁银 7 厘，该摊征丁银 43 两 9 钱

注：原文田面积中亩以后仍有单位，为论述和阅读的便利，亩以后的单位均四舍五入。同样，税粮计至升，丁银计至厘。

与民地不同的是，民田中以中则田的数量最多，上则田次之，下则田最次，三者之间的差距稍小。相比之下，同时期民田开垦的数量远远多于民地。

除了民田和民地，乾隆年间晋宁州的学田仍然存在，"共一百五十二亩二分二厘五毫，有碑记在敬一亭"。[①] 合计一下，乾隆中前期晋宁州登记在册的耕地面积约为 545 顷，按照当时的人口数字来看，人均占有耕地面积为 1 亩，这是何其不合理的数字。按照历史进程的发展，至清代中期，整个滇池地区的发展水平相较于前期是有很大提高的，而且自明代开始的汉族移民进入之后，农业技术有很大进步和提高是不争的事实。因此，在这个人均占有耕地 1 亩的数字背后，是土地兼并现象的严重，很多人口隶属在大地主庄园之下，并没有实质的占有耕地，而地主庄园的耕地面积也并非是官府机构登记在册所能真实反映的。

清末，从整个云南省来看，自"咸丰军兴，全省糜烂，田亩荒芜，粮册无征。同治十三年，巡抚岑毓英奏略：通省荒芜田地，酌拟应征应减成数，并等拨经费，交各地方官招募书算弓手，分投丈量，间有偏僻州、县未及丈量者，均经按亩估计成数，造册报结。所报已种田亩，自九成至七八成、五六成不等，所报荒芜未种田亩，自一成至二三成、四五成不等"[②]。人口减少、土地荒芜，无人耕种，是清代末期耕地数减少的主要原

[①] （清）毛煦等纂修《晋宁州志》卷十《田赋、屯赋》，清乾隆二十七年（1762）刻本。
[②] 李春龙、牛鸿斌等点校《新纂云南通志》卷一百三十八《农业考》，云南人民出版社，2007，第 9 页。

因，道光七年云南省"民屯田地九万二千八百八十八顷四十亩……光绪十年以后，民屯地八万九千四百六十二顷三十六亩，夷田数百余段"。[①] 整个云南省的耕地至清末有所减少，以此判断，清末南部的耕地也会较之清乾隆时期有所减少，但幅度不会很大。

由于清末南部地区耕地数字未见于文献记载，只能依照民国年间的一些基本情况进行回溯。首先从民国年间晋宁土地制度来看，民国年间土地兼并日趋严重。一是土地自由买卖，富者有钱就买田，地主、富农占有大量土地。如晋城镇小海乡李有珍，全家10口，拥有田地500多工，合计250余亩，平均每人20多亩，全部出租给农民耕种，每年收租几万市斤，广大自耕农纷纷破产，佃农越来越多；二是土地自由典当，土地所有权属于出典当者，经营管理权交承当人，典当期限和价格双方议定；三是土地租佃，地主把耕地租给农民耕种，农民定期向地主交租。据20世纪40年代金陵大学农学院在晋宁、昆阳两县调查，本县地租种类有劳动地租、物租和货币地租。劳动地租规定，佃农一年之内为地主干活若干日，无工资报酬，仅享受一日三餐；物租契约规定交纳给地主的实物量，如谷、麦等。物租又分定租、分租两种。数量高的占实际出租田地收获量的80%，少的占实际收获量的50%~60%；货币地租规定佃农给地主交纳的现金数额。为了进一步剥削农民，租佃时，佃农还要向地主预付押金。[②] 以民国年间土地兼并现象的严重程度来看，这是清代以来的诟病累积，少部分的人占有着广大面积的耕地，广大自耕农破产之后，附庸于地主的佃农数量增多，因此呈现出人均占有耕地面积较大的现象。从民国的情况反观清末的土地兼并，情形也已经相当严重了。

二 清代滇池东部的土地开发

自明代开始，就有各种屯田于滇池东岸进行生产，但是范围最大、影响最深远的军屯大约从明朝孝宗弘治年以后逐渐弛坏，卫所军官变成了地

---

① 李春龙、牛鸿斌等点校《新纂云南通志》卷一百三十八《农业考》，云南人民出版社，2007，第10页。
② 晋宁县农业局编《农业志》（内部资料），1991年6月，第61~62页。

主豪绅，士兵中有的成为自耕农、有的成为半自耕农和佃户。但他们仍然担负着各种名目繁多的苛捐杂税和沉重的无代价的劳役。税捐和劳役是架在各种军户脖子上的两把刀，有的军户不堪忍受其剥削压迫，便逃往他乡。如呈贡郎家营大寺内至今仍保留着一块"郎缪二营永免门役"碑记。①明末在滇池东岸就萌生出许多地主豪强，人口的流失使得大量田地荒废。沉重的赋税地租是农业社会农民肩上最沉重的负担，这个沉重的负担直接影响到了社会结构，也影响了该地区的土地开发进程。

清代初期，由于明末战乱的影响，滇池东部的呈贡县也出现大量荒芜田地无人耕种的现象，遗留下很多明代军屯开垦的印记。康熙三十五年，呈贡开垦的"屯地二十亩，实在屯田一十七顷八十七亩八厘四毫，开垦屯田有二顷三十一亩四分，荒芜屯地二顷一十亩九分三厘五毫，荒芜屯田六顷六十八亩四分七厘九毫"，归化"左、前、广、中四卫实在屯地三顷四十三亩，实在成熟屯地三十九顷七十九亩七分五毫，实在屯田四十二顷九亩五分八厘八毫，开垦屯田八十三亩七分九厘，荒芜屯田六顷九十亩一分一厘七毫"。②康熙中期，呈贡县的开垦屯田、地约为92顷，但是这些屯田、地保留的仅是名称，已经完全没有了明代的屯田性质，实际上与民田没有本质的差别。

同时，呈贡民地"并新增沐庄共地一百五十五顷三十亩九分六厘八毫九忽四微八纤五尘六渺七漠内。上则地九十三顷七亩四分二厘八毫八丝三忽五微二纤；中则地六顷八十六亩六分六厘四毫五丝六忽七微七纤；下则地五十五顷三十六亩八分七厘四毫六丝九忽一微九纤五尘六渺七漠"，荒芜民地"三十六顷八十七亩六分二厘六毫三忽六微九纤三尘"。③另外，当时归化的民地"并新增沐庄共地一百九十八顷四十五亩五分六厘七毫八忽四微六纤八尘二渺二漠内。上则地二十二顷四十二

---

① 尹茂：《明代时期呈贡驻扎的军营及屯田情况》，载《呈贡文史资料选辑》第一辑，1987，第109~110页。
② 光绪《呈贡县志》卷六《田赋》，雍正三年朱若功修，光绪十一年李明銮续修，据光绪十一年刻本影印，载《西南稀见方志文献》卷二十九，兰州大学出版社，2003，第295~296页。
③ 光绪《呈贡县志》卷六《田赋》，雍正三年朱若功修，光绪十一年李明銮续修，据光绪十一年刻本影印，载《西南稀见方志文献》卷二十九，兰州大学出版社，2003，第292页。

亩八分三厘四毫七忽八微六纤九尘六渺三漠；中则地三十顷一十二亩四分八厘八毫五丝六忽七纤；下则地一百四十五顷九十亩二分四厘四毫四丝四忽五微二纤八尘六渺五漠"①。康熙年间，呈贡县（呈贡、归化）仅民地就有390余顷。

当然滇池东部也有大量的耕田存在。康熙年间，"据见在赋役全书呈贡民田并新增沐庄共二百七十四顷四十二亩四厘一毫七丝五忽七微三尘九渺内。上则田一百七顷九十九亩九分九毫九忽八微；中则田八十七顷八十六亩六分四厘二毫四丝九忽九微；下则田七十八顷五十五亩四分九厘一丝六忽三尘九渺"，②归化民田"并新增沐庄共田，二百二十五顷一亩六分七厘二毫二丝一忽九微六纤七尘一渺内。上则田三十六顷一十九亩四分八厘九丝五忽三微二纤四尘五渺三漠；中则田七十一顷一十五亩十分二厘六毫四丝九微六纤五尘三渺三漠；下则田一百一十六顷二十七亩六厘四毫八丝五忽六微七纤七尘二渺四漠；堰塘田一顷四十亩"，另外，归化还有"荒芜民田三顷三十六亩五分四厘一毫九丝四忽五微八纤四尘四漠"③。康熙年间呈贡县（呈贡、归化）民田502顷有余，加上所有的开垦民地，达到近900顷。文献记载，康熙三十五年时，"呈贡、归化民屯田地八百七十四顷七十六亩六分二厘六毫二丝三忽四微九尘六渺七漠"。④ 这与前文详细罗列的民、屯田地实际相加的数字存在差别，不排除文献记载过程中的失误，对民田地和屯田地的统计登记有夸大或统计的差错。

同样，清代滇池东部也有部分的义学耕田，雍正年间清查义学，"一在北门内，康熙二十九年知县鲁国华捐设，每年束修京斗米二十石。一在城南二十五里归化城旧学宫改建、一在城南三十五里安江村大佛寺、一在城东三十五里七甸极乐宫，俱雍正十一年知县殷良栋、曾应兆设立，每年

---

① 光绪《呈贡县志》卷六《田赋》，雍正三年朱若功修，光绪十一年李明钰续修，据光绪十一年刻本影印，载《西南稀见方志文献》卷二十九，兰州大学出版社，2003，第293页。
② 光绪《呈贡县志》卷六《田赋》，雍正三年朱若功修，光绪十一年李明钰续修，据光绪十一年刻本影印，载《西南稀见方志文献》卷二十九，兰州大学出版社，2003，第292~293页。
③ 光绪《呈贡县志》卷六《田赋》，雍正三年朱若功修，光绪十一年李明钰续修，据光绪十一年刻本影印，载《西南稀见方志文献》卷二十九，兰州大学出版社，2003，第294页。
④ 光绪《呈贡县志》卷六《田赋》，雍正三年朱若功修，光绪十一年李明钰续修，据光绪十一年刻本影印，载《西南稀见方志文献》卷二十九，兰州大学出版社，2003，第296页。

束修京斗米各一十石。以上四馆雍正七年知县殷良栋查出左卫郭帅生送田一百二十五亩,坐落狗街子条粮,知县捐完又十二年知县曾应兆捐买麻栽村田一坵,坐落三岔口条粮,知县捐完又查出无粮官地一段,坐落归化城,又七甸阖村垦田二亩,坐落大路,大路旁边条粮,知县捐完又十三年布政使陈宏谋捐银一百两、曾应兆捐银四十两买水田八坵计三十工、秧田四坵,坐落北门小新村门首条粮"。另外有四馆,"一在城西五里斗南村水月庵、一在城西南可乐村福寿庵、一在城南十里太平关关帝庙、一在城南二十里灵源村祝国寺,俱雍正十三年知县曾应兆设立,每年束修京斗米各一十二石。以上四馆雍正十二年知县曾应兆查出海边涸地八十四亩二分,坐落新村门首,招佃耕种,免其升科,年收京斗租米五十石五斗二升,作各馆奖赏诸生纸笔之费"。① 这 8 处义学五处在呈贡境内,3 处位于归化境内,共有耕田二百余亩。当然这些学田并不是全部免收租科的,其中"以海淤田及左卫狗街等处之田归官收租"②,以海淤田是清代满足土地需求的最主要方式,同时由于这些土地的优质条件,政府税收是不可能将其忽视的。只是,滇池东部以填海得出淤田,至咸丰年间因连年的涨水漫淹全部归海了,义学也因此废弛。

以康熙末年至雍正初年的人口数量与至雍正年间约 900 顷的耕地来进行对照,得出当时大约的人均占有耕地面积为 12 亩,相较于同期晋宁州的人均 6 亩的占有率,滇池东部面积广大的优势较为突出。

同人口发展一样,清代中期滇池东岸的田地由于缺乏记载而不知。直到清末光绪年间,才有了较详细的记载。光绪六年,呈贡境内通共田地二万八千五百五十三亩四分八厘五毫四忽。其中各个等则数量见表 9-3。③

---

① 光绪《呈贡县志》卷二《庙学》,雍正三年朱若功修,光绪十一年李明錱续修,据光绪十一年刻本影印,载《西南稀见方志文献》卷二十九,兰州大学出版社,2003,第 181 页。
② 光绪《呈贡县志》卷二《庙学》,雍正三年朱若功修,光绪十一年李明錱续修,据光绪十一年刻本影印,载《西南稀见方志文献》卷二十九,兰州大学出版社,2003,第 181 页。
③ 光绪《呈贡县志》卷二《庙学》,雍正三年朱若功修,光绪十一年李明錱续修,据光绪十一年刻本影印,载《西南稀见方志文献》卷二十九,兰州大学出版社,2003,第 298 页。

表 9-3　光绪年间呈贡田、地各等则情况

单位：亩

等　则	田	地
上　则	7907	96
中　则	4000	797
下　则	7032	7962
总　计	18939（原文为 19359 亩）	8855（原文为 9386 亩）

注：原文田地面积中亩以后仍有单位，为论述和阅读的便利，亩以后的单位均四舍五入。

呈贡境内，民田中上则田所占的比重最大，下则田次之，两者相差并不大，中则田最少；而民地中上则地的数量最少，下则地面积最大，中则地次之，并且民地中三个等则的差距都比较大。田与地相比较，田的面积大于地，这与呈贡境内的地形条件有着密切的联系。

同时期归化境内共田地二万一千五百九亩二厘一毫三丝六忽。详细的等则数量如表 9-4。①

表 9-4　光绪年间归化田、地各等则情况

单位：亩

等　则	田	地
上　则	4691	1609
中　则	3104	1710
下　则	4886	3456
总　计	12681（原文为 12687 亩）	6775（原文为 8823 亩）

注：原文田地面积中亩以后仍有单位，为论述和阅读的便利，亩以后的单位均四舍五入。

同样，归化境内的田也比地多，不同的是归化境内下则田的数目是最大的，上则田次之，也是中则田最少；而地方面，同样下则地最大，中则地次之，上则地最少，不同的是上则地与中则地的相差并不大。

通过计算，合计两境的田地共 47250 亩。比较下来，光绪六年呈贡境内的耕地面积稍稍大于归化，并且从田、地的等则来看，呈贡境内的田优

---

① 光绪《呈贡县志》卷二《庙学》，雍正三年朱若功修，光绪十一年李明銮续修，据光绪十一年刻本影印，载《西南稀见方志文献》卷二十九，兰州大学出版社，2003，第 300 页。

于归化,而归化的地则胜于呈贡。

光绪九年时,滇池东部地区又新垦出些许田地,呈贡境内"新垦下则地四百九十七亩四分四厘九毫三丝三忽;新垦下则田四十一亩□六厘二毫三丝五忽;清查庐墓下则地七十二亩□七毫五丝九忽;共计新垦与庐墓下则田地六百六十九亩三分三厘三毫七丝七忽",归化"新垦下则田一百五十八亩九分四厘二毫;新垦下则地四百六十九亩五分八厘九毫;清查庐墓下则地八十七亩六分一厘□七丝七忽;又清查庐墓下则地六十八亩二分九厘三毫;共计新垦与庐墓下则田地七百八十四亩四分三厘四毫七丝七忽"①。光绪九年共新开垦下则田地1453余亩。新开垦的都是下则田地,这是由于滇池东部地区优质土地所剩无几了,也是人为力量及技术条件提高的表现。

另外,光绪年间除了一般的民田、民地、屯田、屯地之外,还有一些荒田地,这些荒田地同样有严格的等级,并且仍然要缴纳赋税。例如,"贡境暂永荒田地一万一千一百零八亩五分六厘二毫七丝三忽,合税秋粮六百一十一石六斗九升四合一勺三抄七撮,条公银九百二十九两六钱三分二厘四毫二忽",其中各等则面积见表9-5。②

表9-5 光绪年间呈贡荒芜田地各等则情况

单位:亩

等 则	分 类		
	暂荒田	永 荒	
		田	地
上			417
中	972		
下	2388	6886;又340	
合 计	3360	7643(原文为7748亩)	

注:原文田地面积中亩以后仍有单位,为论述和阅读的便利,亩以后的单位均四舍五入。

---

① 光绪《呈贡县志》卷六《田赋》,雍正三年朱若功修,光绪十一年李明鋆续修,据光绪十一年刻本影印,载《西南稀见方志文献》卷二十九,兰州大学出版社,2003,第302~303页。
② 光绪《呈贡县志》卷六《田赋》,雍正三年朱若功修,光绪十一年李明鋆续修,据光绪十一年刻本影印,载《西南稀见方志文献》卷二十九,兰州大学出版社,2003,第304~305页。

永荒田地的数量比暂荒田数量大得多,并且荒芜田的数量远远超过了荒芜地。其中以荒田且是下则田的数量最多,荒芜地则全是上则地,并且是永荒。

归化境内同样也有大量的荒芜田地存在,光绪年间"化境暂永荒上中下则田地二万三千六百二十九亩八分一厘七毫七丝,共税秋粮九百七十二石一斗五升五合三勺一撮,条公银一千四百八十七两五钱三分六厘三毫八丝六忽"①。详细内容列表如表9-6。

表9-6 光绪年间归化荒芜田地各等则情况

单位:亩

等则	分类			
	暂荒		永荒	
	田	地	田	地
上	4529		898	
中	3971		3532	
下	2600	1858	5252	990
合计	12958		10672	

注:原文田地面积中亩以后仍有单位,为论述和阅读的便利,亩以后的单位均四舍五入。

由此可见,清初归化地区的荒芜田地面积很大,总数高出呈贡境内许多。其中暂荒田地比永荒田地多,并且无论暂荒还是永荒,田的数量也较地的数量多,情况同呈贡境内是一样的。两境内存在大量的荒芜田地,表明到了清代末期滇池东部地区的农田耕种遇到了瓶颈,生产力远远达不到迅速恢复土壤肥力的水平。所谓这些荒田、荒地与今天的概念不同,在人口稀少、生产力低下和生产工具落后的古代社会,那些未经开垦的可耕地和不利于耕种的田地,甚至由于政治动乱、军事战争而荒废了的田地,都为荒田、荒地。光绪年间,滇池东部地区的新垦田地与暂荒和永荒田地共为"八万六千一百一十六亩六分零二毫五丝二忽,并合原额税秋粮三千九

---

① 光绪《呈贡县志》卷六《田赋》,雍正三年朱若功修,光绪十一年李明銮续修,据光绪十一年刻本影印,载《西南稀见方志文献》卷二十九,兰州大学出版社,2003,第305~306页。

百五十九石六斗二升四合三勺，条公折色渔课耗羡等款银六千零四十三两七钱八分零一毫"①。荒芜田地的数量远远超过了每年新垦田地的数量，由于传统农业社会的水平不足，新垦田地的年平均增长率之低是可想而知的。大量的荒芜田地不论是不产或是低产，都是要交纳租税的，广大劳动人民身上的沉重担子可见是非同一般了。

原有民、屯田地加上后来新垦的田地，如果将荒芜田地也一并统计的话，光绪年间滇池东部地区的耕地面积为86000余亩，比清初雍正时期的耕地还稍少，计算下来光绪初期滇池东岸地区的人均占有耕地约为3亩，比清初人均12亩的占有率低了不少，但是较之于乾隆时期晋宁州人均仅1亩的占有率，滇池东部地区的人口与耕地的关系协调，似乎是优于滇池南部地区的。如果除去3万余亩的荒芜田地，即光绪年间滇池东部地区仅有51392亩左右的耕地以满足人们日常所需和填补租税交纳，也就是说人均占有可耕地降低了不少，仅有1.85亩，这样看来与晋宁州乾隆时期的水平相差不大。从光绪年间滇池东部地区人均占有耕地和人均占有耕地的数字差距来看，荒芜田地的存在是一个幌子，在土地兼并日趋严重的情况下，荒田、荒地增加是伴随着自耕农破产涌现出来的。

将耕地详细划分等则是官府进行收缴租科的基础，这种现象一直持续到了民国末期，只是其间在等则划分上更详细，即子项更多了。以呈贡县大河口村为例，全村的土地划分及税率如表9-7所示。

表9-7 民国年间呈贡县大河口村田地等则情况

号 数	等 则	面 积（亩）	税 率（%）	饷 额（元）
434（上则）	上 上	—	—	—
	上 中	274.985	0.25	68.016
	上 下	460.682	0.18	85.527
	中 上	554.408	0.14	78.438

---

① 光绪《呈贡县志》卷六《田赋》，雍正三年朱若功修，光绪十一年李明鋆续修，据光绪十一年刻本影印，载《西南稀见方志文献》卷二十九，兰州大学出版社，2003，第306页。

续表

号　数	等　则	面　积（亩）	税率（％）	饷　额（元）
796（中则）	中　中	799.442	0.11	89.597
	中　下	365.890	0.08	29.659
	下　上	220.524	0.05	11.225
156（下则）	下　中	140.662	0.03	4.291
	下　下	—	—	—
合计 1386		2816.593	0.13	366.753

号数是指田地经营面积的单位。如上则田地包括上上、上中、上下、中上共 434 块。全村合共 2816.593 亩田地，分成了 1386 块，平均每块只合两亩（一亩等于 1.14 工）稍强，可见单位农场经营面积的狭小。[①] 详细的土地等则的划分制度可以一直沿用至民国，确实有其合理的一面。尽管有很完善的田地管理体制，但是由于土地本身的各种因素限制，很难在一个小范围内存在完整的等级体现，如大河口村的上上和下下就缺如。不过这样的缺如也正好为我们理解地域发展差异提供了一定的分析基础。

三　滇池东南岸土地增长的特征

在传统农业社会中，依靠自然条件优势是农业生产和农田开垦的重要方式，对自然界的人为改造能力还比较薄弱。

山多田少不仅是云南开发的限制，也是影响滇池东南缘土地开垦的重要因素。针对云南的普遍状况，清政府曾多次进行开垦指导方针的调整，光绪《云南府志》记载，（乾隆）三十一年谕："滇省山多田少，水陆可耕之地俱经垦辟无余，惟山麓、河滨尚有旷土，向令边民垦种以供口食。而定例山头地角在三亩以上者照旱田十年之例，水滨河尾在二亩以上者照水田六年之例，均以下则升科。第念此等零星地土，本与平原沃壤不同，无所顾虑，倘地方官经理不善，一切又量查勘，胥吏等恐不免从中滋扰。嗣后滇省山头地角、水滨河尾，俱著听民耕种，概免升科，以杜分别查勘之累，且使农氓得

[①] 胡庆钧：《汉村与苗乡——从 20 世纪前期滇东汉村与川南苗乡看传统中国》，天津古籍出版社，2006，第 26~27 页。

以踊跃赴切，力谋本计。该部遵谕即行。"司经户部遵旨议定：凡内地及边者零星地土，悉听该处民人开垦种植。云南不计亩数，永远免其升科。[①] 到了清代，可耕之地已经所剩无几，所以不放过任何存在可耕利用的"山麓、河滨旷土"，对于难垦之地的耕植则是给予减免租税的优惠或是奖励，为的就是扩大耕种地面积。可见整个云南土地开垦的特征之一就是尽可能多地得到土地、利用土地，滇池东岸和南岸也不例外。

为了得到更多的土地，对滇池进行工程改造就是最直接、也是最有效的方式，海口工程在前文已有叙述，在此不再赘述。海口工程使得东南缘受益最明显的就表现在田亩数大量增加，以海淤田的例子就是最好的证明。另外，自清初康熙至光绪年间，耕地数字最直接的反映就是开垦田亩超过地数，甚至荒田数也远远高于荒地。这些河滨旷土开垦的田地多作为水稻田利用，对这些河滨地区的开垦成为清代滇池东南岸地区最主要的利用方式。

自清初至清末，开垦的耕地面积增长并不大，在当时的水平条件下，几亩的增长数字是相当可观的。也由于传统农业中，生产力水平有限，由于滇池地区山多地少，开垦的耕地面积是相当有限的，虽然开垦出广大农田，但是山地的开垦仍处于低下水平。但从土地兼并严重的社会现象来看，也从另一方面表明了清代以来滇池东、南部地区得到了较大程度的开发，有了广大开垦出的耕地，才能为土地兼并的发生提供最基础的物质条件。

同时，气候因素对开垦田地也产生了极大的影响。最主要就表现在雨水不足而影响生产。以归化为例，清代就有诗言："人言归化插秧难，淹尽海田始栽完。也有溪流绕地曲，多无潴水入春寒。几番霖雨空膏泽，一路青葱独旱干。尽日呼天祈有岁，踟蹰无计起荒残。"[②] 由于气候因素，在滇池地区有许多雷响田存在，有雨则田、无雨则荒，对古代的农田记册是很不利的。滇池的水涨漫淹是临岸边田亩的最大威胁，也不得不感叹"奈何沧海变桑田，桑田变沧海，古今原有之事"，前文述及呈贡县义田淹灭、义学废弛，就是滇池水涨导致的结果。

---

① 李春龙、牛鸿斌等点校《新纂云南通志》卷一百三十八《农业考》，云南人民出版社，2007，第9页。
② 游一清（归化知县）：《望雨》，胡凤从辑《呈贡古今诗词100首》，载云南省呈贡县委员会文史资料委员会编《呈贡文史资料》第五辑，1995，第132页。

另外，土地垦殖是与人口增长密不可分的，因为在传统农业社会里，人就是土地开发的最大力量。随着两地人口的增加，土地开垦也随之发生着变化，但是土地开垦也受到本身条件的限制而达到极限，而人口的增长却是几乎没有止境的。尽管人口会因战乱和灾害而急剧减少，但是耕地的增长和土壤肥力的恢复却赶不上人口增长的速度，因此，基于资料计算出的各时期的人均占有土地面积都是呈现降低的发展趋势，甚至出现了乾隆盛世年间晋宁州人均占有耕地仅1亩的现象。

人口和开垦土地的变化虽然反映了清代该区域的一些社会状况，但是要明确该区域内的土地利用状况，仍需要进一步分析。以上的数字提供的只是直观的变化现象，对于人口和开垦土地的分布状况仍不得而知，聚落将会展现更加丰富的内容。

第三节　清代滇池东南岸的聚落发展与人地关系

清代的人口增加不仅带来了广大土地的开垦，还促使聚落蓬勃发展。聚落的形成和迁移是随着人口增加、迁移定居变化的。对于聚落的考究是人口、耕地甚至土地利用问题的重要补充。

一　滇池南部地区的聚落扩展

清初期，由于战争的破坏导致人口流失和土地荒废的情况比较严重，滇池南部区域内的人居聚落也相对较少。康熙初年仅有24个村，即"南曰五里铺、十里铺；西南曰黑麻村、牛恋乡、三夫塘（又名三多塘）；又折而南曰观音山、宝兴村、向桥村、段奇村、大堡、上营、中营、下营；西曰天城门、金沙村、西合村、河泊所；西北曰河东村、河西村、大西村、黄土坡、围山村；北曰土坯村；东北曰竹园村。自流寇入滇，晋宁屠戮甚惨。迄今居民渐已鸿集棋布，村落分题名号殆不止于二十四矣"[①]。这24个村分属于5个乡，即仁义乡、中

[①] （清）杜绍先纂修《晋宁州志》卷一《乡村》，康熙五十五年刻本，载《西南稀见方志文献》卷二十二，兰州大学出版社，2003，第433页。

和乡、普济乡、常平乡、永宁乡。可见,清初期晋宁州人口大量减少直接影响了聚落发展,不仅存有的聚落数量少,分布也较稀疏,多集中于南部和西南部,北部、东北部仅有 2 村,但随着社会稳定,至康熙末年滇池南部聚落已超过 24 个。以康熙初年 2018 人和 597 顷的耕地面积进行对照,此时晋宁州聚落的平均人口为 84 人,而聚落平均占有耕地 24 余顷。

至清乾隆年间,晋宁州聚落发展繁荣,已有约 116 个村之多,同康熙年间相比较,聚落发展确实可观,与同时期人口的发展相呼应。乾隆时期 116 个村落具体如下:

州东各村:上菜园村、下菜园村、石头冲。

州南各村:张家院、五里铺、河外、石碑村、小场村、大场村、耿家营、月表村、大江头、小江头、十里铺。

州西各村:阳城堡、杨家院、袁家院、新庄、天城门、梅曲村(即黎凹)、锦川里(即黑麻村)、牛恋乡、小渔村、金砂村、西合村、小官渡、福墩村、河泊所、石寨、倪家湾、大梁王山、左卫、石嘴、黄土坡、大西村、上钟贵村、下钟贵村、新村、海埂、小梁王山。

州北各村:迎恩铺、下竹园村、土坯村、大朴树、小海庄。

州西南各村:小寨、大朴树村、牧羊村、小朴树村、观音山、杨户村、细家营、宝兴村、上竹园村、安乐村、向桥(即蒜村)、上湾村、瓦窑村、柳坝塘、三多塘、石头村、段旗村、李官营、洗澡塘、锅底村、宋家庄、下营、中营、龙王塘、燕子窝、六街、一街、薛家庄、大营、大庄、新村、者腻村、三应村。

州西北各村:新江坝、方家营、纳家村、河西厂、洪家营、宋家村、吕家营、朵家营、孙家嘴、大周家营、梁家营、姚家营、下湾村、雅坊、戚家营、宋家营、小周家营、束家村、马家村、吕家坝、小陈家营、孙家嘴、郑家营、文家河、韩家村、郑家坝、大黄家庄、小黄家庄、三家村、新街、大河嘴、薛家庄、沙堤村、戴家庄、杨家庄、马家嘴、苏家庄、团山村。①

从康熙与乾隆时期的聚落相比较来看,最直观的反映就是乾隆年间晋宁州聚落数量增加,从方位范围内的聚落变化来看,乾隆时期的聚落增加

---

① (清)毛慜等纂修《晋宁州志》卷五《疆域》,清乾隆二十七年刻本。

主要集中在西南和西北方向，聚落分布密度加大。其中康熙时期的大堡、上营、河东村、围山村到乾隆时期已无村名记载，而菜园村和竹园村至乾隆时期都已分出了上下两村。乾隆时期的聚落增加和分出小村，与乾隆时期的人口增加是相呼应的。当然有很多聚落并不是乾隆年间才出现的，如方家营、洪家营、吕家营、朵家营、梁家营、姚家营、戚家营、宋家营、小周家营、郑家营等，其中的缘由下文将作详细分析。

这116个村与乾隆二十五年时44216的人口和545顷的耕地数字相对照，平均聚落人口为381人，聚落的平均占有耕地则约为4.7顷。与康熙年间相比，平均聚落人口增加许多，但是聚落平均占有耕地则急剧下降，与同时期的人均占有耕地一样，呈现出戏剧性的局面。但如小渔村的"数椽茅屋矮，万顷碧波长。灯火迎新月，风帆挂夕阳。网收山雨过，露下稻花香。浊酒颓然醉，高歌任徜徉"①，这时期聚落的人口增加、耕地广阔，一幅欣欣向荣的景象是值得肯定的。

至道光年间，滇池南部的聚落更甚从前，并且村屯体系更加整齐有规制。晋宁州设有州前乡、永宁乡、河东乡、河西乡四乡，各乡内的聚落数量、规模相当庞大。仅州前一乡"附郭周围二十四里，除州城五铺外共计二十七村，东至盘龙山后计五里，南至十里铺计九里接河涧铺大河水，西至新庄计一里与河西、永宁二乡交界，北至竹园村计二里与呈贡归化境交界"②。具体的聚落及其分布如下③：

月表村在城南七里，依山面河。

大江头在城南八里，居山。

小江头在城南七里，居山。

大场村在城南六里，依山。

小场村在城南五里，依山。

十里铺在城南九里，依山滨河设塘兵，与河阳交界。

石碑村在城南五里，依山面河，新建大石桥一座。

---

① 杨复元：《小渔村》，载毛鼒等纂修乾隆《晋宁州志》卷二十八《艺文》，清乾隆二十七年（1762）刻本。

② （清）朱庆椿修、陈金堂纂道光《晋宁州志》卷三《地理志·村屯》，1965年云南大学传抄云南省图书馆藏清道光二十三年（1843）刻本，1926年铅印重刊本。

③ 这些聚落均为清朱庆椿修、陈金堂纂道光《晋宁州志》卷三《地理志·村屯》中记载原文，以下永宁、河东、河西乡同。

小河外在城南四里许，依山面河。

五里铺在城南四里，周围俱山外通迤南大路。

凤凰村在城东南三里许，依山。

石头冲在城东二里许，居山。

上菜园在城东一里，依山面城。

下菜园在城东一里，依山面城。

迎恩村在城东北二里，依山面城。

竹园村在城北三里许，交呈贡归化境界。

土坯村在城北一里，居平阳。

庆丰门在城北一里，居北隅外。

阳城堡在城北里许，滨河。

四脸庙在城西北一里，滨河。

袁家院在南关外附郭。

新庄在城西北里许，滨河。

张家院在南关外附郭。

杨家院在南关外附郭。

堰塘在城东二里，居山。

椅子雾在城东北十五里。

唐宋庄在城西南十五里，居山。

耿家营在城南七里，居山。

清代州前乡范围大概包括今晋城镇东部和化乐乡北部，27村中以依山而居者较多，滨河而生的较少，较乾隆时期增加的有凤凰村、庆丰门、四脸庙、堰塘、椅子雾、唐宋庄六村。

永宁乡，"距城七里，斜长五十五里，东至鲁纳等山，交河阳界；南至分水岭十五里即大堡河水丛源与新兴江川交界；西至黄鹂、蛮大等山，交昆阳界；北至马鞍山州前乡界。以段奇村为其乡适中之地，共计三十六村"。[①] 该乡聚落具体有：

---

① （清）朱庆椿修、陈金堂纂道光《晋宁州志》卷三《地理志·村屯》，1965年云南大学传抄云南省图书馆藏清道光二十三年（1843）刻本，1926年铅印重刊本。

段奇村在城西南二十里，依山顺河，有街市三八为期，远近村人赶集于此。

渔村在段奇西北十二里，滨海，四围皆水。

牛恋乡在段奇西北十一里许，依山面海。

牧羊村在段奇北十二里，居山滨河。

大朴树村在段奇北十一里，依山面河。

小朴树村在段奇北十一里，依山面河。

观音山村在段奇北十里，依山面河。

杨户村在段奇北九里，依山面河。

细家营在段奇北八里，依山面河。

竹园村在段奇北三里，依山面河。

宝兴村在段奇北五里，依山面河。

蒜村在段奇北五里，依山傍河。

安乐村在段奇西北四里，依山，有塘水灌溉田亩。

三多村在段奇西北六里，依山，有塘水灌溉田亩，交昆阳渠东里界。

柳坝在段奇西北六里，依山，有塘水灌溉田亩，山后交昆阳火烧铺界。

湾村在段奇北三里，依山傍河。

瓦窑村在段奇西一里，依山面河。

独家村在段奇西一里，依山面河。

锅底村在段奇西里许，居山。

兴旺村在段奇西里许，依山面河。

李官营在段奇南半里，依山面河。

洗澡塘在段奇南二里，居山。

下营在段奇南四里，依山，东西二村，大河居中。

中营在段奇南六里，依山，东西二村，大河居中。

龙王塘在段奇南九里，依山面河。

燕子窝在段奇南十五里，依山面河。

六街在段奇南十五里，有街市一、六为期，远近赶集于此，为昆阳江川大尖站。

苏家庄附近六街。

一街在段奇南十七里，依山面河。

大营在段奇南十八里，依山面河。

三印村在段奇南十九里，依山，有龙泉灌溉田亩。

新村在段奇南二十里，依山，有龙泉管带田亩。

大庄在段奇南二十四里，有龙泉灌溉田亩。

者腻村在段奇南二十八里，居山，即大堡河水发源处，交新兴江川界，粮马户夫止此。

小寨在段奇北十五里，系永宁乡尾夫役归州前而村屯仍属永宁乡，两河至此交会流入河东、河西二乡。

当时永宁乡的范围大致为今上蒜和六街两区，面积较大。35个聚落中大多集中在今上蒜乡，并且多数聚落为依山面河，较之乾隆时期增加的聚落有独家村和兴旺村二村，增加的聚落没有州前乡多。

河东乡，"附近州前周围三十五里，以大营为其乡适中之地，共计五十五村，东至乌泥河十里，交呈贡归化境界；南接州前乡；西至大河，交河西乡界；北至海滨十里"。[①] 其聚落详细情况如下：

大营在城北五里，滨河，建桥一座，分东西二乡河水，中流灌溉田亩接河西乡界。

新江坝在大营南四里，滨河，居平阳。

纳家村在大营南三里许，滨河，居平阳。

河西厂在大营南三里，滨河，居平阳。

蒋家村在大营南二里许，滨河，居平阳。

吕家营在大营南里许，滨河，居平阳。

方家营在大营东南三里，居平阳，接州前乡界。

洪家营在大营东二里许，居平阳。

朵家营在大营东二里许，居平阳。

[①] （清）朱庆椿修、陈金堂纂道光《晋宁州志》卷三《地理志·村屯》，1965年云南大学传抄云南省图书馆藏清道光二十三年（1843）刻本，1926年铅印重刊本。

陈家营在大营东二里，居平阳，有塘水可灌溉田亩。

周家营在大营东三里，滨河，居平阳。

梁家营在大营东三里，居平阳。

戚家营在大营东二里，居平阳。

宋家营在大营东二里，居平阳。

孙家嘴在大营东四里，居平阳。

小村在大营东四里，居平阳。

大朴树村在大营东四里，居平阳。

小朴树村在大营东四里许，居平阳。

姚家营在大营东二里许，居平阳。

熊家营在大营东二里，居平阳。

孙家坝在大营北二里，滨河，居平阳。

孙家院在大营北二里，滨河，居平阳。

吕家坝在大营北三里，滨河，居平阳。

束家村在大营北三里许，滨河，居平阳。

小周营在大营东四里，居平阳。

小陈营在大营东四里许，居平阳。

文家河在大营北五里，滨河，居平阳。

韩家村在大营北七里，居平阳，有岔河潆绕。

郑家湾在大营北八里，居平阳，村东北与呈贡归化境分界，至乌泥河安江村大桥止。

杨家庄在大营北八里，滨河，居平阳。

薛家庄在大营北八里，居平阳。

戴家庄在大营北八里，居平阳。

安乐村在大营北九里，居平阳，近海滨。

余家沟在大营北十里，傍河，居平阳，近海滨。

黄家地在大营北九里，居平阳，近海滨。

白龙寺村在大营北十里，傍河，居平阳，新建班水坝一座，高数丈，一为大河关闸水口，一分流灌溉田亩。

杨家院在大营北九里，滨河，居平阳。

新街在大营北八里，傍河，居平阳，有街市以四、九为期，远近赶集于此。

老荒滩在大营北十里，居平阳，近海滨。

大黄庄在大营北五里，居平阳。

沙堤村在大营北十里，居平阳，近海滨。

小黄庄在大营北五里，居平阳。

湾村在大营北三里，滨河，居平阳。

雅坊在大营北三里，滨河，居平阳。

梁家村在大营北三里，居平阳。

大吴村在大营北四里，居平阳。

小吴村在大营北五里，居平阳。

苏家庄在大营北五里，居平阳。

马家嘴在大营北六里，居平阳。

牛王寺村在大营北九里，滨河，居平阳。

团山村在大营北十一里，依山，山后即海滨。

马家村在大营北二里，滨河，居平阳。

土家村在大营北三里，居平阳。

刘家村在大营北四里，滨河，居平阳。

三家村在大营北五里，居平阳，交河西乡界。

嘉道年间河东乡的大致范围为今天晋城西北部和新街大部分地区，55个村子密集于今新街乡驻地新街，许多聚落或"居平阳"或"近海滨"，至道光年间新增的聚落有蒋家村、小村、熊家营、孙家坝、孙家院、安乐村、余家沟、黄家地、白龙寺村、老荒滩、梁家村、大吴村、小吴村、牛王寺、土家村、刘家村等16个村。另外，道光年间河东乡的聚落中也有大朴树村、小朴树村、湾村、杨家院4个同于永宁乡的聚落，经查民国年间资料和20世纪80年代的地名志资料，没有以上四村在新街、晋城的"遗迹"，可推断为是道光年间记载的失误。

另外还有河西乡"距城西里许，周围三十里，共计二十八村，以金砂为其乡适中之地，东至大河计五里，交河西乡界；南至望鹤、石将军等山计七里，交永宁乡界；西北至海滨，斜长十里，海水漾洄"①，所辖聚落有：

  金砂村在州前五里，依山，居平阳，远近赶场于此。

  上石美在金砂东里许，依山面河，居平阳。

  锦川里，即下石美，在金砂南一里，依山，居平阳，村前路通两迤。

  梨凹在金砂东北一里，依山。

  上西河在金砂里许，居平阳。

  下西河在金砂西二里，居平阳。

  江渡在金砂西三里，居平阳，近海滨。

  佛墩在金砂西三里许，居平阳，近海滨。

  河泊所在金砂西四里许，居平阳，近海滨，赶集晚市。

  石寨在金砂西北三里，依山。

  倪家湾在金砂西北四里，河水漾绕，居平阳。

  梁王山在金砂西北六里，依山，居平阳。

  左卫在金砂北三里，依山面河，居平阳。

  石嘴在金砂北五里，依山，居平阳。

  西瓜嘴在金砂北十里，居平阳，滨海。

  花椒嘴在金砂北十里，居平阳，滨海。

  小梁王山在金砂北十里，居平阳，依山面海。

  上海埂在金砂北六里，居平阳，临海。

  下海埂在金砂北六里，居平阳，滨海。

  吴家堆在金砂北七里，居平阳，滨海。

  新村在金砂北四里，居平阳，滨河。

  福安村在金砂北四里，依山面河，赶集早市。

  上钟贵在金砂东北二里许，滨河。

  下钟贵在金砂北二里许，滨河。

  大西村在金砂东北四里，居平阳，河源由双涵洞往上下钟贵顺流至

---

① （清）朱庆椿修、陈金堂纂道光《晋宁州志》卷三《地理志·村屯》，1965年云南大学传抄云南省图书馆藏清道光二十三年（1843）刻本，1926年铅印重刊本。

村，周围迥抱，出福安村，灌溉田亩，入于海。

余家村在金砂东北七里，居平阳，滨河，交河东乡界。

田家村在金砂北八里，滨河，居平阳，交河东乡界。

康乐村，即宋家村，在金砂东北十里，滨河，居平阳，交河东乡界。

河西乡临滇池岸边而居，大致包括今新街南部和上蒜北部地区，28个村大多居平阳，与乾隆时期相比增加的聚落为上石美、江渡、西瓜嘴、花椒嘴、梁王山、吴家堆、福安村、余家村、田家村、康乐村等10个村落。除了这些新增聚落，还有聚落名称变化的，如梨凹，在康熙年间名黎凹，至乾隆年间改称梅曲村，道光年间又称梨凹。还有一村两分的情况，乾隆年间海埂为一村，至道光年间分为了上海埂及下海埂，西合村也分为了上西河和下西河，人口增加的情况可见一斑。

因此，统计下来道光年间晋宁州有146个聚落，除去推断为记载失误的4个聚落，将其与道光年间的人口进行对照，聚落的平均人口为634人，较之乾隆年间的聚落平均人口381人几乎增加近一倍。因此，到道光年间滇池南部聚落的人口密度都达到了较高水平，基本上保障了农业开发的顺利进行。

将晋宁州在清代的人口、聚落发展划分时段的话，以清初的康熙、清中期乾隆和道光的人口、聚落发展来看，从康熙至乾隆时期，人口增长的幅度并不大，但是聚落发展迅速，这样导致的是至乾隆年间晋宁州各聚落的规模不大，拥有人口和占有耕地都不多；相反，从乾隆年间至道光的发展，人口增加迅速，聚落增加情况并不明显，聚落拥有人口和占有耕地都相较前期增多，说明至清中期滇池南部地区的土地开垦基本稳定，达到传统农业社会水平中的鼎盛。

二 滇池东部地区的聚落发展

康熙初期将归化并入呈贡，在呈贡县疆域扩大的同时，聚落也增加不少。从呈贡县四至来看聚落分布。

县城东接宜良有9村：落龙河（大小二村）、新册村（大小中三村）、黄土坡、仁厚营、头甸、七甸、水海子、大哨、小哨。

东南抵澄江有 16 村：白龙潭、梁卜场（丰乐村）、王家营、吴杰营、柏枝营、段家营、刘家营、缪家营、郎家营、大水塘、中庄、郑家营、兴隆营、前卫营、回子营、松子园。

南抵归化 8 村：龙街子、三岔口、松花塘、太平关、大渔村、大河口、小河口、新庄。

西南有 2 村临滇池：可乐村、乌龙浦。

西临滇池有 8 村：（大小）梅子村、斗南村、彩龙村、江尾村、练朋村、大溪村、小古城、麻阿村。

北抵昆明有 9 村：羊乐堡（大小二村）、北营（大冲）、倪家营、万朔村、张溪营、碓臼村、小王家营、狗街子、中卫营。

归化南路有 9 村：白云村、白沙村、方塘村、广济村、安江村、古城村、左所、中卫、左卫；北路有 18 村：者罗村、环秀村、丰藤村、茁壮村、雨花村、月鱼村、高家庄、青城村、古城村、林塘村、高登村、石城村、灵源村、金勒村、常乐村、杜曲村、海晏村、小宴村。以上聚落分属于永宁一乡、永宁二乡、城子一乡、城子二乡、河东乡、宝藏乡六乡。[①]

康熙末年呈贡县共 79 个聚落，这些聚落主要集中在今呈贡县中部和滇池沿岸，以康熙末、雍正初年 7465 人和 900 顷的耕地来看，当时的聚落平均人口约为 94 人、占有耕地面积约为 11.3 顷，平均人口高于同时期的滇池南部地区，而平均占有耕地却相对较低。

清中期和末期的聚落均未见于文献中，以 20 世纪 80 年代的地名志来看，清中后期聚落持续增加。

表 9-8 20 世纪 80 年代呈贡县聚落分类

镇、区名	地理特征	聚落数（个）	汉族姓氏村	汉族新建村	彝语地名
龙城镇	县城坝区	55		城内、龙街、石碑存、新草房、古城	

[①] 光绪《呈贡县志》卷一《疆域》，雍正三年朱若功修，光绪十一年李明鋆续修，据光绪十一年刻本影印，载《西南稀见方志文献》卷二十九，兰州大学出版社，2003，第 168 页。

续表

镇、区名	地理特征	聚落数（个）	汉族姓氏村	汉族新建村	彝语地名
洛羊区	半山区	118	王家营（区片）、大张溪营、倪家营	火车站村、碓臼村、黄土坡、水海子、望朔村、小张溪营、大冲、香条村、洛龙河、新家村	小洛羊（汉族）、大洛羊、小新册（汉族）、大新册（汉族）、拖磨山（汉族）、大新册（汉族）
七甸区	山区	337	李家庄、胡家庄、王家庄	山冲、麦地营、大哨、新发村、小龙潭、七子塆、大龙潭、观音寺、头甸、三丘田、白泥洞、广南、土瓜塘、三家村、徐家龙潭、哨山、小哨箐、水塘、干坝塘、大松子园、小松子园、马寨子、马郎大村、马郎小村、汤池凹、黑蚂凹、白土凹、刘家桥、野竹箐、太阳沟、黄土沟、高梁地、三十亩	七甸（汉族）
龙街区	滇池东岸平缓地带	118	殷家村、小王家营、	小古城、小梅子村、斗南村、彩龙村、大梅子村、江尾、房子湾、小江尾、可乐村、三岔口、松花铺	麻蓑村、西波村、练朋尾、七步场、乌龙浦 现全为汉族居住
吴家营区	中部半山区	220	吴家营、大王家营、刘家营、郎家营、郑家营、缪家营、段家营	白龙潭、柏枝营、郎家营小村、赵家山、雨花、下庄、三岔箐、大梨园、中庄、大水塘、前卫营、万溪冲、回回营（回族居民点）	
大渔区	滇池东岸平坝区	222	邓家庄、杜家村、王家庄、李家边、罗家村、土家村、杜曲	太平关、月角村、元宝村、新村、大河边、大河口、中和村、大渔村、小河口、大海宴、小海宴、常乐村、白马路、石城、大湾	
马金铺区	西临滇池、缓坡丘陵	333	高家庄、梁家箐	化城、小青城、马金铺、化古城、李家坟、大营、山后首、庄子、横冲、大石坎、大坡、马鞍山、左卫、林塘、赵家冲、小营、杨柳冲、凤口、中卫、红山、左所、白云、花园、大坑、秋木箐、干塘子、鸡茨棵、上水节、下水节	高登、山母

注：呈贡县人民政府编《云南省呈贡县地名志》（内部资料），1986年1月。

其中，七甸区李家庄，为清末李姓首迁此定居于此，地处山区，汉族居住；① 大渔区王家庄，由于王姓首先迁居，成村后王姓居多而名，处坝区，汉族居住；② 李家边则因李姓首先定居滇池岸边而名，处坝区，为汉族居住。③ 类似的列子很多，在其余几区都有出现，这类的聚落可统归于汉族姓氏村。汉族姓氏聚落自云南明代汉族移民进入定居以来逐渐出现的，随着汉族人口稳定生活下来后，至明代中后期大量涌现。④ 另外，还有一类为汉族新建村，如七甸区高粱地，清末外地人迁此定居种高粱得名，处山区，汉族居住⑤；龙街区房子湾，光绪年间江尾渔民在一河湾盖房，后来成村，地处坝区，汉族居住⑥；大渔区新村，清中期新成村，处于坝区，汉族居住⑦；马金铺区小青城，清中期由林塘迁此，从属化城，处半山区，汉族村。⑧ 这些汉族新建村的形成是随着田地开垦进展步伐的，大多以地理环境特征对其命名，如冲、边、湾、沟、箐等，另外生产耕作中的水利设施也有所体现，如坝、塘等的聚落命名。如前文所述，至清中期滇池东部人口大量增加，开垦的田地面积和范围都在扩大，汉族姓氏聚落和汉族新建村的分布扩散是随着田地开垦、更多土地加以利用而出现的。当然，东部地区有许多的彝族语地名，尽管现今大多已为汉族居住，但彝族同胞世代居住的印记是不能磨灭的。如七甸为彝语"雌甸"，意为羊多的山间坝子，处山区，现为汉族居住⑨；龙街区麻茇村，为彝语地名，意为兵驻村庄，处坝区，现为汉族村⑩；七步场，也是彝语，意为产稻谷的凹子，处坝区，现在也是汉族居住村。⑪ 这些彝语地名的聚落在清代初期文献中已有记载，最先为少数民族居住是不争的事实。

---

① 呈贡县人民政府编《云南省呈贡县地名志》（内部资料），1986年1月，第25页。
② 呈贡县人民政府编《云南省呈贡县地名志》（内部资料），1986年1月，第42页。
③ 呈贡县人民政府编《云南省呈贡县地名志》（内部资料），1986年1月，第42页。
④ 陆韧：《云南汉语地名发展与民族构成变迁》，《云南民族大学学报》（哲学社会科学版）2005年第22期。
⑤ 呈贡县人民政府编《云南省呈贡县地名志》（内部资料），1986年1月，第35页。
⑥ 呈贡县人民政府编《云南省呈贡县地名志》（内部资料），1986年1月，第30页。
⑦ 呈贡县人民政府编《云南省呈贡县地名志》（内部资料），1986年1月，第42页。
⑧ 呈贡县人民政府编《云南省呈贡县地名志》（内部资料），1986年1月，第48页。
⑨ 呈贡县人民政府编《云南省呈贡县地名志》（内部资料），1986年1月，第19页。
⑩ 呈贡县人民政府编《云南省呈贡县地名志》（内部资料），1986年1月，第28页。
⑪ 呈贡县人民政府编《云南省呈贡县地名志》（内部资料），1986年1月，第32页。

由于明代大量汉族移民的进入,滇池东部地区自明代开始就形成了许多具有军事色彩名称的聚落,从分布上看,这些军事性质遗留的聚落主要集中在今吴家营区。至明末,整个云南范围内大量汉族姓氏村落兴起,并一直延续至清代。呈贡县内许多汉族姓氏聚落则大多是清中期至清末形成的,如七甸区的李家庄是清末李姓首先此定居而命名的,胡家庄则是清中期胡姓首先定居而名。汉族姓氏聚落兴起,有战争因素导致,也有滇池水位下降的原因,这些将在下文给予论述。总之,清初开始,滇池东部地区的79个聚落大体已经奠定现代当地聚落的基本格局,后期的变化幅度不大,总体趋势特征并不显著。

如表9-1显示,较之清初时期,该区域聚落的数量和分布变化并不大。

三 聚落分布

聚落的形成和发展都与所在地域的地理形势有密切的联系,地形地貌直接决定了聚落生存和生活的条件,因此,考察聚落分布的地理特征是分析该区域聚落在历史时期发展的重要部分,在此所指的地理特征主要是地形与地貌特征。

首先,滇池南部的聚落与地理。康熙年间晋宁州的聚落较少,主要分布在今晋城和上蒜两区,仅十里铺一村位于今化乐区内以及中、下营进入了今六街区范围内。其中以晋城区内及上蒜北部聚落较为集中,上蒜南部及晋城东部聚落零散分布。

从这些聚落分布的地形地貌来看,主要是在滇池平坝地区及东部少数浅丘地区,仅有少部分聚落如中营、下营等深入了半山地区,也体现了明代军事移民据点特征之一。另外,以牛恋和河泊所临滇池而居为康熙年间晋宁州聚落中最临近滇池的二村,西北部以今大西村为最边,说明今新街区北部广大地区在清初时期还没有人口定居,按照海口工程的开凿力度,清初这片地区仍处于滇池水底,还不具备建村聚居的基本条件。

至乾隆年间,已有许多聚落的增加,许多地区都得到开发而有人口定居。但是对于更进一步的东南部半山、山区的开发仍没有较大的进展,进展较大的区域实在州城西部、临滇池地区。首先，向东扩进到了石头冲。其次，南部仍以十里铺为最南，其中的聚落增加主要是沿大河两岸增加，如河外、耿家营、石碑村、月表村等，聚落分布密度提高，但是更进一步向南扩散的趋势并没有出现。第三，从临近滇池的晋宁州西部来看，新增加的聚落较多，同样也是以沿河两岸增加的聚落较多，如沿白鱼河新建成了石嘴、上下钟贵村、天城门等村。另外，以牛恋、小渔村、河泊所、海埂、大小梁王山为一线临海而居，较康熙年间增加了海埂和大小梁王山，这片区域是康熙后新露出的土地。第四，西南的聚落分布中，以向南边发展的线索最为突出。除了沿柴河及其子河增加的瓦窑村、柳坝塘、石头村、李官营、洗澡塘、龙王塘之外，燕子窝、六街、一街、大营、大庄、者腻村、三应村等都是向南部更偏远地区新建的聚落。较之于康熙年间的聚落分布来看，乾隆年间是向南部开发规模最大的时期。第五，西北部是整个乾隆年间晋宁州聚落变化中幅度和密度增加最大的区域。此时晋宁州聚落的最西北位于团山村，较之康熙年间向滇池推进了不少。另外，由于当时滇池入海口附近河网密集，沿柴河、淤泥河两岸新增不少聚落，如新江坝、方家营、纳家村、河西厂、洪家营、宋家村、吕家营、朵家营、孙家嘴、大周家营、梁家营、姚家营、下湾村、雅坊、戚家营、宋家营、小周家营、束家村、马家村、吕家坝、小陈家营、孙家嘴、郑家营、文家河、韩家村、郑家坝、大黄家庄、小黄家庄、三家村、新街、大河嘴、薛家庄、沙堤村、戴家庄、杨家庄、马家嘴等，这些聚落的新落成是海口工程的最终结果，湖滨平原肥沃土壤、密布河网的灌溉优势都是促进聚落迅速增加、聚落网络密布形成的基础条件。最后，由于地理位置和历史发展的限制，乾隆年间晋宁州北部是聚落发展最薄弱的区域，但这也是近代该区域内聚落分布最稀疏的环节。

从乾隆至道光年间是滇池南部聚落发展变化较小的阶段，不仅是数量增加不多，聚落分布推进范围也不大。向东仅推进至今雨孜雾地区，东南部今化乐区范围内的聚落仍与乾隆时期基本无异；而道光年间永宁乡，即今上蒜区内的变化也较小，仅增加了小寨和柴河沿岸的兴旺村，向东南山区的开发并没有在这时发生，山地区的开发在传统农业社会中的困难是很大的，由于永宁乡"山多田少、河高田低，特有水患且水冷土瘠，故村屯虽多，不如他乡之丰亨也"①。山多田少是山地区土地开垦的主要限制因素，加上不利的灌溉条件，在清代尽可能不占用可耕地的情况下，永宁乡聚落广集密布是具有历史、地理因素的。

道光时期聚落发生变化最大的区域为临海区域，持续的海口工程保证广大陆地的露出，道光年间临海聚落推进到了余家沟、花椒嘴、兴隆村一线，同时密集河网也有聚落陆续出现，如熊家营、孙家坝、孙家院、牛王寺、大小吴村等。因此，至清道光年间晋宁州的聚落发展仍是以滨湖区域为重点，平缓广阔的平坝地区提供了促进传统农业生产的有利条件。

综上来看，南部的聚落发展从清初至清末始终以临近滇池区域为主，聚落在滨湖区域内数量一直增加，密度也越来越大，但是半山、山区的开发进程始终落后，聚落的发展始终围绕地理因素而存在限制。

其次，滇池东部聚落与地理。自明代开始，今呈贡就有大量的聚落存在，其中不断增加的是汉族军事移民定居区。到了清代，涌现出了许多汉族新建村，分布广泛。

清初期，尽管当时已有大哨一村抵达宜良界边的山地区，但是洛羊区东部及七甸区大部分区域内仅有九个聚落分布，实在是为数甚少，而且聚落与聚落之间的空间距离较大。同样呈贡县东南部今吴家营区东部及七甸区狭长地带中分布16个聚落，聚落分布密度甚小，集中程度不高。实则是山地区开垦对于当时农业开发技术存在难度限制导致的。

临近滇池的今龙街、大渔两区内龙街子、三岔口、松花塘、太平关、大渔村、大河口、小河口、新庄、可乐村、乌龙浦、（大小）梅子村、斗南村、彩龙村、江尾村、练朋村、大溪村、小古城、麻阿村等村分布，其中以可乐村、乌龙浦、（大小）梅子村、斗南村、彩龙村、江尾村、练朋村、大溪村、小古城、麻阿村等村临滇池而居，今天这些村子大多都已经远离滇池了。虽然今天龙街、大渔两区是滨湖平原地区，地势平坦、土壤肥沃，较适宜传统农业耕作，但是清初时期，这片地区很多仍未露出水面，是不可能定居耕作的。

---

① （清）朱庆椿修、陈金堂纂道光《晋宁州志》卷三《地理志·村屯》，1965年云南大学传抄云南省图书馆藏清道光二十三年（1843）刻本，1926年铅印重刊本。

在今马金铺区内，清初时期分布着 28 个聚落，同样这些聚落都是零散分布，仍以临近滇池附近的缓坡地带分布较多。清初归化范围较之今天更靠近滇池，今大渔区南部狭长地带当时是属于归化范围内的，如海晏、常乐、石城等村都滨滇池而居。表 9-3 和表 9-4 分别反映出清初与民国年间呈贡县聚落发展的情况。

如表 9-4 显示，较之清初时期，该区域聚落的数量和分布变化并不大。

四　清代滇池东南缘聚落地理特征

清代由于人口的增长对开垦土地的需求急剧增加，在这样的前提下，除了附和海口工程而进行一系列的水利工程之外，尽量不占据大面积土地建村居住，是当时聚落形成的基础条件。

从 20 世纪 40 年代的聚落分布来看，整个滇池盆地的聚落分布大致与人口分布相同。盆地中广阔而肥沃的冲积平原与三角洲上阡陌相连，单位面积产量也较高，因而人口密集程度也较大，聚落间隔是最小的，大约在半公里至一公里之间，"如盘龙、宝象、柴河下游三角洲上，聚落夹岸相接，有如贯珠，其间距离每有在半公里以内者。螳螂川河谷，耕地面积狭窄，在逸龙甸以上，多超过一公里；逸龙甸以下峡谷区域，与诸盆地缘边山地，则在二、三公里以上。可见聚落分布密度之稀疏，实直接、间接均深受土地利用之影响也"。[①] 与 20 世纪 40 年代时期的聚落发展规模相比，清代的水平较为落后是不可否认的，但肯定的是在湖滨平原地区聚落的空间分布密度是最大的。

另外，滇池盆地内的聚落，依其形式大小大致可分散村与集村两种。20 世纪 40 年代散村比较稀少，仅仅坐落于盆地边缘、深山穷谷、与滇池滨湖低地。[②] 可想而知，盆地边缘丘陵地区，或因采取矿料石材，或因制

[①] 程潞、陈述彭、宋铭奎、黄秉成：《云南滇池区域之土地利用》，《地理学报》第 14 卷第 2 期。

[②] 程潞、陈述彭、宋铭奎、黄秉成：《云南滇池区域之土地利用》，《地理学报》第 14 卷第 2 期。

造砖瓦窑品，每多孤立散村，今晋宁西南部诸多磷矿区即如此；深山穷谷居民，以烧炭采樵为主，亦多简陋茅舍，滇池东岸和南岸地区向东部山区历来都缺乏大力发展；滨湖低地，耕地散乱，滇池岸边的许多聚落都是零散分布，这些聚落及其所耕田地都与滇池有着十分紧密的联系，滇池水涨时，农田漫淹、房屋村舍都受到极大威胁，因此不稳定因素的存在导致滇池湖滨低地实在不适宜聚落居住。

相反，平原之中田畴弥望，房屋猬集，是滇池地区最大的集村区。滇池东南岸也不例外，集村一般以农业聚落为主，其分布区位或处于冲积平原、三角洲，或处于河谷中心、山麓地带，光照条件较好，且不至于受到海水漫涨的威胁，最不便的就是受到灌溉水利的困扰。因此，在冲积平原、河谷地方建村居住，聚落之间的关系大多与水源紧密联系。如呈贡县历史时期许多人烟稠密的村落，都处在湖沼地区，河村也居其中，曾经就与邻村发生过争夺灌溉水源的事情。根据20世纪40年代的考察资料，一般立夏过后，泉水（亦即当地称为龙潭水）丰富的村落，都在忙着犁田插秧，可是河村地里仍是干裂的黄土。当时河村东北三里许的外村，有股泉水原系包括河村在内邻近五村的公份，百多年前河村居民曾为此修凿了一条占地八亩的八亩河，及至道光以前因水源不缺未加利用，地震后才把眼光移到这泉水上来。于是争执爆发，河村与外村居民去分导地点叫嚷扭打，互不相让，后来经过县府裁判，河村胜诉。① 灌溉是湖滨平原地区农业生产的关键环节，在河网密布地区灌溉水源的困扰相对较少，如今晋宁县的新街区内，聚落沿河分布，向聚落外围进行农田垦殖，同时聚落及农田向滇池推进的步伐是随着陆地露出而进行的。

一个地域内的地势、地貌环境直接影响着聚落的形成、分布和类型，在滇池东南岸的小型地貌错综复杂的地理环境下，形成了众多类型的聚落，如河村、沟村或是平原式、半岛式、孤岛式、海港式等聚落②，当然还有山间谷地或是半山丘陵聚落。

首先，河村即是聚落随河堤分布的集合形态。基本上是块状聚落，沿

---

① 胡庆钧：《汉村与苗乡——从20世纪前期滇东汉村与川南苗乡看传统中国》，天津古籍出版社，2006，第12页。
② 王云亭：《昆明南郊湖滨地理》，《地理学报》，1941。

河分布形如串珠，从地形上看以入海口附近的河流堆积所形成的鸟足式三角洲为最显著。滇池东部地区早在清初时就有众多聚落是沿河而居的，如头甸、七甸、洛龙河、江尾、龙街等聚落沿洛龙河分布。相比较，南部的河水网络更加丰富，清初期人工力量作用与河流较少，随着人口增加对土地的需求，相对应的作用于河水灌溉的力度加大，至乾隆年间柴河及淤泥河之间兴建起众多聚落，如新江坝、方家营、纳家村、河西厂、洪家营、宋家村、吕家营、朵家营、孙家嘴、大周家营、梁家营、姚家营、下湾村、雅坊、戚家营、宋家营、小周家营、束家村、马家村、小陈家营、郑家营、文家河、韩家村等，直至道光年间聚落仍有增加。据笔者的实地走访考察，柴河及淤泥河周围的聚落空间间隔远远小于一公里，尤其是孙家坝、吕家坝、雅坊等聚落，基本上是相连而建，共享柴河子河的水资源，而且这一带的民居建筑中仍可见用河里泥沙建造的痕迹，螺蛳壳混合在泥土里的情况比较多。滇池东岸与南岸的河村数量与分布密度的不同不仅是河流数量多少导致的，还因为河流流量、含沙量，以及其所导致的沿河地带地势有高低之差、土壤有贫瘠与肥沃之别，从而也影响农业产量，决定了区域内河村分布的数量和密度。①

沿河建村为了不占据可耕土地，多在河道转弯处聚集成村，建堤防洪、堤上建村的情况较普遍。滇池东南缘的河村发展也是一个向滇池推进的过程，随着河流入湖口的推进而伸展。

所谓沟村，即村落沿已没落的海沟（或行将没落之海沟）或者浅渚上分布，因为其位于两河间或是低下的海沟地带，称之为沟村。② 尽管都位于平原地区，但沟村的灌溉条件不如河村便利，多数得靠筑坝拦水进行引水灌溉。因此沟村也多数集中于河网密布地带，如乾隆年间晋宁州出现的吕家坝、郑家坝、孙家坝等，都属于沟村类型。由于沟村建于河间地带，在密集河网地区的众多河村中，数量是相对比较少的。

当然除了临近滇池的聚落分布之外，滇池东南岸的缓坡丘陵地带也有部分聚落分布，甚至这些缓坡地带是该区域内聚落大规模发展最早的地

---

① 王云亭：《昆明南郊湖滨地理》，《地理学报》，1941。
② 王云亭：《昆明南郊湖滨地理》，《地理学报》，1941。

区，因为明代的汉族移民最先定居开垦的地方就是半山丘陵地区。尽管清代滇池东南岸聚落发展变化在丘陵地区的表现不如平原地区明显，但是在平原地区人口高度集中的情况下，半山开发是不得不的选择，如乾隆时期晋宁州石头冲、五里铺、石碑村、月表村等的兴建，道光年间向东、向南增加了堰塘、椅子雾、小寨等偏远的聚落，这些都是向东部地区开发的体现。

同半山区的开发一样，东部偏远山区聚落也比较稀疏，发展比较缓慢。由于地势较高、引水困难，山区的聚落一般集中在山间河谷地区，山坡上则进行旱作物的耕作及果园的培育。因此，不利的环境因素导致山区的聚落分布稀少，清初期该区域内的山区聚落仅有晋宁州土坯村和竹园村，呈贡县有大哨、水海子、七甸等，至道光年间晋宁州增加了者腻、三应、小寨几个，呈贡县至清末、民国初年才兴起了万溪冲、杨柳冲、秋木箐等几个聚落，尽管已有聚落建立，但是聚落人口和耕地面积仍是较贫乏的。如秋木箐处于山区，至20世纪80年代人口也仅29户136人，耕地111亩（人口、耕地均含下水节村）[①]，人均占有耕地不到1亩。可以说在近代农业技术进入滇池东南部地区之前，该区域内的山区聚落发展、土地开垦都是极其落后的，相较于平原地区可算得上是聚落发展的空白区。

第四节　清代滇池东南岸的土地利用

土地利用的类别有很多种，如农用地、建设用地、未利用地等三大类，据调查，传统农业社会时期滇池地区的土地利用"依其利用情形，可简分为水田（坝田、海埂田、雷响田）、旱地（旱作地、菜地、果园）、林地与荒地（石骨地、可垦地与劣地）、不生产用地（聚落、坟地、交通道路等）数项"[②]。前文论述了滇池东南岸的人口、耕地和聚落变化，现就这三个方面来探讨该区域的土地利用特征，在此强调由于传统农业社会的发

[①] 呈贡县人民政府编《云南省呈贡县地名志》（内部资料），1986年1月，第55页。
[②] 程潞、陈述彭、宋铭奎、黄秉成：《云南滇池区域之土地利用》，《地理学报》第14卷第2期。

展速度较慢，20世纪40年代的土地利用状况可进行清代中后期相同区域的土地利用回溯。由于地势地貌对土地利用诸多环节存在很大影响，按不同地貌形态对特征进行分析如下。

一 湖滨平原地区的农业土地利用

湖滨平原地区地势平坦，土壤肥沃，灌溉水资源丰富，历来就是当地世居民族定居的地方，随着历史时期的发展，湖滨平原地区是滇池东南缘地区土地利用最充分的地方。

该区域内主要的农田类型为坝田、海埂田、菜地。清代湖滨平原地区开垦了大量的坝田和海埂田。坝田一般位于地势平坦之处，大部分分布在得水较易的湖滨平原，盆地中部与河谷谷地之中也有少量分布。坝田是居民利用山麓泉水、河渠水及堰塘水灌溉的田亩，因水源充足而比较可靠，通常为一年两收，上季以栽种稻米为主，下季则以种植蚕豆、小麦、油菜籽居多。作为水田的重要部分，可以说坝田供给了滇池东南岸绝大部分人口的生活。海埂田仅分布于湖滨地势特低之处，大多是沿滇池岸边及沿湖"海沟"形成狭长分布的稻田。与滇池水涨水落息息相关，每年4月份露出水面便开始播种，但因为所处地势较低，每年夏秋之时容易被水淹没，从而收成大大减少。海埂田冬季一般被水浸没，作物不能下种，因而海埂田都是一年一种。[①]

清代滇池东部南部的湖滨平原地区，占比重较大的屯田、民田集中分布在平原地区。清初康熙年间晋宁州开垦了360余顷的民田，多出民地、屯地大半；呈贡县开垦520余顷的民、屯田，也比民、屯地高出许多。随后的农田开发过程中，陆地向西部滇池延伸，田亩数字也就跟着攀高。有诗称，"乘暇停桡蜡屐便，登高一望水茫然；青山点点孤帆外，白鸟翩翩落照前。汉帝楼船空汗简，梁王台榭悉荒烟；堪嗟往事成蛮触，遮莫昆明

[①] 程潞、陈述彭、宋铭奎、黄秉成：《云南滇池区域之土地利用》，《地理学报》第14卷第2期；鲍觉民、张景哲：《云南省呈贡县落龙河区土地利用初步调查报告》，《地理学报》1944年第1期。

尽作田"。① 至民国中期，东部湖滨平原上90%为稻田，另外还有一些菜地。菜地栽培以菜蔬为主，多分布于沿河两旁、村落四周，或排水较佳，或取粪甚便，又易于管理，一般在宽约50米的湖堤上。由于沿湖一带，每年从湖中挖沙，加筑湖堤以防湖水漫涨浸淹稻田，而湖堤尽是沙质壤，用作种植蔬菜最为便利。因此呈贡县菜地，除斗南村、梅子村一带外，以分布于在宽约50厘米的滨湖地区为主。②

海埂田是湖滨平原地区特有的农耕类型，清代持续有以海淤田的事例，如前文中呈贡县的学田，以及道光年间晋宁州福安村"灌溉田亩入于海"等③，至20世纪40年代呈贡县彩龙村、晋宁县团山村仍有海埂田共100工。④

因此，湖滨地区的农田开垦以稻田为主，但由于性质属于水田，因而同海埂田一样受雨水季节影响较大。每当雨季，如暴雨滂沱，连绵数日，海口附近，泥沙淤积，湖水宣泄不及，湖滨地区不少农田被淹没。

二　丘陵半山地带的土地利用

丘陵半山地区是平原向山地区的过渡地带，无论农田耕作、还是人口聚落发展都处于滇池东南岸整体地域的中等水平。

由于坡度缓和、光照条件较好，该区域旱作盛兴。首先，除了湖滨平原地区有广大坝田分布之外，丘陵缓坡地带也有部分的坝田耕殖。据统计，20世纪40年代呈贡县白龙潭、安江、张富村、廖家营、西南城郊共

---

① 许伯衡：《江尾甸勘田归登海宝寺》，胡凤从辑《呈贡古今诗词100首》，载云南省呈贡县委员会文史资料委员会编《呈贡文史资料》第五辑，1999年。
② 鲍觉民、张景哲：《云南省呈贡县落龙河区土地利用初步调查报告》，《地理学报》1944年第1期；程潞、陈述彭、宋铭奎、黄秉成：《云南滇池区域之土地利用》，《地理学报》第14卷第2期。
③ （清）朱庆椿修、陈金堂纂篡道光《晋宁州志》卷三《地理志·村屯》，1965年云南大学传抄云南省图书馆藏清道光二十三年（1843）刻本，1926年铅印重刊本。
④ 程潞、陈述彭、宋铭奎、黄秉成：《云南滇池区域之土地利用》，《地理学报》第14卷第2期。"区内田亩面积，农家均以'工'为单位，工系指一男子每日能耕作之面积而言，此种单位，初既因人工效率，土壤性质及工作时间，而发生甚大差别，农民复按地价，将好田之工单位减小，坏田之工单位增大，于是工单位之大小，更不一致。"

坝田 416 工，晋宁小村、李家营、堰塘、石碑村 290 工①。以上几个地区都处于东部半山丘陵地带，这些聚落沿河两岸居住，坝田都靠河流引水灌溉，白龙潭之于洛龙河，缪家营靠捞鱼河，晋宁柴河灌溉石碑村、安江村、小村、李家营等。由于河谷两岸诸村田亩，大多有可靠的灌溉水源，只是一些灌溉区位于河流下游，得依赖上游灌溉的余水才能进行灌溉插种，产量一般不如上游地区。

其次，丘陵缓坡地带是雷响田集中的区域。雷响田缺乏水源灌溉，每年春季降雨时才能蓄水栽插。雷响田是半山地区的主要粮产源，因此蓄水灌溉的工程比较普遍和繁多，从而也导致了中部丘陵地区许多坑塘、水洼的形成，同时出现的还有以此为居的聚落，这也是丘陵地区多数为塘村、潭村的缘故。至民国年间，呈贡县主要雷响田在左卫、中卫、吴家营，约 109 工；晋宁县上麻园村约 50 工。② 由于雷响田的耕种基本上是仰仗春季降水，粮食产量自然不如灌溉资源丰富的湖滨平原地区。

另外，除了以上两种水田在东部丘陵地区的耕作外，最广大的土地面积还是进行旱地耕作。在滇池东岸和南岸地区，旱地耕作主要分为旱作地、菜地和果园。旱作地一般种植蚕豆、小麦和油菜籽等，这些作物对水分条件的要求不高，在半山地区种植旱作物是半山区开垦的重要步骤；丘陵地区的菜地一般在村舍周围、山脚田边，同雷响田的灌溉基本一样。在半山地区最广泛开发的是果园，呈贡县的东部丘陵区以及晋宁的三多、柳坝等都是果园开发的典型，其中以呈贡县东部地区的果园最负盛名。呈贡果园以红土层台地地区最为繁密，"红土层台地，坡度在十度与二十度之间，排水良好，又无侵蚀过甚之弊，且土壤色深，易吸收阳光，增高土温，土层厚度亦甚适宜，是以果树密布，桃梨尤甚"。③ 丘陵低洼地区的土壤酸性较高，果树分布比较稀疏。呈贡县东部丘陵地区果园开发的历史比较久

---

① 程潞、陈述彭、宋铭奎、黄秉成：《云南滇池区域之土地利用》，《地理学报》第 14 卷第 2 期。
② 程潞、陈述彭、宋铭奎、黄秉成：《云南滇池区域之土地利用》，《地理学报》第 14 卷第 2 期。
③ 程潞、陈述彭、宋铭奎、黄秉成：《云南滇池区域之土地利用》，《地理学报》第 14 卷第 2 期。

远，最早可追溯到汉族移民进入之时，在半山地区开始了最早的果园开发①，随着人口增加和迁移，果园培植的面积不断扩大。

三　山地的土地利用

　　山区的条件是最恶劣的，除了山间河谷地带可进行些许的农田耕作之外，其余尽为林地和荒地。该区域内荒地所占面积极为广大，滇池盆地东南部的边缘山坡几乎尽是荒地，其中偶尔有林地生存。在清代，在土地紧缺的情况下，曾对东部山地进行强行耕种，结果导致林地破坏极大。据民国年间调查，"呈贡县东部山地区大部为荒地，仅在河谷地中有水田，在山凹中雷响田；山坡上间有松林及旱地"。②山地区的水田、雷响田和旱地所占整个山区中的面积比重是比较小的，并且由于水源和土质条件较差，其农产量是极其微小的，因此，称其为可耕地的空白区实不为过。

　　尽管山区荒地所占比重较大，土壤条件所具备生产力低下，但是山地森林的覆盖率及其作用是不可忽视的。清初晋宁州曾经"城后数十里，一望山赭萌辟不生，亡论工师难于取材，即寸薪若炊桂耳……浚凿以潴水，广种植以蓄材，诚百世居民之大利"③。清初期以来人口增加，日常生活对木材的需求量增大，是导致该范围内山林破坏的主要原因，因此清中期浚河、蓄水、植树成为开辟耕地中不可忽视的重要内容。但后世随着人口大量增加，尤其嘉道年间滇池东南岸都出现了人口增加的峰值，对森林覆盖的减少破坏可想而知，至20世纪40年代，整个滇池地区林木，"因居民之不断砍伐，至为稀少。仅盆地边缘之山地部分，间有小面积疏林存在。其分布一般均在东或东北之背阳坡面，组成树木，以松、栗、柏、杉居多"。④

---

① 鲍觉民、张景哲：《云南省呈贡县落龙河区土地利用初步调查报告》，《地理学报》1944年第1期。

② 鲍觉民、张景哲：《云南省呈贡县落龙河区土地利用初步调查报告》，《地理学报》1944年第1期。

③ 唐尧官：《晋宁州风土记》，载（清）毛敔等纂修《晋宁州志》卷二十七《艺文志》，清乾隆二十七年刻本。

④ 程潞、陈述彭、宋铭奎、黄秉成：《云南滇池区域之土地利用》，《地理学报》第14卷第2期。

由于土壤条件较差、保水性不强而导致该区域内林木稀疏，荒地面积广大。清代传统农业社会中，在由湖滨、丘陵向山区的开发过程中，山区的人口、聚落分布零散及土地利用较低等都是因其地理条件的限制所致。

四 城镇、聚落土地利用与人口

1. 城镇用地与人口

城镇是相对农村而言的，城镇人口较为集中、地势也相对平坦，聚落分布广泛。滇池东南岸的城镇在清代的人口发展与土地利用中，都呈现出了不同于其他区域的特征。

如晋城地区的地貌可分为两种，一为晋宁晋城以西的平坝地区，二为晋城以东半山丘陵地貌。康熙年间，晋城东部的半山地区仅有菜村和竹园村，紧靠晋城附近。至乾隆年间，人口增加菜村分为上下两村，新增石头冲、五里铺、小河外、石碑村等，但是聚落和人口向更远的半山区进展的趋势并不明显，至道光年间，椅子雾、小寨、堰塘的聚落的出现，人口和聚落向半山区的深入开发进度较大。

晋城镇聚落中有许多的汉族姓氏村，同整个晋宁州的人口增长趋势一样，晋城镇在乾隆至嘉道年间人口有大幅增长，在人口增加的情况下，扩大耕植土地便不言而喻，因此乾隆至嘉道年间该区域的聚落命名也多具有水利设施的因素，如洪家营、宋家村、吕家营、朵家营、孙家嘴、吕家坝、王家坝、张家院、袁家院等。[①] 由于晋城内的地貌有平坝也有丘陵，根据前文所述的地貌与土地利用类型的关系，该区域的垦殖田地用于稻作、旱种都有，由于距离滇池有段距离，普遍的水利设施建设是进行各种农耕的基本保障。

当然城镇的土地利用除了部分的聚落和生产用地利用之外，还有大部分的是用以衙署机构建设用地，以东部地区为例。如呈贡县今以龙城为县治，龙城镇地处坝区，以田为主要农耕利用。清"顺治庚寅间流寇潜号踞

[①] （清）朱庆椿修、陈金堂纂道光《晋宁州志》卷三《地理志·村屯》，1965年云南大学传抄云南省图书馆藏清道光二十三年（1843）刻本，1926年铅印重刊本；（清）毛翕等纂修《晋宁州志》卷五《疆域》，清乾隆二十七年刻本。

滇，大兴土木，拆城运省筑造萧墙，今仅存其址矣。康熙四十五年典史孔宸捐奉建南门、北门二楼，额其南曰龙翔门云南粮捕府；额其北曰神京门，巍然可观焉。伽宗城即今大古城，今为村"①。另外的机构用地也是名目繁多，如衙舍宫室、学署、典史署等，其中典史署"在县属左，大门一间，东耳、西耳土地祠仪门各一间，东西耳房四间，大堂三间，东西厢各一间，二堂三间旁各一间，后上房三间东西耳房各三间"②。这些机构建设用地占据的面积是相当庞大的。

另外，呈贡县城至今也仅五个居民点，清初康熙年间仅江尾村和小古城村，经笔者实地考察，江尾和古城二村沿洛龙河下游而居，聚落规模并不大，且现归于龙街区。龙街区现有聚落殷家村、小王家营、小古城、小梅子村、斗南村、彩龙村、大梅子村、江尾、房子湾、小江尾、可乐村、三岔口、松花铺、麻㦮村、西波村、练朋尾、七步场、乌龙浦共18个，③其中大部分为清初已有，如梅子村、斗南村、彩龙村、江尾村、练朋村、小古城、麻阿村、可乐村、乌龙浦等，因此也印证了前文所说，滇池东部地区清代就奠定了聚落的基本规模，清代以来聚落的变化发展不大。

2. 湖盆地带聚落占地与人口

从世居民族集中于湖滨区域来看，聚落发展最早也是湖滨地区。前文已述，滇池东南部在清代各个时期的聚落发展中，都以湖滨平原地区的增加最为显著，并且清代初期至中期的聚落增加是最多的。如南部康熙年间湖滨聚落仅有黑麻村、牛恋乡、三夫塘（三多塘）、天城门、金沙村、西合村、河泊所、河东村、河西村、大西村、黄土坡、围山村，尽管不多，但是已经占据28个聚落中的一半；东部呈贡县79个聚落中也有大部分处于平原地区。

人口、聚落大量集中在湖滨平原地区，是平原地区得以大力垦殖的重

---

① 光绪《呈贡县志》卷一《疆域》，雍正三年朱若功修，光绪十一年李明錾续修，据光绪十一年刻本影印，载《西南稀见方志文献》卷二十九，兰州大学出版社，2003，第165页。
② 光绪《呈贡县志》卷一《疆域》，雍正三年朱若功修，光绪十一年李明錾续修，据光绪十一年刻本影印，载《西南稀见方志文献》卷二十九，兰州大学出版社，2003，第240页。
③ 呈贡县人民政府编《云南省呈贡县地名志》（内部资料），1986年1月，第28~32页。

要保障，平原地区的土地利用是整个滇池东南沿岸最好、最饱和的区域。

最典型的是今晋宁新街区。新街区位于晋宁县东北部，辖有67个自然村，区内地貌东南稍高，向西北逐渐降低直达滇池，作为全县唯一没有山地的区域，冲积平原特征显著，土壤肥沃，气候温和，耕地面积较大，约为31331亩，主产水稻和蚕豆。[①]

从聚落的发展来看，清代初期仅有河东、河西、大西、黄土坡、围山村几个聚落，虽然不多，但是当时大片土地仍处于水下，对于土地利用还不能作过多评述。到了乾隆年间，大量的汉族姓氏聚落涌现，聚落居所向滇池推进不少，密集的聚落占据的空间也比较大，其所耕植的田亩具有与水争田的特点，将曾经的金沙草湖人为地涸干而开垦为农田。从乾隆至道光年间，新街区内的聚落增加不大，除了柴河、淤泥河间聚落密集区内增加了几个聚落外，滇池沿岸的聚落增加比较明显，如余家沟、黄家地、老荒滩。这些聚落与今该区域内的聚落数量、分布大致相同，没有明显的改变。聚落的增加情况表明，至乾隆年间，新街区的土地利用状况就已基本饱和，人口、聚落在空间范围内基本能够和谐。

3. 山区半山区聚落与人口

半山丘陵地区的地形条件限制了人居环境的选择，山头地角是主要的聚落分布地区，因此此地貌环境中，聚落数量较小，且空间间隔较大。

丘陵地区的聚落由于尽可能不占据生产用地，在山脚、沟边落成的居多，方便修挖渠塘，也便于农事生产。丘陵地区的聚落最初始于明代汉族移民定居，但是在滇池南部的晋宁州半山区的聚落发展相对滞后于滇池东岸地区。清初，晋宁州的半山聚落仅有菜村、竹园村、土坯村、上中下三营等，但是呈贡县内大部半山区都在曾经驻军屯田的地方建村定居了，如王家营、吴杰营、柏枝营等。到了乾隆年间，晋宁州中部地区军事色彩名称聚落大量涌现，半山地区聚落增加不少，堰塘、水渠等水利工程的兴修，在一定程度上改善了半山地区的农耕条件，龙王塘、洗澡塘、燕子窝等聚落延伸到了南部半山地区。同样，半山丘陵地区的聚落在乾隆年间发展是最迅速、扩展范围最广的阶段。

[①] 晋宁县人民政府编《云南省晋宁县地名志》（内部资料），1986年1月，第28页。

现在滇池盆地的东南缘山区中仍是聚落分布较少的区域，传统农业水平较低的时期，对东部、南部山区更是望尘莫及。康熙年间，南部地区基本没有山区聚落，而东部呈贡县也仅有大哨、小哨、七甸、头甸几个聚落位于山区。乾隆年间，南部的山区聚落沿大河及其支流有所增加，如小江头、十里铺、耿家营等；道光年间，者腻、小寨等山区聚落才出现。呈贡县至清末民国时期，才出现秋木箐、杨柳冲、大溪冲等聚落。这些山区聚落一般依山而居和沿溪流两岸发展，农业生产地的面积较小，拥有人口也较少。如开发相对较早的呈贡县大哨村，至 20 世纪 80 年代，有田 306 亩、地 315 亩，人口 318 人，人均占有耕地不到 2 亩。① 从聚落的发展时间来看，相比较之下，滇池盆地东部的山地区较南部开发的时间较早。至 80 年代，山区的农村聚落分布较散，单个居民地用地比坝区多。与 50 年代初相比较，农村聚落的分布变化不大。② 新中国成立以来的情况亦如此的话，清代生产技术更不足以改善山区利用不足的情况。

七甸区是滇池盆地东部山区开发较早的区域，全区地势山峦起伏，东北部地势较高，今全区面积为 120.25 平方公里，共有田地 14331 亩，人口 11076，人均占有耕地低于 2 亩。③ 清代康熙年间就有七甸、头甸、大哨、小哨、仁厚营（观音寺）5 个聚落定居于此，至清末民国年间增加了三家村、广南、水塘 3 个聚落。

山地区是受滇池影响最小的区域，人口增长和土地开发完全受区域本身的条件制约，恶劣的地理条件给山区的开发和土地利用造成了重重障碍，阻碍了土地利用发展的进程。因此，清代滇池盆地东南缘的山区是整个区域内土地利用水平最低的。

---

① 呈贡县人民政府编《云南省呈贡县地名志》（内部资料），1986 年 1 月，第 20 页。
② 赫维人：《滇池地区土地利用现状分析》，载《滇池地区生态环境与经济考察文集》，云南科技出版社，1988，第 118 页。
③ 呈贡县人民政府编《云南省呈贡县地名志》（内部资料），1986，第 18 页。

结　语

　　本书首次全面、系统地研究了历史时期滇池流域的人地关系和生态环境演变过程。滇池变迁与人地关系具有明显的阶段性，从滇池流域人类活动大的方面讲，共有三个阶段：一是旧石器时代至新石器时代晚期，人类在滇池流域完全依靠采集渔猎活动而生存；二是新石器时代晚期至唐宋南诏大理时期，人类在滇池流域依靠自然环境进行选择与适应性的农业和渔猎活动，虽然已经有了一定的水利灌溉，但对滇池水域并未造成人工干预和影响；三是元代以后，人类依靠水利工程对滇池水域进行人工干预性的农业开发，表现出"向水要田，与山谋地"的人地关系。前两个阶段人类对滇池的干预和利用都是有限的，对滇池流域的生态环境影响较小，人地矛盾的解决主要靠利用滇池水域自然变迁所提供的土地进行农业生产；自元代以来，则表现为大规模的水利工程对滇池水域进行人工干预，依赖降低滇池水位，在滇池湖岸周边涸出大量土地，扩大可耕地面积进行农业开发；同时在滇池流域发展灌溉体系和约束河渠，进行灌溉农业生产。基于这样的阶段性特征，滇池变迁、农业开发和人地关系，唐宋以前与元明清以来截然不同的境况，本书在前人基础上取得的主要突破和创新有如下几方面。

　　1. 本研究认为湖泊生态系统与其他生态系统一样，具有相对稳定性，即生态系统可以在一定限度内接受其内部因素及外界环境因素的变化，并通过自我调节的机制来保持它自身状态的相对稳定。但是相对稳定的生态系统并不等于完全静止不变，其可能在多种因素的影响下不断地发生着变化，"渐变"也许是人类活动干预以前滇池生态系统最普遍的变迁方式。在"渐变"的过程中，如果某些因素对生态系统及其要素的干扰超过一定的生态值，生态系统无法通过自我调节机制来恢复相对平衡及稳定的状态，也可能产生"突变"或出现恶性循环，当恶性循环不断持续下去时，就会造成生态系统的退化。因此，认识滇池生态系统的"渐变"与"突变"是解析滇池的生态系统变迁的锁钥。

2. 本书探讨了滇池自身自然变迁的主要影响因素和阶段性特征。认为气候冷暖变迁是影响滇池水体变迁的主要因素，滇池自身变迁主要表现为滇池水域和水位的阶段性变迁，与历史时期全球气候存在的温暖寒冷的阶段性交替变迁有密切关系。云南与中国东、中部的东南季风气候不是相同的气候系统，云南是典型的西南季风气候。滇池的自然变迁，最主要的影响因素就是西南季风。历史时期云南西南季风气候的气温与降水量的配置同中国中东部广大地区的东南季风气候相比有相当大的差别，即中东部地区的东南季风气候的温暖期与寒冷期在降水上的配置是"温暖湿润—寒冷干旱"的交替，即温湿与冷旱配置，而云南所处的西南季风气候则是温暖期与寒冷期在降水上的配置是"温暖干旱—寒冷湿润"，即暖旱与冷湿配置，滇池水体的自然变迁在气候因素影响下的阶段性特征是：(1)汉唐时期是滇池在暖干气候影响下的"湖面萎缩"期，特别是唐代中国中东部持续了240年（811~1050）的最长温暖湿润期，滇池经历着历史上最长"暖干"期，滇池水位下降明显，比现今湖面还低3.0米左右；(2)宋代是中国东部地区著名的寒冷干旱期时，滇池地区则应该经历持续两百年的冷湿气候期，降水充沛，滇池水位升高，其水位约比现在高；(3)元代以后滇池处于较高的水位条件下，但是自元代开始滇池进入了水利时代，元、明、清三代都对滇池出湖河道海口河进行大规模的下挖和疏浚，在人力干预下，使滇池水位降低并稳定在海拔1887米左右，同时使滇池北部、东部和东南部大量的土地露出水面，开垦为农田。

3. 滇池流域开发和人地关系与滇池自身的水体变迁和人力干预下的水体变迁关系密切，具有两个阶段。第一阶段为远古至唐宋时期，人类以对滇池流域地理环境进行"选择与适应"为特征的生存与发展。旧石器时代的龙潭山"昆明人"、新石器时代滇池东部、东南部的"贝丘遗址"、春秋战国至两汉时期石寨山文化和古滇部落与滇国、汉晋时期郡县制下的滇池区域开发，以及唐宋南诏筑拓东城与滇池北岸平原的初步开发。在这些历史时期里均以滇池流域自身环境为人类活动和开发提供自然环境为前提，人类是在没有干预滇池水体的前提下，对滇池地理环境进行选择适应生存，进行维持生存繁衍的采集渔猎活动和早期粗放的农业生产活动，以及规模有限的水利灌溉农业。唐代以前其开发重点区域主要在滇池的东南部和东部地区。

第二阶段以元明清时期的水利时代为特征，通过对滇池出湖河道海口河的下挖疏浚和对滇池北部、东部和东南部湖盆平原的灌溉水利建设，完成了滇池流域全面的高度的农业化过程。元明清以来滇池水体在人力干预下的变迁，特点是以农业水利工程为主导的，以降低滇池水位，加速滇池北部湖盆平原的涸干成陆为特征的农田开发和灌溉体系建设，促进滇池地区进入农业水利时代。本书探讨经济开发过程中滇池流域进行的两大类水利工程，即元明清以来持续进行的以缩小滇池水体、变滇池湖沼或水域为农田、扩大垦殖面积为目的出湖河流开挖疏浚和在滇池入湖河流筑堤修渠以扩大灌溉面积的两大类水利工程对滇池水体变迁的重要影响；重点研究元代赛典赤开挖疏浚滇池出湖水道海口河致使滇池第一次在人为干扰下水体变化；明代滇池控制性水利工程"海口河"的深挖与疏浚、盘龙江分水河渠的控制性水利工程——"南坝闸"建设，滇池西北地区龙院村"横山水洞"灌溉工程建设、松华坝加筑与松华闸修建，银汁河灌溉区的形成；清代滇池北部东部"六河"河渠为主的水利灌溉体系的全面形成；以及元明清三代在滇池地区修筑圩埝堤坝系列工程导致滇池北岸湖沼大面积成陆垦殖过程；清代滇池南岸晋宁地区围湖造田与移民定居造成大面积滇池水域缩减进行深入考察；清代以来对在滇池环湖半山区、山区进行高产旱作农业开发和人口增长压力下的采薪伐木对生态环境的破坏等滇池水体变迁的演进过程。

4. 滇池流域的开发重心发生过一次重大的地理区位转移。从旧石器时代到汉晋时期（3万年前至700年）滇池人类活动和最早的开发区主要集中在滇池东南部地区，但从唐代开始，滇池自身水体在唐代经历着历史上最长的"暖干"期，滇池水位下降到低于现今3米的情况下，滇池北部曾经淹没于湖面以下的地区，大面积涸干成陆，滇池北岸湖盆平原雏形基本形成。唐朝中期以来滇池水位下降约3米，导致北岸平原成陆加速，逐渐成为当时条件下具有开发潜力和优势的地区，唐朝中期拓东城（即今昆明城）建城史，证实了这一区域地理环境变化及滇池流域开发重心从滇池东南地区向北岸平原转移的趋势，元明清时期滇池北部湖盆平原作为云南省政治、经济、文化、军事、文化中心，持续1300余年，延续至今，因此，唐代滇池流域开发重心的转移，不仅是滇池流域开发和人地关系变迁的重大历史事件，也是云南社会历史发展、昆明城市化进程中的划时代里程碑。

5. 水环境变化、水利灌溉系统的形成、土地垦殖区域的扩大、人口发展与聚落扩展是研究水利时代滇池流域人地关系演变的主要途径。首先，通过元、明、清各朝历史文献对滇池各条河流记载的出现、河流延伸区域的描述，梳理滇池北岸、东岸地区的水系发育、形成与延伸所表现的湖盆平原发展情况，进而解析滇池水位下降和退缩后湖盆平原的形成与入湖河流和灌溉河渠的互动关系。其次，滇池流域开发、环境演变与人口的来源及数量有密切的关系。唐代滇池开发重心向北岸转移就是外来人口在滇池开发活动中作用的体现，元明清时均有大量的外来人口进入滇池流域，成为滇池地区的开发主力。通过研究不同时期的移民及其农业发展、移民定居、聚落扩展、地名等问题，考察滇池流域人地关系和人地矛盾。最后，总结滇池流域元明清时期开发、发展特点。滇池水域的缩小，开垦农田，兴修水利。竭尽水利于农业，形成昆明城城北、城东由金汁河与银汁河灌溉；城西由海源河灌溉，城南由盘龙江、金汁河等分支灌溉，滨湖地带，采用海沟提水灌溉的灌溉体系。用尽地利为耕地，聚落分布呈现聚居性特征，尽量减少了土地占用。

6. 历史时期滇池流域的民族与人口构成、农业生产方式、土地利用、开发重点区域和社会都发生了深刻的变迁。滇池流域的开发是滇池当地人民与外来人口相互交融、发展和各民族共同开发的结果，最初在滇池生存活动的是"滇人"等人群，自战国末"庄蹻入滇"就开始有外来人口进入并参与滇池地区的开发；两汉魏晋时期，大量的汉人移民进入滇池地区，带来了内地先进的农业生产技术；唐代南诏筑拓东城以及滇池开发重心向北部转移的过程中，进行了大规模的云南内部移民，成为滇池北岸平原开发的主力；元代滇池地区成为云南行省政治经济文化中心，又有汉、蒙古、色目人移民屯戍；特别是明代以降持续600余年的移民运动及其移民人口的发展，使滇池地区的农业生态从游牧与"耕田邑集"相结合向坝区（湖盆地区）精耕细作和山区半山区大面积旱作农业相结合演变；土地利用从点状零散农业聚落分布向全面开发，乃至与水争田和向山争地演进；开发重点从滇池南岸向北岸转移，位于滇池北岸的昆明发展成为云贵高原上的特大城市。

  7. 高原盆地地形的限制和湖泊型水系的关系，河流众多、水系发达的滇池流域一直存在水患的威胁，故元明时期滇池流域的水利开发，主要集中在滇池出水通道海口河和入滇河流盘龙江的干流之上，而其他河流则不见于记载。清代，随着农业开发的深入和生产区域的扩展，人们对水资源需求日益增强，滇池北岸南部湖滨平原逐渐涸干成陆过程中，特别是在明代控制性水利工程南坝闸的河渠分流灌溉体系逐渐形成，原来的滇池退水"海沟"经过人工疏浚演变成灌溉河渠，形成"一源十尾"水系特征，这些水利建设形成的灌溉体系，在清代人们对滇池流域水系的认知中，均以河流名之，故见于记载的河流有20余条。清代在明代的基础上，进行大规模的水系改造和水利设施的兴建，使滇池流域的水利灌溉体系趋于完善。同时，随着人口增加对耕地的需求，围湖造田日趋激烈，滇池流域的水陆变迁亦较为明显。本书第八章梳理清代滇池流域的水系改造过程，复原其水利灌溉体系，重点阐述滇池流域的水陆变迁过程，第八章系统地研究了清代滇池流域的水系与水利，特别是滇池的六大入湖河流在清代的演变和水利建设、农业开发；指出在盘龙江明代控制性水利工程南坝闸的河渠分流灌溉体系逐渐形成，原来的滇池退水"海沟"经过人工疏浚演变成灌溉河渠，形成"一源十尾"水系特征，形成了昆明主城南部的水利体系和农业开发新区。金汁河、银汁河灌溉体系在明代的基础上更加完善。明代没有记载的海源河，清代自花红洞流出经过人工水利建设工程，自龙潭以东分为三支灌溉河渠：北支为东龙须河，经莲花塘东流为江沧河汇沿途山谷溪水折东南流，过许家闸后入草海；南支为西龙须河东南流经班庄村等，纳筇竹寺溪水也入草海；中支为梁家河，南流经海源洞、金川桥、玉峰桥入滇池，海源河形成了分排灌溉规则，促使昆明城西地区农业开发。宝象河、马料河在清代得到疏浚及子河灌溉河渠的建设，形成了滇池东北部和东部重要的灌溉体系，沿河区域成为新的农业开发区，涌现出一批以清代农业基层社会组织"里甲"命名的村落，如四甲、五甲、六甲等，以及以水利设施命名的聚落石坝闸村、土桥闸等。因此，清代在明代的基础上，进行大规模的水系改造和水利设施的兴建，使滇池流域的水利灌溉体系趋于完善。水系主干上形成的水利设施构成了清代滇池流域开发的基础设施，水利基础设施为滇池区域的全面开发提供了重要保障。

8. 在本书第八章的研究中，还第一次完整地揭示了滇池西北部西湖、东北部盘龙江河尾、东南部晋宁新街镇三大区域的成陆过程和农业开发过程。反映了滇池盆地的水陆变迁特点，自元代以来，随着历次疏浚开挖海口河导致滇池水位下降，湖区面积缩小，滨湖平原不断扩展，随着人口增加对耕地的需求，围湖造田日趋激烈，导致清代滇池水陆变迁尤为明显。

9. 通过人口、聚落、垦殖、土地利用等对明清以来所居流域的大开发进行了较为深入的研究。本书第七章的第七节和第九章的研究指出明代滇池地区的开发以军事移民为主，故明代的聚落分布具有环云南会城（昆明城）护卫的特征，开发区域集中的滇池的北部湖盆平原地区，聚落多以军事移民的建制组成，大多带有卫、所、营、屯等军屯特点的地名，明代滇池东南部地区的开发主要在平坝地区和东部浅丘地区，部分军事移民聚落也深入半山地区，如晋宁县的中营、下营等，凸显明代军事移民据点特征。清代滇池地区的开发最主要的特点是汉族新建村的形成和增加，反映了汉族移民经历明清500余年的发展，人口繁衍，开发区域扩大，加之滇池流域西北部西湖、东北部盘龙江河尾和东南部晋宁新街镇三大区域成陆，大大扩大了滇池地区的农业开发和定居地域，于是随着田地开垦进展的步伐加快，农业开发和定居向滇池地区半山缘区域拓展，一大批以汉族姓氏命名的聚落出现在新成陆的三大区域和半山缘地区，很多汉族开发建立的新聚落地名体现了以地理环境特征命名的特点，如冲、边、湾、沟、箐等，在盘龙江河尾区域和晋宁的柴河、东大河等区域，由于水利设施建设，出现了灌溉河渠和堰塘、坝闸命名的聚落，如太家河村、巫家坝村、螺蛳湾、南坝等成为清代新开发区域的聚落名称。充分体现了清代以来滇池地区人口大量增加，农业开发区域扩大带动下的聚落发展。汉族姓氏聚落和汉族新建村是清代以来滇池地区的开发与人地关系的特征。

总之，滇池流域的历史发展是云贵高原众多高原湖泊地区的典型代表，其历史演进过程体现出经济开发—人口压力—人地矛盾—生态压力—生态恶化的人地关系发展特征，为云贵高原上与滇池流域类似的众多湖盆地区、云南乃至西南的持续发展提供历史借鉴。历史时期滇池流域经济开发和人口压力的累积效应导致人地矛盾激化和生态环境危机。今天的滇池流域不仅是云南的经济、政治、文化中心，也是生态危机最为严重和环境污染最难治理的典型，而人地关系研究是破解滇池流域生态环境演变的关键。本书对于滇池流域可持续发展和生态文明建设具有重要的现实意义。同时本书对于促进和丰富滇池流域开发史、西南地方史、经济史、环境史等相关领域的研究具有重要的学术意义。

参考文献

一 古籍

司马迁：《史记》，中华书局校点本，1959。
班固：《汉书》，中华书局，1962。
范晔：《后汉书》，中华书局，1965。
陈寿：《三国志》，中华书局，1975。
沈约：《宋书》，中华书局，1974。
姚思廉：《梁书》，中华书局，1973。
欧阳修等：《新唐书》，中华书局校点本，1975。
司马光等：《资治通鉴》，中华书局校点本，1956。
宋濂等：《元史》，中华书局，1976。
张廷玉等：《明史》，中华书局校点本，1974。
赵尔巽等：《清史稿》，中华书局标点本，1976。
常璩撰、刘琳校注《华阳国志·南中志》，巴蜀书社，1984。
倪蜕辑、李埏校点《滇云历年传》，云南大学出版社，1992。
龙云修、周钟岳纂、牛鸿斌等校点《新纂云南通志》，云南人民出版社，2007。
刘文征撰、古永继校点天启《滇志》，云南教育出版社，1991。
贺长龄辑《皇朝经世文编》，道光丁亥（1827年）刻本。
徐弘祖纂、朱惠荣校点《徐霞客游记校注》，云南人民出版社，1985。
木芹补注《云南志补注》，云南人民出版社，1995。
黄士杰：《云南省城六河图说》，台北成文出版社有限公司，1974年影印本。

张毓碧修、谢俨等纂康熙《云南府志》，康熙三十五年刻本。

鄂尔泰、尹继善修、靖道谟纂《云南通志》，乾隆元年刻本。

戴炯孙纂修道光《昆明县志》，光绪二十七年刻本。

范承勋、王继文修、吴自肃、丁炜纂康熙《云南通志》，民国初年重印本。

张维翰修、童振燥纂民国《昆明市志》，民国十三年铅印本。

光绪《续云南通志稿》，光绪二十四年刊本，文海出版社印行。

孙髯翁：《盘龙江水利图说》，道光抄本。

《大越史记全书外纪》卷五戊寅（唐大中十二年）。

中国第一历史档案馆编《雍正朝汉文硃批奏折汇编》，江苏古籍出版社，1988。

《清实录》，中华书局，1985~1987。

清代《内阁大库档案》，台北"故宫博物院"藏。

清代《军机处档折件》，台北"故宫博物院"藏。

二 近人著作及资料汇编

于希贤、于涌：《沧海桑田：历史时期地理环境的渐变与突变》，广东教育出版社，2002。

陈永森：《滇池流域自然环境及旅游资源》，载《滇池地区生态环境与经济综合考察文集》，云南科技出版社，1988。

王苏民、窦鸿身主编《中国湖泊志》，科学出版社，1998。

《中国水利史稿》编写组：《中国水利史稿》，水利电力出版社，1979。

郭慧光：《滇池地区生态经济考察综合报告》，载《滇池地区生态环境与经济综合考察文集》，云南科技出版社，1988。

陈超男：《滇池及其流域水平衡和水资源问题的初步探讨》，载《滇池地区生态环境与经济综合考察文集》，云南科技出版社，1988。

杨煜达：《清代云南季风气候与天气灾害研究》，复旦大学出版社，2006。

汪宁生：《云南考古》（增订本），云南人民出版社，1980。
张增祺：《滇文化》，文物出版社，2001。
张增祺：《滇国与滇文化》，云南美术出版社，1997。
云南省博物馆：《晋宁石寨山古墓群发掘报告》，文物出版社，1959。
昆明市水利志编写组：《滇池水利志》，云南人民出版社，1996。
方国瑜：《中国西南历史地理考释》上册，中华书局，1987。
林超民编《方国瑜文集》第一辑，云南教育出版社，2001。
李旭旦主编《人文地理学论丛》，人民教育出版社，1985。
方国瑜主编《云南史料丛刊》，云南大学出版社，2001。
木芹会证《南诏野史会证》，云南人民出版社，1990。
《何景明诗选》，人民文学出版社，2009。
林超民等主编《西南稀见方志文献》，兰州大学出版社，2003。
路遇、滕泽之：《中国人口通史》（下），山东人民出版社，2000。
戴世光、陈旭光编著《1942—1982年昆明环湖县区人口的变动与发展》，云南大学出版社，1989。
晋宁县农业局编《农业志》，内部资料，1991。
〔美〕何柄棣：《明初以降人口及其相关问题：1368—1953》，葛剑雄译，上海古籍出版社，2000。
昆明市志编纂委员会：《昆明市志长编》卷六，内部资料，1984。
胡庆钧：《汉村与苗乡——从20世纪前期滇东汉村与川南苗乡看传统中国》，天津古籍出版社，2006。
谭其骧主编《中国历史地图集》，中国地图出版社，1982。
呈贡县人民政府编《云南省呈贡县地名志》，内部资料，1986。
赫维人：《滇池地区土地利用现状分析》，载《滇池地区生态环境与经济考察文集》，云南科技出版社，1988。

三 论文

王大道：《关于地理学的"人－地系统"理论研究》，《地理研究》2002年第2期。

黄展岳、赵学谦:《云南滇池东岸新石器时代遗址调查记》,《考古》1959年第4期。

云南省文物考古研究所、美国密歇根大学人类学系:《云南滇池地区聚落遗址2008年调查简报》,《考古》2012年第1期。

云南省博物馆文物工作队:《云南呈贡天子庙古墓群的清理》,《考古辑刊》第3辑。

方国瑜:《滇池水域的变迁》,《思想战线》1979年第1期。

云南省博物馆:《云南江川李家山古墓群发掘报告》,《考古学报》1975年第2期。

云南省博物馆:《云南江川县李家山古墓群第二次发掘报告》,《考古》2001年第12期。

冯绳武:《滇池西北岸水道考》,《地学集刊》,1943。

冯绳武:《滇池西北岸平原区之人地景》,《地理》1943年第1~2期合刊。

王云亭:《昆明南郊湖滨地理》,《地理学报》,1941。

范金台、孙承烈:《昆明银汁河区的灌溉及土地利用》,《地理学报》,1941。

程潞、陈述彭、宋铭奎、黄秉成:《云南滇池区域之土地利用》,《地理学报》1947年第2期。

于希贤:《滇池历史地理初步研究》,《云南地理环境研究》1999年第1期。

胡绍锦:《昆明城区南诏文化遗址调查报告》,《史与志》2009年第2期。

苏国有:《滇池的涨落及其影响》,《云南日报·文史哲》2010年10月22日。

陆韧:《云南汉族地名发展与民族构成变迁》,《云南民族大学学报》2005年第6期。

周继新:《四百年前的输水隧洞》,《云南水利志通讯》1985年第1期。

鲍觉民、张景哲:《云南省呈贡县落龙河区土地利用初步调查报告》,

《地理学报》1944 年第 1 期。

陈述彭：《云南螳螂川流域之地文》，《地理学报》1948 年第 Z1 期。

尹茂：《明代时期呈贡驻扎的军营及屯田情况》，《呈贡文史资料选辑》第一辑，1987。

游一清（归化知县）：《望雨》，胡凤从辑《呈贡古今诗词 100 首》，载云南省呈贡县委员会文史资料委员会编《呈贡文史资料》第五辑，1995。

后　记

滇池是云贵高原湖泊的代表，滇池坝区是云南的核心经济区，研究历史时期滇池流域的水土资源利用过程，是理解云贵高原人地关系与生态环境演变的典型样本，具有重要的学术价值和现实意义。但是，滇池地处西南边陲，历史文献资料缺乏，当今滇池研究更多侧重于现代滇池污染及其治理，研究历史时期滇池问题面临资料不足和前人研究成果缺乏的难题，故本书的研究长达8年之久。

本书全面梳理了历史时期滇池水系和坝区农业的发展过程，从河、湖、湖盆平原、人口、垦殖、灌溉、聚落等方面论述了滇池流域人类活动与地理环境之间的相互关系及其阶段性特征，并发掘了抗战时期西南联大学者对滇池流域的实地调查及研究资料。当然，本书的出版并不意味着历史时期滇池流域人地关系和生态环境研究的终结。我们在研究过程中发现，一些深层次的问题并非我们现在能够解答，例如，历史时期滇池流域水系变迁、水体自净能力、水利体系与灌溉制度对滇池环境的影响，以及滇池生态环境演变的定量分析等问题。希望随着新资料的发掘和研究技术的进步，在以后的研究中不断丰富和完善对历史时期滇池流域人地关系和生态环境的认知。

感谢为本书写作提供帮助的云南大学历史地理研究所张轲风副教授、刘灵坪博士和贵州师范学院凌永忠教授；感谢周晴博士的热心帮助；感谢孟雅南、魏万平、曹洪刚等在云南大学历史地理专业攻读硕士学位期间所做的大量资料收集和整理工作；感谢在读博士生余华的帮助；特别感谢本书责任编辑认真负责和专业精湛的辛勤工作。

本书由三位作者合作完成，陆韧教授负责导论、结语和第一、二、

三、四、五、六、七章的撰写，第八章、第九章分别由马琦和唐国莉撰写。当然由于我们的学识局限，书中错漏在所难免，敬请专家读者批评指正。

作 者

云南大学科学馆503室

2018年8月28日

图书在版编目(CIP)数据

历史时期滇池流域人地关系及生态环境演变研究/陆韧,马琦,唐国莉著.--北京:社会科学文献出版社,2018.10

(云南省哲学社会科学创新团队成果文库)

ISBN 978-7-5201-0614-6

Ⅰ.①历… Ⅱ.①陆…②马…③唐… Ⅲ.①滇池-流域-人地关系-研究②滇池-流域-生态环境-演变-研究 Ⅳ.①K297.4②X321.274

中国版本图书馆 CIP 数据核字(2017)第 070908 号

·云南省哲学社会科学创新团队成果文库·

历史时期滇池流域人地关系及生态环境演变研究

著　　者 / 陆　韧　马　琦　唐国莉

出 版 人 / 谢寿光
项目统筹 / 宋月华　袁卫华
责任编辑 / 袁卫华

出　　版 / 社会科学文献出版社·人文分社 (010) 59367215
　　　　　　地址:北京市北三环中路甲29号院华龙大厦　邮编:100029
　　　　　　网址:www.ssap.com.cn
发　　行 / 市场营销中心 (010) 59367081　59367018
印　　装 / 三河市东方印刷有限公司

规　　格 / 开本:787mm×1092mm　1/16
　　　　　　印　张:18.5　字　数:289千字
版　　次 / 2018年10月第1版　2018年10月第1次印刷
书　　号 / ISBN 978-7-5201-0614-6
定　　价 / 118.00元

本书如有印装质量问题,请与读者服务中心(010-59367028)联系

▲ 版权所有 翻印必究